高等院校"十三五"应用型规划教材

国际运输与保险

主 编 梁军 韩民 王刚

南京大学出版社

图书在版编目(CIP)数据

国际运输与保险／梁军，韩民，王刚主编. —南京：
南京大学出版社，2017.5
高等院校"十三五"应用型规划教材·国际贸易专业
ISBN 978-7-305-18467-3

Ⅰ.①国… Ⅱ.①梁…②韩…③王… Ⅲ.①国际运
输—高等学校—教材②国际运输—交通运输保险—高等学
校—教材 Ⅳ.①F511.41②F840.632

中国版本图书馆 CIP 数据核字(2017)第 092135 号

出版发行　南京大学出版社
社　　址　南京市汉口路 22 号　　　邮　　编　210093
出版人　金鑫荣

丛 书 名　高等院校"十三五"应用型规划教材·国际贸易专业
书　　名　国际运输与保险
主　　编　梁　军　韩　民　王　刚
责任编辑　张亚男　武　坦　　　编辑热线　025-83597482
责任校对　代伟兵

照　　排　南京理工大学资产经营有限公司
印　　刷　南京京新印刷有限公司
开　　本　787×1092　1/16　印张 17.25　字数 398 千
版　　次　2017 年 5 月第 1 版　2017 年 5 月第 1 次印刷
ISBN 978-7-305-18467-3
定　　价　39.00 元

网　　址:http://www.njupco.com
官方微博:http://weibo.com/njupco
官方微信号:njuyuexue
销售咨询热线:(025)83594756

前　言

随着信息技术、网络技术和交通运输技术的发展,地球变得越来越小,人类已经进入了信息时代,全球经济一体化已经实现。国际贸易、国际商务、国际物流等跨国商品交易和商品流通的深入发展,对国际货物运输与保险等业务的理论提出了新的挑战,对其实际操作也提出了新的要求。无论是从事国际贸易、国际商务和国际物流的企业,还是从事这些行业的从业人员,都必须了解和掌握国际运输与保险的理论知识和实际运作方法。

本书按照"概念清楚、方法实用、注重操作"的原则进行编写,对国际货物运输与保险的有关理论进行了深入的阐述,同时系统地介绍了国际货物运输与保险的具体操作方法。全书共分为12章,包括国际货物运输总论,国际海上货物运输,国际铁路货物运输,国际航空货物运输,国际公路、内河、管道和邮政货物运输,现代国际货物运输,国际货物保险总论,国际海运货物保险的保障范围,国际海运货物保险条款,海运进出口货物保险实务,其他运输方式的货运保险,出口信用保险等内容。本书还设置了引导案例、知识链接等内容,以提高教材的可读性并开拓学生的视野。除此之外,书中每章都配设了单选、多选、名词解释、简答、计算、实训等大量习题,供教师教学、学生学习时使用。通过这些内容安排,解决了以往此类书籍只讲理论、不注重实践的问题,使内容更具系统性和完整性。

本书可作为国际贸易、国际商务、国际物流等专业及相关专业的教学用书,也可作为从事国际贸易、国际商务、国际物流等专业的工作人员的参考用书。

本书的编写分工为:渤海大学王刚编写第1、2章,宁波工程学院梁军编写第3、4章,宁波工程学院张平平编写第5、6章,宁波工程学院韩民编写第7、8章,淮海工学院卓曼编写第9章,宁波工程学院贾春梅编写第10章,宁波城市职业技术学院应晓红编写第11章,宁波工程学院郭玉屏编写第12章,徐海峰负责全书的审阅工作,全书的策划、内容安排以及统稿工作由梁军负责。

本书在编写过程中参考和借鉴了国内外有关国际货物运输、保险等方面的书籍、报纸杂志和相关网站的资料,在此向相关作者表示衷心的感谢!

由于编者水平有限,书中难免有不妥之处,敬请读者批评指正,以便本书再版时不断完善。

作　者
2017 年 4 月

目 录

第一篇 国际货物运输

第二篇　国际货物保险

国际货物运输

第1章 国际货物运输总论

【知识目标】

1. 了解国际货物运输的性质、任务和特点；
2. 熟悉国际货物运输的五种方式；
3. 掌握国际货物运输中货物的分类方法。

【能力目标】

1. 了解国际货物运输的组织体系；
2. 掌握国际货运网络的合理选择和布局方法；
3. 掌握国际海运配载方法和措施；
4. 熟悉国际货运代理人、代理关系及业务特点；
5. 了解国际货运代理人的分类和服务对象；
6. 熟悉不合理运输的表现形式及组织合理运输的措施。

【引导案例】

某国际货运公司诉某轻工业品进出口公司货运代理纠纷案

2013年年底,原告某国际货运公司(下称货运公司)与被告某轻工业品进出口公司(下称轻工公司)口头达成货运代理协议,由货运公司代为轻工公司将草席从国内某港经香港转船运至西班牙某港口,费用由货运公司垫付。2014年1月20日,货运公司依轻工公司的按证发货通知单,将1 540包计221.93立方米草席,用4只40尺集装箱,从国内某港经香港转运至西班牙巴塞罗那及维伦西亚港,每只集装箱全程运费5 150美元,共计20 600美元。同年4月23日和5月13日,货运公司按轻工公司的按证发货通知单的委托,分别将750包计86.94立方米和1 360包计166.05立方米草席散货交由北安轮从国内某港经香港运至西班牙,中国远洋总公司某省分公司签发了全程提单给轻工公司。该提单背面第12条规定:"承运人拥有合理的权利来决定运输方式、线路、处理和储存及转船承运货物。"货抵香港转船时,因特殊情况,西班牙港口不接受散货,二程承运人经货运公司同意,遂改用40尺集装箱转运至西班牙的目的港。从国内某港至香港散货运费分别为1 608.39美元和3 071.94美元,从香港至西班牙维伦西亚港集装箱运费为11 442.6美元,从香港至西班牙巴塞罗那港集装箱运费为15 808.52美元。货运公司将此情况告知了轻工公司,轻工公司当时并无异议。同年5月17日,货运公司按轻工公司的按证发货通知,将450包计52.16立方米草席用一只40尺集装箱从国内某港经香港运抵西班牙阿耳黑西拉斯港,全程运费4 628美元。同年10月15日,轻工公司向货运公司如数支付第一批运费20 600美元。11月17日,货运公司向轻工公司托收另外几笔运费时,轻工公司以"第二批货物应装40尺、20尺集装箱各一只,所有集装箱运费太高，应以 5 月 17 日从国内某港经香港至西班牙阿耳黑西拉斯港该批货每只 40 尺集装箱运费 4 628 美元计算"为由，拒付第二批货物运费 5 991.63 美元，第三批货物运费 4 895.13 美元，扣下已结清的第一批货物运费 2 088 美元。另外，第一批货物 4 只 40 尺集装箱从国内某地至国内某港的公路运费 3 056 元，轻工公司也未支付给货运公司。

2015 年 8 月 20 日，货运公司向海事法院提起诉讼，要求轻工公司偿付所欠 12 974.76 美元运费、3 056 元国内货运包干费及利息。轻工公司辩称，货运公司集装箱运费超过约定，第二、第三批货物未经同意，擅自改变二程运输方式，因之增加的运费应由货运公司承担，并辩称 3 056 元国内货运包干费用途不明。

上述事实有按证发货通知单、提单、运费账单、电汇凭证、中远集团总公司巴塞罗那代表处总裁关于二程船不能散货装运的通知、轻工公司给货运公司关于拒付运费函等证据证实。

案例思考：

从该货运代理纠纷案例中可以看到，在国际贸易实务操作中，涉及很复杂的国际货物运输过程，中间经过不同国家的货运代理人，采用多种运输方式，才能使商品由卖方转移到买方。那么国际货物运输可采用哪些运输方式？以货主的名义办理货物运输需要哪些相关手续及作业流程？在这些复杂的过程中，会有很多纠纷和矛盾，需要掌握相关国家法律制度和外贸政策。

（案例来源：http://www.doc88.com/p－785389893999.html）

1.1 国际货物运输概述

国际货物运输是国际物流系统的核心和基础，有时甚至使用国际货物运输来代替国际物流的全部，可见国际货物运输的在国际物流系统中的重要性地位。在跨国贸易中，只有通过国际货物运输作业才能使商品由卖方转移到买方。在非国际贸易物流中，也只有通过国际货物运输作业才能将物资由一国的发货人转移到另一国的收货人，如我国汶川地震时期，国际救援团体纷纷组织救援物资源源不断运到四川。因此，国际货物运输是国际物流中的重要组成部分。

1.1.1 国际货物运输的概念、性质和特点

1. 国际货物运输的概念

国际货物运输，是指在国家与国家、国家与地区之间的运输。国际货物运输又可分为国际贸易物资运输和非贸易物资（如展览品、个人行李、办公用品、援外物资等）运输两种。由于国际货物运输主要以国际贸易物资运输为主，非贸易物资运输往往只是贸易物资运输部门的附带业务，所以，国际货物运输通常又被称为国际贸易运输，对国家来说就是对外贸易运输，简称外贸运输。

2. 国际货物运输的性质

在国际贸易中,商品的价格包含着商品的运价,商品的运价在商品的价格中占有较大的比重,一般约占 10% 左右,在一些商品中,要占到 30%～40%。商品的运价也和商品的生产价格一样,随着市场供求关系变化而围绕着其价值上下波动。商品的运价随着商品的物质形态一起进入国际市场中交换,商品运价的变化直接影响到国际贸易商品价格的变化。而国际货物运输的主要对象又是国际贸易商品,所以可以说,国际货物运输也就是一种国际贸易,即它用于交换的不是物质形态的商品,而是一种特殊的商品,即货物的位移。所谓商品运价,也就是它的交换价格。由此,从贸易的角度来说,国际货物运输就是一种无形的国际贸易。

3. 国际货物运输的特点

1) 国际货物运输是一项政策性很强的涉外活动

国际货物运输涉及国际关系问题,是一项政策性很强的涉外活动。国际货物运输是国际贸易的一个组成部分,在组织货物运输的过程中,需要经常同国外发生直接或间接的广泛的业务联系,这种联系不仅是经济上的,也常常会涉及国际政治问题,而且国际政治、经济形式的变化,也会影响到国际货运业务。在处理运输中的问题和日常业务中,都会牵涉国际关系和国家对外政策问题,所以说它是一项政策性很强的涉外活动。

2) 国际货物运输是中间环节很多的长途运输

国际货物运输是国家与国家、国家与地区之间的运输。一般来说,运输的距离都比较长,少则数千公里,多则上万公里。在国际货物运输过程中,往往需要使用多种运输工具,变换不同的运输方式,经由不同法规和规定的国家和地区,中途需经过多次装卸搬运,中间环节很多,其中任何一个环节发生问题,就会影响整个的国际货物运输进程。这就要求国际货运从业者认真做好国际运输组织工作,避免在国际运输链上出现脱节现象,给业务带来损失。

3) 国际货物运输涉及面广且情况复杂多变

国际货物运输涉及国内外许多部门,需要与不同国家和地区的货主、交通运输部门、商检机构、保险公司、银行或其他金融机构、海关、港口以及各种中间代理商等打交道,涉及面很广。同时,由于各个国家和地区的政治、法律法规、金融货币制度、政策规定的多样化,贸易、运输习惯和经营做法的差异,加之经济和自然条件的变化,都会对国际货物运输产生较大的影响。

4) 国际货物运输的时间性强

在国际贸易中,按时装运进出口货物,及时将货物运至目的地,对履行进出口贸易合同,满足商品竞争市场的需求,减少货损并提高市场竞争力,及时结汇,都有着重大意义。特别是一些鲜活商品、季节性商品和敏感性强的商品,更要求迅速运输,不失时机地组织供应,才有利于提高出口商品的竞争能力,有利于巩固和扩大销售市场。因此,国际货物运输必须加强时间观念,争时间、抢速度,以快取胜,及时准确完成国际运输任务，以免造成经济上的损失和信誉上的负面影响。

5）国际货物运输的风险较大

在国际货物运输环节多，运输距离长，涉及面广，情况复杂多变，加之时间性要求很强，在运输沿途国际形势的变化、社会的动乱，各种自然灾害和意外事故的发生，以及战乱、封锁禁运或海盗活动等，都可能直接或间接地影响到国际货物运输，以至于造成严重后果，因此，国际货物运输的风险较大。为了避免国际货物运输过程中的风险损失，各种进出口货物和运输工具，都需要办理国际货物运输保险。

1.1.2 国际货物运输的任务、方式与对象

1. 国际货物运输的任务

国际货物运输的基本任务就是在国家有关方针政策指导下，合理利用各种运输方式和运输工具，多快好省地完成进出口运输任务。

1）严格遵循国家的对外政策

国际货物运输是国家涉外活动的一个重要组成部分，它的另一个任务就是在平等互利的基础上，密切配合外交活动，在实际工作中具体体现和切实贯彻国家各项对外政策。鉴于国际货物运输涉及面广，需要同世界各不同类型的国家和客户接触，所以必须遵照国家方针政策和法律法规，与国内外有关部分加强联系、互相配合、密切协作，共同完成国际货物运输任务。

2）按时、按质、按量地完成进出口货物运输

国际贸易合同签订后，只有通过国际运输，及时将进口货物运进来，将出口货物运出去，及时准确地交到约定地点，商品的流通才能实现，贸易合同才能履行。"按时"就是根据贸易合同的装运期和交货期的条款的规定履行合同；"按质"就是按照贸易合同质量条款的要求履行合同；"按量"就是尽可能地减少货损、货差，保证贸易合同中货物数量条款的履行。如果违反了上述合同条款，就构成了违约，有可能导致赔偿、罚款等严重的法律后果。因此，从事国际货物运输的部门和企业必须重合同、守信用，保证按时、按质、按量完成国际货物运输任务，保证国际贸易合同的履行。

3）节省运杂费用，为国家积累建设资金

由于国际货物运输是国际贸易的重要组成部分，而且运输的距离长，环节较多，各项运杂费用开支较大，故节省运杂费用的潜力比较大，途径也多。因此，从事国际货物运输的企业和部门，应该不断地改善经营管理，节省运杂费用，提高企业的经济效益和社会效益，为国家积累更多的建设资金。

4）为国家节约外汇支出，增加外汇收入

国际货物运输是一种无形的国际贸易，又是国家外汇收入的重要来源之一。国际贸易合同在海上运输一般采用 CIF 和 FOB 等贸易术语成交，按照 CIF 条件，货价内包括运费、保险费，由卖方派船将货物运至目的港；按照 FOB 条件，货价内则不包括运费和保险费，由买方派船到装货港装运货物。为了国家的利益，出口货物多争取 CIF，进口货多争取 FOB，这样可节省外汇支出，增加外汇收入。而国际货物运输企业为了国

家利益,首先要依靠国内运输企业的运力,再考虑本国的租船、中外合资船公司和侨资班轮的运力,再充分调动和利用各方面的运力,使货主企业同运输企业有机地衔接,争取为国家节约外汇支出,创更多的外汇收入。

2. 国际货物运输的方式

国际货运输的方式有传统的海洋运输、铁路运输、航空运输、邮政运输、公路运输、管道运输等。随着科学技术的进步,国际货物运输方式出现了现代新兴的运输方式,即国际多式联运方式,它大大地加速了国际贸易的发展。特别是集装箱运输的采用,为多式联运的发展提供了有利条件。

国际货物运输方式种类很多,买卖双方要根据出口商品的特点、数量的多少、路程的远近、需要的缓急、运费的高低、风险的大小以及国际政治局势的变化,来确定合适的运输方式。国际货物运输方式根据使用的运输工具不同,可以分为以下几种运输方式,如图 1-1 所示。

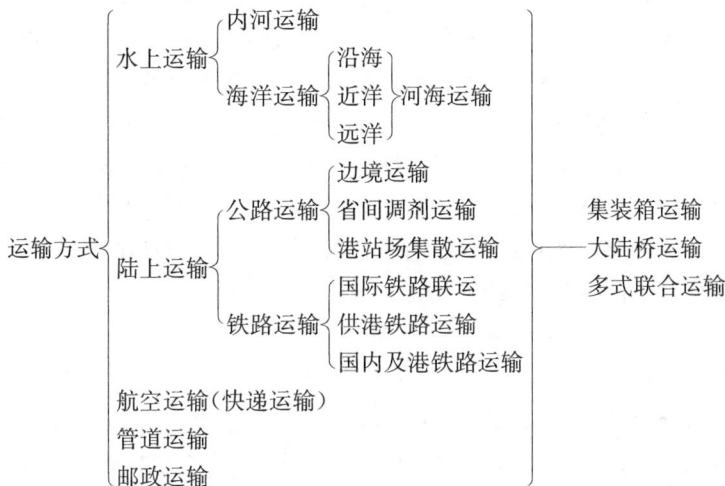

图 1-1　国际货物运输方式分类

我国国际货物运输绝大部分是通过海洋运输,少部分通过铁路或公路运输,也有些货物是通过管道或邮政运输,如在西气东输工程中,部分石油天然气通过管道运输从中亚地区引入到国内。随着航空事业的发展,通过航空运输的货运量近年来有很大的增长,货物种类和范围也不断扩大。

3. 国际货物运输的对象

国际货物运输的对象是指国际货物运输部分承运的各种进出口货物,如原材料、工业品、农产品、商品以及其他产品,它们的形态和性质各不相同,对运输、装卸、保管也各有不同的要求。从国际货物运输的需要出发,可以从货物的形态、性质、重量、运量等几个不同的角度进行简单的分类。

1) 从货物形态的角度分类

(1) 包装货物。为了保证货物在装卸运输中的安全和便利,必须使用一些材料对它们进行适当的包装,这种货物就叫作包装货物。按货物包装的形式和材料,通常可分为箱装货物、桶装货物、袋装货物、捆装货物和其他坛罐瓶状、卷筒状、编筐状等多种形态的包装货物。

(2) 裸装货物。裸装货物是指不加包装而成件的货物,如钢材、生铁、有色金属、车辆及一些设备等。这些裸装货物在运输过程中,需要采取防止水湿锈损的安全措施。

(3) 散装货物。散装货物是指某些大批量的低价值货物,不加任何包装,采取散装方式,以利于使用机械进行装卸作业,通过大规模运输把运费降到最低的限度,这种货物称为散装货物。散装货物包括干质散装货物和液体散装货物,如煤炭、铁矿、磷酸盐、木材、粮食、工业盐、硫黄、化肥、石油等。

2) 从货物性质的角度分类

(1) 普通货物。普通货物又分为:① 清洁货物,即清洁、干燥货物,如茶叶、棉纺织品、粮食、陶瓷以及各种日用工业品等。② 液体货物,即盛装于桶、瓶、坛内的流质或半流质货物,如油类、酒类、液态药品、普通饮料等。③ 粗劣货物,即具有油污、水湿、扬尘和散发异味等特性的货物,如包装外表有油腻的桶装油类、生皮、盐渍货物、水泥、化肥、矿粉、颜料等。由于其易造成其他货物污损,所以又称之为污染性货物。

(2) 特殊货物。特殊货物又分为:① 危险货物,即具有易燃、爆炸、毒害、腐蚀和放射性危害的货物。② 易腐、冷藏货物,即常温条件下易腐变质或指定以某种低温条件运输的货物,如水果、蔬菜、水产品、肉类等。③ 贵重货物,即价值高的货物,如金、银、贵金属、货币、高价商品、精密器械、名画、古玩等。④ 活的动植物,即具有正常生命活动,在运输中需要特殊照料的动植物。

3) 从货物重量的角度分类

按照货物的重量和体积比例的大小来划分,可分为重量货物和体积货物。根据国际上统一的划分标准,一吨重量的货物,体积小于 40 立方英尺或 1 立方米,这种货物就是重量货物;一吨重量的货物,体积大于 40 立方英尺或 1 立方米,这种货物就是体积货物,也称为轻泡货物。货物的这种划分,对于国际货物运输而言,进行合理安排货物积载和计算具有十分重要的意义。

1.2　国际货物运输的组织体系和运输网络

1.2.1　国际货物运输的组织体系

1. 货主

货主(Cargo Owner)是指专门经营进出口商品业务的国际贸易商,或有进出口权的工贸、地贸公司以及"三资"企业。他们为了履行国际贸易合同必须组织办理进出口商品的运输,是国际货物运输中的托运人(Shipper)或收货人(Consignee)。

2. 承运人

承运人(Carrier)是指专门经营海上、铁路、公路、航空等客货运输业务的运输企业。他们一般拥有大量的运输工具,为社会提供运输服务。

在海上运输中,船舶经营人(Operator)作为承运人。我国《海商法》第四十二条指出:"承运人是指本人或者委托他人以本人的名义与托运人订立海上货物运输合同的人。实际承运人是指接受承运人委托,从事货物运输或部分运输的人,包括接受转委托从事此项运输的其他人。"由此可见,承运人包括船舶所有人(Ship Owner)和以期租(Time Charter)或光租(Bare Charter)的形式承租,进行船舶经营的经营人。我国主要有下列运输企业:

(1) 水上运输企业,如中国远洋运输集团及下属各公司、中国海运集团及下属各公司、各地方轮船公司、长江等各航运公司、中外合资、合作及合营的轮船公司、外商独资的轮船公司、中国外运集团所属的船公司。

(2) 铁路运输,如交通运输部铁路运输总局下属各铁路局或公司。

(3) 公路运输,如交通运输部公路局管辖的各运输公司,以及中外合资、合作和联营企业的运输公司。

(4) 航空运输,如中国国际航空公司、中国民航总局管辖的其他航空公司、地方民用航空公司、中外合资合营的航空公司、外国各航空公司。

3. 运输代理人

运输代理人(Transport Agent)有很多种类型,主要有以下四种。

1) 货运代理人

货运代理人(Freight Forwarder)是指接受货主的委托,代表货主办理有关货物的报关、交接、仓储、调拨、检验、包装、转运、订舱等业务的人,主要有订舱揽货代理、货物装卸代理、货物报关代理、转运代理、理货代理、储存代理、集装箱代理等。

2) 租船代理人

租船代理人又称租船经纪人(Shipper Broker),是指以船舶为商业活动对象而进行船舶租赁业务的人。其主要业务是在市场上为租船人寻找合适的运输船舶或为船东寻找货运对象,以中间人身份使租船人和船东双方达成租赁交易,从中赚取佣金。因此,根据它所代表的委托人身份的不同可分为租船代理人和船东代理人。

3) 船务代理人

船务代理人(Shipping Agent)是指接受承运人的委托,代办与船舶有关的业务的人,其主要业务有船舶进出港、货运、供应及其他服务性工作等。船方的委托和代理人的接受以每船一次为限,称为航次代理;船方和代理人之间签订长期代理协议,称为长期代理。

4) 咨询代理人

咨询代理人(Consultative Agent)是指专门从事咨询工作,按照委托人的需求,以提供有关物流的各个环节情报、资料、数据和信息服务而收取一定报酬的人。

以上所列代理人的类别仅仅是从各自的业务侧重面加以区别,实际上各类代理人之间的业务往往互相交错,如不少船务代理也兼营货运代理,有些货运代理也兼营船务代理等。

4. 装卸公司和理货公司(Stevedore and Tally Company)

装卸、理货业是一些接受货主或船舶营运人的委托,在港口为船舶进行货物的装卸、清点、交接、检验货损程度和原因,并做出公证等项作业的行业。

1)装卸公司(Stevedore)

装卸业是办理将货物装船和从船上卸下的行业。经营这种行业的人被称为装卸人或装卸业者。装卸人对于所在港口经常装卸的货物的包装、性质以及装卸方法都富有经验,对各种类型的船舶也都深有了解,能参与制订装卸计划,委托人对他们的装卸技术也有所信任。但是,由于装卸和积载的质量,对于船舶和货物的安全有密切的关系,所以,这种作业都是在船方的监督和指挥下进行的。

2)理货人(Tally Man)

理货业是在船舶装货或卸货时,对货物的件数进行清点,并对货物的交接做出证明的行业。理货通常是由船公司或货主各自委托他们的代理人,即分别由站在船公司立场的理货人和站在货主立场的理货人会同进行的。在代表双方的理货人的会同确认下,才能证明货物交接的正确性。

这种正确交接的证明有较强的公正性,所以理货人不但要有较全面的知识和熟练的方法,而且必须具有诚实、公正的品质。在我国,理货主要是由中国外轮理货公司及其在各港的分支机构进行,而货主往往通过委托代理人的驻港人员进行。

此外,国际货物运输与海关、商检、卫检、动植检、港口当局(海上安全监督局和港务局)、保险公司、银行和外汇管理局、包装、仓储等机构有着较为密切的联系,共同组成了国际货物运输组织体系。

1.2.2 国际货物运输网络

1. 国际货物运输网络的概念

国际货物运输网络是指由全球多个收发货物的"节点"和它们之间的"连线"所构成的运输实体网络以及与之相伴随的信息流网络的有机整体。

收发货节点是指进出口过程中所涉及的国内外的各级仓库,如制造企业仓库、中间商仓库、货代企业仓库、口岸仓库、国内外中转点仓库和保税仓库等。国际贸易商品就是通过这些仓库的收进和发出,并在中间存放保管,实现国际货运系统的时间效益,克服生产时间和消费时间的分离,促进国际贸易的顺利运行。

连线是指连接上述国内外众多收发货节点的运输路线,如各种海运航线、铁路线、航空航线以及海、陆、空联合运输航线。这些网络连线是库存货物移动(运输)轨迹的物化形式;每一对节点有许多连线以表示不同的运输路线、不同产品的各种运输服务;各节点表示存货流动暂时停滞,其目的是为了更有效的移动(收或发);信息流动网上的连线通常包括国内外的邮件,或某些电子媒介(如电话、电传、电报以及 EDI 等),其信息网络的节点则是各种物流信息汇集及处理之点,如员工处理国际订货单据、编制大量出口单证,或准备提单,或电脑对最新库存量的记录;运输网与信息网并非独立,它们之间的关系是密切相连的,运输网与信息网都是由节点和连线组成的。二者最主要的区别在于:运输网是随着商品、物资的流向与商品的分配,以及进出口路线,朝最终国外消费者方向移动;而信息网却大多与商品进出口分配通路方向相反,是朝着商品货源地方向移动,即实施其反馈功能。信息流在整个国际运输网络系统中的作用不容忽视,它沟通、主导着物流活动。所以从流向来讲,国际货运信息流具有双向反馈的特点。信息流活动是一个非常复杂的过程,如出口单证的编制、交寄、反馈过程等。

2. 优化国际货运网络的建议

我国的国际货运系统网络已经具有一定的规模,为了促进我国国际货运系统网络更加合理,应该采取以下措施:

(1) 合理选择和布局国内外货运网点,扩大国际贸易的范围、规模,以达到费用省、服务好、信誉高、效益高、创汇好的运输总体目标。

(2) 采用先进的运输方式、运输工具和运输设施,加速进出口货物的流转。充分利用海运、多式联运方式,不断扩大集装箱运输和大陆桥运输的规模,增加物流量,扩大进出口贸易量和贸易额。

(3) 缩短进出口商品的在途积压,包括进货在途(如进货、到货的待验和待进等)、销售在途(如销售待运、进出口口岸待运)、结算在途(如托收承付中的拖延等),以便节省时间,加速商品和资金的周转。

(4) 改进国际运输路线,减少相向、迂回运输。

(5) 改进包装,增大技术装载量,多装载货物,减少损耗。

(6) 改进港口装卸作业,有条件要扩建港口设施,合理利用泊位与缩短船舶的停靠时间,尽力减少港口杂费,吸引更多的买卖双方入港。

(7) 改进国际海运配载,避免空仓或船货不相适应的状况。

(8) 综合考虑国内货物运输。在出口时,有条件要尽量采用就地就近收购、就地加工、就地包装、就地检验、直接出口的"四就一直"物流策略。

1.3　国际货运代理

1.3.1　国际货运代理人和代理关系

1. 国际货运代理人的含义

国际货运代理的国际性组织叫"国际货运代理协会联合会",简称"菲亚塔"("FIATA"的音译,是其法文全称的缩写)。该组织对国际货运代理所下的定义是:"国际货运代理是根据客户的指示,并为客户的利益而揽取货物运输的人,其本身并不是承运人,但可以依这些条件,从事运输合同有关的活动,如仓储、报关、验收、收款等事项。"

目前,货运代理人基本上可以划分成两大类:一类是仍将货运代理人限定在纯粹代理人的范畴,即货运代理人只能作为代理人以委托人的名义代办货物运输及其相关业务;另一类是突破货运代理人只能作为代理人的界线,允许货运代理人作为独立经营人,开展当事人业务,从而使货运代理人具有多重属性。根据我国《国际货物运输代理业管理规定》及其实施细则的规定可知,我国对国际货运代理的定义显然是此类的。

在我国,国际货物运输代理人是指接受进出口货物收货人、发货人的委托,以委托人的名义或者以自己的名义,为委托人办理国际货物运输及相关业务并收取服务报酬的企业。

2. 国际货运代理人的业务特点

从《国际货物运输代理业管理规定》及其实施细则的规定来看,我国的国际货运代理具有如下几个特点:

(1) 名称。国际货运代理企业并不仅限于称为"货运代理",只要名称中包含有"货运代理"、"运输服务"、"集运"或"物流"等相关字样即可。

(2) 注册资本最低限额。经营海上国际货运代理业务最低限额为 500 万元人民币,经营航空国际货运代理业务最低限额为 300 万元人民币,经营陆路国际货运代理业务或国际快递业务最低限额为 200 万元人民币,经营上述两项以上业务的,注册资本最低限额为其中最高一项的限额。

(3) 业务经营。既有地域限制,也有运输方式的限制。有些国际货运代理只能在某一区域内从事某种运输方式下的货运业务,而有些国际货运代理则可以从事多种运输方式下的货运业务。

(4) 业务范围。国际货运代理人与船务代理人、航空销售代理人、无船承运人、多式联运经营人、专业报关行等其他运输中间人存在一定的业务交叉。

3. 国际货运代理人与代理的关系

如前所述,"货运代理"一词具有两种含义:其一是指货运代理人;其二是指货运代理行业。与此相应,对与国际货运代理人与代理的关系,也可以从国际货物运输代理人和国际货物运输行业两个角度来理解。这里仅从国际货运代理人角度来理解它们之间的关系。

国际货物运输代理人本质上属于货物运输关系人的代理人,是联系发货人、收货人和承运人的货物运输中介人。

(1) 发货人代理。有时代表发货人选择运输路线、运输方式、承运人,向承运人订舱,缮制贸易、运输单据,安排货物的短途运输、仓储、称重、检尺,办理货物的保险、报险、报验和通关手续,向承运人、仓储保管人及有关当局支付费用。

(2) 收货人代理。有时代表收货人接受、检查运输单据,办理货物的保险、报验和通关手续,提取货物,安排仓储和短途运输,支付运费及其他相关费用,协助收货人承担责任方索赔。

(3) 承运人代理。有时代表承运人揽货、配载、装箱、拼箱、拆箱、签发运输单据。

(4) 独立经营人。虽然国际货物运输代理人有时也以独立经营人身份从事货物的仓储、短途运输,甚至以缔约承运人身份出具运单、提单,但这只不过是为了适应市场竞争的需要,满足某些客户的特殊需求而拓展了服务范围的结果,并不影响其作为运输代理人的本质特征。

1.3.2　国际货运代理人的分类和服务对象

1. 国际货运代理人的分类

国际货物运输委托代理关系至少涉及委托人、代理人双方当事人,委托代理关系内容和委托人授予代理人的权限范围、委托代理人办理的事项、代理人服务的地域范围等。这些密切相关的因素都可用作划分国际货运代理类型的标准。

1) 按委托人的性质为标准划分

(1) 货主的代理人,是指接受进出口货物收、发货人的委托,为了托运人的利益办理国际货物运输及相关业务,并收取相应报酬的国际货运代理。此种代理按照委托人的不同,还可进一步划分为托运代理人和收货代理人两种类型。按照货物的流向,则可进一步划分为进口代理人、出口代理人、转口代理人三种。

(2) 承运人的代理人,是指接受从事国际运输业务的承运人的委托,为了承运人的利益办理国际货物运输及相关业务,并收取相应报酬的国际货运代理人。此代理按照承运人采取的运输方式的不同,可进一步划分为水运承运人、空运承运人、陆运承运人、联运承运人等四种类型。承运人的代理人按照承运人委托事项的内容,可进一步划分航线代理人、转运代理人和揽货代理人三种基本类型。

2) 按委托人委托的代理人数量为标准划分

(1) 独家代理人,是指委托人授予一个代理人在特定区域或特定运输方式或服务类型下,独家代理其从事国际货物运输业务和/或相关业务的国际货运代理人。

(2) 普通代理人,是又称多家代理人,是指委托人在特定区域或特定运输方式或服务类型下,同时委托多个代理人代理其从事国际货物运输和/或相关业务的国际货运代理人。

3) 按委托人授予代理人权限范围为标准划分

(1) 全权代理人,是指委托人委托代理人办理某项国际货物运输业务和/或相关业务,并授予其根据委托人意志灵活处理相关事宜的国际货运代理人。

(2) 一般代理人,是指委托人委托代理人办理某项具体国际货物运输业务和/或相关业务,要求其根据委托人的意志处理相关事宜的国际货运代理人。

4) 按委托人委托办理的事项为标准划分

(1) 综合代理人,是指委托人委托代理人办理某一票或某一批货物的全部国际运输事宜,提供配套的相关服务的国际货运代理人。

(2) 专项代理人,是指委托人委托代理人办理某一票或某一批货物的某一项或某几项国际运输事宜,提供规定项目的相关服务的国际货运代理人。此代理人按照委托人委托事项的不同,可进一步划分为订舱代理人、仓储代理人、交货代理人、装卸代理人、转运代理人、提货代理人、报关代理人、报检代理人、报验代理人等类型。

5）按代理人的层次为标准划分

（1）总代理人，是指委托人授权代理人作为在某个特定地区的全权代表，委托其处理委托人在该地区的所有货物运输事宜及相关事宜的国际货运代理人。在此代理形式下，总代理人有权根据委托的要求或自行在特定区域选择、认定分代理人。

（2）分代理人，是指总代理人选定的在总代理区域内的具体区域代理委托人办理货物运输以及其他相关事宜的国际货运代理人。

6）按运输方式为标准划分

（1）水运代理人，是指提供水上货物运输服务及相关服务的国际货运代理人。此代理人可具体划分为海运代理人和河运代理人两种类型。

（2）空运代理人，是指提供航空货物运输服务及相关服务的国际货运代理人。

（3）陆运代理人，是指提供公路、铁路、管道运输等货物运输服务及相关服务的国际货运代理人。陆运代理人可进一步划分为道路运输代理人、铁路运输代理人和管道运输代理人等类型。

（4）联运代理人，是指提供联合货运服务及相关服务的国际货运代理人。联运代理人可进一步划分为海空联运代理人、海铁联运代理人、空铁联运代理人等类型。

7）按代理业务内容为标准划分

（1）国际货物运输综合代理人，是指接受进出口货物收、发货人的委托，以委托人的名义或自己的名义，为委托人办理国际货物运输及相关业务，并收取服务报酬的代理人。

（2）国籍船舶代理人，是指接受船舶所有人、经营人或承租人的委托，在授权范围内代表委托人办理与在国际运输船舶及船舶运输有关的业务，提供相关服务，并收取服务报酬的代理人。

（3）国际民用航空运输销售代理人，是指接受民用航空运输企业委托，在约定的授权范围内，以委托人名义代为处理国际航空货物运输及其相关业务，并收取相应手续费的代理人。

（4）报关代理人，是指接受进出口货物收货人、发货人或国际运输企业的委托，代为办理进出口货物报关、纳税、结关事宜，并收取服务报酬的代理人。

（5）报检代理人，是指接受出口商品生产企业、进出口商品发货人、收货人及其代理人或其他对外贸易关系人的委托，代为办理进出口商品的卫生检验、动植物检验事宜，并收取服务报酬的代理人。

（6）报验代理人，是指直接受出口商品生产企业、进出口商品发货人、收货人及其代理人或其他对外贸易关系人的委托，代为办理进出口商品的质量、数量、包装、价值、运输器具、运输工具等的检验、鉴定事宜，并收取相关报酬的代理人。

2. 国际货运代理人的服务对象

国际货运代理人的业务服务范围很广泛，主要是接受客户的委托，完成货物运输的某一个环节或与此有关的各个环节的任务。除非客户（发货人或收货人）想亲自参与各种运输过程和办理单证手续，否则国际货运代理可以直接或通过其分支机构及其雇用的某个机构为客户提供各种服务,也可以利用其在海外的代理提供服务。

国际货运代理人的服务对象包括发货人(出口商)、收货人(进口商)、海关、承运人、班轮公司、航空公司,在物流服务中还包括工商企业等。

国际货运代理人的服务内容包括选择运输线路、运输方式和适当的承运人;订舱;接收货物;包装;储存;称重、量尺码;签发单证;报关;办理单证手续;运输;安排货物转运;安排保险;支付运费及其他费用;进行外汇交易;交货及分拨货物;协助收货人索赔;提供与工程、建筑有关的大型和重型机械、设备挂运服务和海外展品等特种货物的服务。此外,国际货运代理人还根据客户的需要,提供与运输有关的其他服务和特殊服务,如混装、拼箱、多式联运及物流服务等。

1.3.3　国际货运代理的业务内容

从国际货运代理人的基本性质看,货代主要是接受委托方的委托,办理有关货物运输、转运、仓储、装卸等事宜。一方面他与货物托运人订立运输合同,另一方面他又与运输部门签订合同,对货物托运人来说,他又是货物的承运人。目前,相当部分的货物代理人掌握各种运输工具和储存货物的库场,在经营其业务时办理包括海陆空在内的货物运输。国际货代所从事的业务主要分为以下几类:

1. 按服务对象不同的分类

根据国际货运代理的服务对象不同,可将其业务内容分为以下几类。

1) 为发货人服务

国际货代代替发货人承担在各种不同阶段的货物运输中的任何一项业务或手续:

(1) 以最快最省的运输方式,安排合适的货物包装,选择货物的运输路线;

(2) 向客户建议仓储与分拨;

(3) 选择可靠、效率高的承运人,并负责缔结运输合同;

(4) 安排货物的计重和计量(尺码);

(5) 办理货物保险;

(6) 拼装货物;

(7) 装运前或在目的地分拨货物之前,把货物存仓(如需要);

(8) 安排货物到装运港的运输,办理海关和有关单证的手续,并把货物交给承运人;

(9) 代表托运人/收货人承付运费、关税、税收等;

(10) 办理有关货物运输的外汇交易;

(11) 从承运人那里取得各种签署的提单,并把它们交给发货人;

(12) 通过与承运人和货运代理在国外的代理联系,监督货物运输进程,并使托运人知道货物的去向。

2) 为海关服务

当国际货运代理作为海关代理,办理有关进出口商品的海关手续时,不仅代表他们的客户,也代表海关当局。事实上,在许多国家,货运代理已取得政府部门的许可,办理海关手续,并对海关负责,负责在法定的单证中申报货物确切的金额、数量和品名,以确保政府在这些方面的收入不受损失。

3）为承运人服务

国际货运代理向承运人及时地订好足够的舱位，认定对承运人和发货人都公平合理的费率，安排在适当的时间交货，以及以发货人的名义解决与承运人的运费结算等问题。

4）为班轮公司服务

国际货运代理与班轮公司的关系随着业务的不同而不同。在一些服务于欧洲国家的商业航线上，班轮公司已承认在提高利润方面国际货运代理的有益作用，并愿意付给国际货运代理一定的佣金。近几年来，由国际货运代理提供的拼箱服务，即拼箱货的集运服务，已使他们与班轮公司及其他承运人（如铁路承运人）之间建立起了一种较为密切的联系。

5）为航空公司服务

国际货运代理在空运业务中，充当航空公司的代理，并在国际航空运输协会以空运货物为目的而制定的规则中，被指定为国际航空运输协会的代理。在这种关系中，国际货运代理利用航空公司的服务手段为货主服务，并由航空公司支付其佣金。同时，作为国际货运代理，亦可将适于空运的方式，建议给发货人或收货人，继续为他们服务。

2. 按服务作用不同的分类

根据国际货运代理在提供服务时所起的作用和所扮演的角色，亦可将其业务内容分为以下几类。

1）顾问

国际货运代理应当成为其客户的顾问，向客户提供有关服务的意见或建议。例如，选择包装形式，选择运输路线和运输方式，投保货物所需的保险种类，进出口清关，随附单证（承运人）及符合信用证规定。

2）组织者

国际货运代理是货物运输的组织者，负责有关货物的安排。例如，进出口和运输发货；合并运输，即成组化运输；特殊和重型运输，即成套设备、新鲜食品、服装等的运输。

3）进出口代理

国际货运代理作为进出口商的代理，负责的工作有：接运，包装和标记，向承运人订舱，向承运人交货，签发货运单证，监督离港，向客户发出速遣通知，从承运人的运输工具卸下货物，合并运输、货物拆解及清关。

4）转运代理

国际货运代理作为转运代理，主要负责的工作有：选择样品，再包装，在海关监管下积载，二次货运代理。

5）委托人——提供拼箱服务

上述的国际货运代理业务都属于一个代理的传统业务范围。国际贸易中集装箱运输的发展，促进了国际货运代理的集运和拼箱服务。在提供这种服务时，国际货运代理所起的是一个委托人的作用。

6）经营人——提供多式联运服务

在讨论国际货运代理的作用时,集装箱化的一个更深远的影响是使国际货运代理介入了多式联运。这时,国际货运代理充当了总承运人,并且负责组织在一个单一合同下,通过多种运输方式,进行"门到门"的货物运输。他可以当事人的身份与其他承运人或其他服务的提供者分别谈判并签约。但是,这些分合同不会影响多式联运合同的执行,也就是说,不会影响国际货运代理对发货人的义务和在多式联运过程中其对货物灭失及货损货差所承担的责任。国际货运代理作为多式联运经营人时,通常需要提供包括所有运输和分拨过程的全面的一揽子服务,并对其客户承担一种更高水平的责任。

7）运输延伸——提供物流服务

提供物流服务是国际货运代理为满足客户的更高要求,提高其市场竞争能力,顺应国际发展的一种新举措。国际货运代理必须具备提供物流服务的技能。物流服务是一项从生产到消费的高层次、全方位、全过程的综合性服务。与多式联运相比,物流服务不仅提供一条龙的运输服务,而且延伸到了运输前、运输中、运输后的各项服务。总之,凡与运输相关的、客户需要的服务,均为其服务的内容,而且要求其做到高速度、高效率、低成本、少环节、及时、准确。这就需要国际货运代理熟悉客户的业务,了解客户生产乃至销售的各环节,主动为其设计、提供其所需服务,从而使国际货运代理在运输的延伸服务中获得附加值。

1.4　合理运输

1.4.1　合理运输的含义和衡量标准

1. 合理运输的含义

所谓合理运输,是指从物流系统的总体目标出发,按照货物的特点和合理流向,选择合理的运输方式和运输路线,即运用系统理论和系统工程原理和方法,选择合理的运输路线和运输工具,以最短的路径、最少的环节、最快的速度和最小的劳动消耗组织运输活动。由于运输是物流中最重要的功能要素之一,物流合理化在很大程度上依赖于运输合理化。所以,国际货物运输就是要根据所运商品的特定要求,综合考虑速度、价格、质量等因素,求得其最佳效益。

2. 合理运输的衡量标准

运输合理化的影响因素很多,起决定性作用的有五方面的因素,称作合理运输的五要素,具体如下:

（1）运输距离。在运输时,运输时间、运输货损、运费、车辆或船舶周转等运输的若干技术经济指标,都与运距有一定的比例关系,运距长短是运输是否合理的一个最基本因素。缩短运输距离从宏观、微观角度都会带来好处。

（2）运输环节。每增加一次运输，不但会增加起运的运费和总运费，而且必须要增加运输的附属活动，如装卸、包装等，各项技术经济指标也会因此下降。所以，减少运输环节，尤其是同类运输工具的环节，对合理运输有促进作用。

（3）运输工具。各种运输工具都有其适用的优势领域，对运输工具进行优化选择，按运输工具特点进行装卸运输作业，最大限度地发挥所用运输工具的作用，是运输合理化的重要一环。

（4）运输时间。运输是物流过程中需要花费较多时间的环节，尤其是远程运输，在全部物流时间中，运输时间占绝大部分，所以运输时间的缩短对整个流通时间的缩短有决定性的作用。此外，运输时间短有利于运输工具的加速周转，充分发挥运力的作用，有利于货主资金的周转，有利于运输线路通过能力的提高，对运输合理化有很大的贡献。

（5）运输费用。运费在全部物流费用中占很大比例，运费高低在很大程度决定整个物流系统的竞争能力。实际上，运输费用的降低，无论对货主企业来讲，还是对物流经营企业来讲，都是运输合理化的一个重要目标。对运费的判断也是各种合理化实施是否行之有效的最终判断依据之一。

只有从上述五方面考虑运输合理化，才能大量节约社会流通费用，实现物流系统的合理化。

1.4.2 不合理运输及表现形式

所谓不合理运输，是指在现有条件下可以达到的运输水平而未达到，从而造成了运力浪费、运输时间增加、运费超支等问题的运输形式。

目前，我国主要存在的不合理运输形式有以下九种。

1. 空驶

空驶是不合理运输的最严重形式。在实际运输组织中，有时候必须调运空车，从管理上不能将其看成不合理运输。但是，因调运不当，货源计划不周全，不采用运输社会化而形成的空驶，是不合理运输的表现。造成空驶的不合理运输主要有以下几种原因：

（1）能利用社会化的运输体系而不利用，却依靠自备车送货、提货，这往往出现单程实车，单程空驶的不合理运输；

（2）由于工作失误或计划不周，造成货源不实，车辆空去空回，形成双程空驶；

（3）由于车辆过分专用，无法搭运回程货，只能单程实车，单程回空周转。

2. 对流运输

对流运输也称"相向运输"、"交错运输"，是指同一种货物，或彼此间可以互相代用而又不影响管理、技术及效益的货物，在同一线路或平行线路上做相对方向的运送，而与对方运程的全部或一部分发生重叠交错的运输（见图1－2）。已经制定了合理流向图的产品，一般必须按合理流向的方

相向运输

图1－2　对流运输

向运输,如果与合理流向图指定的方向相反,也属对流运输。

在判断对流运输时,需注意的是,有的对流运输是不很明显的隐蔽对流。例如,不同时间的相向运输,从发生运输的那个时间看,并没出现对流,可能做出错误的判断,所以要注意隐蔽的对流运输。

3. 迂回运输

迂回运输(见图1-3)是舍近取远的一种运输方式,可以选取短距离进行运输而不利用,却选择路程较长路线进行运输的一种不合理形式。迂回运输有一定复杂性,不能简单处之,只有当计划不周、地理不熟、组织不当而发生的迂回,才属于不合理运输。如果最短距离有交通阻塞、道路情况不好或有对噪音、排气等特殊限制而不能使用时发生的迂回,不能称为不合理运输。

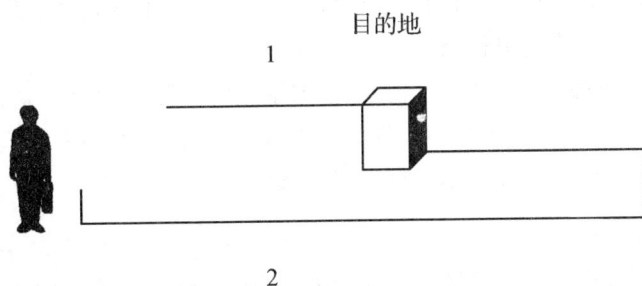

图1-3 迂回运输

4. 重复运输

重复运输表现为两种形式:一种是本来可以直接将货物运到目的地,但是在未达目的地之处,或目的地之外的其他场所将货卸下,再重复装运送达目的地。另一种是同品种货物在同一地点一面运进,同时又一面向外运出。重复运输的最大毛病是增加了非必要的中间环节,这就延缓了流通速度,增加了费用,增大了货损。

5. 倒流运输

倒流运输(见图1-4)是指货物从销售地或中转地向产地或起运地回流的一种运输现象。其不合理程度要甚于对流运输,原因在于,往返的双程运输都是不必要的,形成了双程的浪费。倒流运输也可以看成是隐蔽对流的一种特殊形式。

起运地　　　　　　　中途

图1-4 倒流运输

6. 过远运输

过远运输是指调运物资舍近求远,近处有资源不调而从远处调,这就造成可采取近程运输而未采取,拉长了货物运距的浪费现象。过远运输占用运力时间长、运输工具周转慢、物资占压资金时间长,远距离自然条件相差大,同时又易出现货损,增加了费用支出。

7. 运力选择不当

运力选择不当是指未选择各种运输工具的优势,而不正确地利用运输工具造成的不合理现象,常见有以下几种形式:

(1) 弃水走陆。由于所运货物价值较低(如煤炭、矿石等),在同时可以利用水运及陆运时,不利用成本较低的水运或水陆联运,而选择成本较高的铁路运输或汽车运输,使水运优势不能发挥。

(2) 铁路、大型船舶的过近运输。不是铁路及大型船舶的经济运行里程却利用这些运力进行运输的不合理做法,主要不合理之处在于火车及大型船舶起运及到达目的地的准备、装卸时间长,且机动灵活性不足,在过近距离中利用,不能发挥运速快的优势。相反,由于装卸时间长,反而会延长运输时间。另外,和小型运输设备比较,火车及大型船舶装卸难度大、费用也较高。

(3) 运输工具承载能力选择不当。不根据承运货物数量及重量选择,而盲目决定运输工具,造成过分超载、损坏车辆或货物不满载、浪费运力的现象,尤其是"大马拉小车"现象发生较多。由于装货量小,单位货物运输成本必然增加。

8. 托运方式选择不当

对于货主而言,托运方式选择不当是指可以选择最好托运方式而未选择,造成运力浪费及费用支出加大的一种不合理运输。例如,应选择整车运输而采取零担托运,应当直达而选择了中转运输,应当中转运输而选择了直达运输等都属于这一类型的不合理运输。

9. 超限运输

超限运输是指超过规定的长度、宽度、高度和重量,容易引起货损、车辆损坏和公路路面及公路设施的损坏,还可能造成严重事故的运输。

上述各种不合理运输形式都是在特定条件下表现出来的,在进行判断时必须注意其不合理的前提条件,否则就容易出现判断的失误。例如,如果同一种产品,商标不同,价格不同,所发生的对流,不能绝对看成是不合理,因为其中存在着市场机制引导的竞争,优胜劣汰,如果强调因为表面的对流而不允许运输,就会起到保护落后、阻碍竞争,甚至助长地区封锁的作用。

再者,以上对不合理运输的描述,主要就形式本身而言,是主要从微观观察得出的结论。在实践中,必须将其放在物流系统中做综合判断,在不做系统分析和综合判断时,很可能出现"效益背反"现象。单从一种情况来看,避免了不合理,做到了合理,但它的合理却使其他部分出现不合理。只有从系统角度,综合进行判断才能有效避免"效益背反"现象,从而优化运输系统。

1.4.3　组织合理运输的措施

由于运输是物流中最重要的功能要素之一,物流合理化在很大程度上依赖于运输合理化。因此,加强运输合理化研究是运输管理的一项十分重要的工作。具体措施如下。

1. 提高运输工具的实载率

实载率有两个含义:一是单车实际载重与运距之乘积和标定载重与行驶里程之乘积的比率。这在安排单车、单船运输时,是作为判断装载合理与否的重要指标。二是车船的统计指标,即一定时期内车船实际完成的货物周转量(以吨公里计)占车船载重吨位与行驶公里之乘积的百分比。在计算车船行驶的公里数时,不但包括载货行驶,也包括空驶。

提高实载率的意义在于:充分利用运输工具的额定能力,减少车船空驶和不满载行驶的时间,减少浪费,从而求得运输的合理化。

2. 提高运行效率

采取减少动力投入,增加运输能力的有效措施使之合理化。这种合理化的要点是少投入、多产出,走高效益之路。运输的投入主要是能耗和基础设施的建设,在设施建设已定型和完成的情况下,尽量减少能源投入,是少投入的核心。做到了这一点就能大大节约运费,降低单位货物的运输成本,达到合理化的目的。

国内外,在这方面的有效措施有以下几个方面:

(1)"满载超轴"。就是在机车能力允许的情况下,多加挂车皮。我国在货运紧张时,也采取加长列车、多挂车皮的办法,在不增加机车的情况下增加运输量。

(2)水运拖排和拖带法。竹、木等物资的运输,利用竹、木本身浮力,不用运输工具载运,采取拖带法运输,可省去运输工具本身的动力消耗从而求得合理。将无动力驳船编成一定队形,一般是"纵列",用拖轮拖带行驶,可以有比船舶载乘运输运量大的优点,求得合理化。

(3)顶推法。这是我国内河货运采取的一种有效方法。将内河驳船编成一定队形,由机动船顶推前进的航行方法。其优点是航行阻力小,顶推量大,速度较快,运输成本很低。

(4)汽车挂车。汽车挂车的原理和船舶拖带、火车加挂基本相同,都是在充分利用动力能力的基础上,增加运输能力。

3. 发展社会化的运输体系

运输社会化的含义是发展运输的大生产优势,实行专业分工,打破一家一户自成运输体系的状况。

一家一户的小生产运输,车辆自有,自我服务,不能形成规模,且一家一户运量需求有限,难于自我调剂,因而经常容易出现空驶、运力选择不当。因为运输工具有限,选择范围太窄,经常出现不能满载等浪费现象,且配套的接、发货设施,装卸搬运设施也很难有效地运行,所以浪费颇大。实行运输社会化,可以统一安排运输工具,避免对流、倒流、空驶、运力不当等多种不合理形式。这不但可以实现组织效益,而且可以实现规模效益,所以发展社会化的运输体系是运输合理化非常重要的措施。

当前铁路运输的社会化运输体系已经较完善,而在公路运输中,小生产方式非常普遍,是建立社会化运输体系的重点。社会化运输体系中,各种联运体系是其中水平较高的方式,联运方式充分利用面向社会的各种运输系统,通过协议进行一票到底的运输,有效打破了一家一户的小生产运输,因而受到了欢迎。

4. 根据经济运输里程,选择最佳运输方式

铁路、公路、水运、空运、管道等五种运输方式各有特点,其适用的货运对象有所差别。运输方式选择的考虑因素包括运输成本、安全性、可靠性等。各种运输方式的适用对象及优缺点如下:

(1)铁路和水路运输。运量大、运费低,适于长距离的干线运输,运输的货物适于"重、厚、长、大",经济运输里程为200~300 km。其缺点是灵活性差,两头需要配套衔接装卸设备且装卸搬运次数多。

(2)公路运输。适合短距离、小批量的货物运输,适宜运输"轻、薄、短、小"的货物。同时公路运输灵活性高,可开展"门到门"的送货服务。其不足之处在于长途运输和大批量的干线运输缺乏优势,汽车废气不利于环保。

(3)航空运输。速度快是航空运输最大的优势,新鲜果品、高价值商品、紧急救险、救灾物资等适合航空运输。其缺点是运费高,运量小。

(4)管道运输。采用密封装备,运输途中能避免散失、遗漏,而且有运输量大、连续性、占地小、零包装等特点,但是运输对象局限于气体、液体和粉状物。

5. 尽量发展直达运输

直达运输主要是指运输部门尽量减少货物运输的中间环节,把货物由产地直接运送给客户,它是交通运输部门组织的主要形式。直达运输是追求运输合理化的重要形式,其对合理化的追求要点是通过减少中转、过载、换载,从而提高运输速度,省去装卸费用,降低中转货损。直达运输的优势,尤其是在一次运输批量和用户一次需求量达到了一整车时表现最为突出。此外,在生产资料、生活资料运输中,通过直达运输,建立稳定的产销关系和运输系统,也有利于提高运输的计划水平,考虑用最有效的技术来实现这种稳定运输,从而大大提高运输效率。

特别值得一提的是,如同其他合理化措施一样,直达运输的合理性也是在一定条件下才会有所表现,不能绝对认为直达一定优于中转。这要根据用户的要求,从物流总体出发做综合判断。如果从用户需要量看,批量大到一定程度,直达是合理的,批量较小时中转是合理的。

6. 配载运输

配载运输是一种充分利用运输工具载重量和容积,合理安排装载的货物及载运方法以求得合理化的运输方式。配载运输也是提高运输工具实载率的一种有效形式。

配载运输往往是轻重商品的混合配载,在以重质货物运输为主的情况下,同时搭载一些轻泡货物,如海运矿石、黄沙等重质货物,在舱面搭运木材、毛竹等,铁路运矿石、钢材等重物上面搭运轻泡农、副产品等。在基本不增加运力投入、不减少重质货物运输的情况下,解决了轻泡货物的搭运,因而效果显著。

7. "四就"直拨运输

"四就"直拨是减少中转运输环节,力求以最少的中转次数完成运输任务的一种形式。一般批量到站或到港的货物,首先要进分配部门或批发部门的仓库,然后再按程序直拨或销售给用户,这样往往出现不合理运输。

"四就"直拨,首先是由管理机构预先筹划,然后就厂、就码头、就库、就车船将货物分送给用户,而无须再入库了。

8. 发展特殊运输技术和运输工具

依靠科技进步是运输合理化的重要途径。例如,专用散装及罐车,解决了粉状、液状物运输损耗大,安全性差等问题;袋鼠式车皮,大型半挂车解决了大型设备整体运输问题;"滚装船"解决了车载货的运输问题,集装箱船比一般船能容纳更多的箱体,集装箱高速直达车船加快了运输速度等,都是通过应用先进的科学技术实现合理化的。

9. 通过流通加工,使运输合理化

有不少产品,由于产品本身形态及特性问题,很难实现运输的合理化,如果进行适当加工,就能够有效解决合理运输问题。例如,将造纸材料在产地预先加工成干纸浆,然后压缩体积运输,就能解决造纸材料运输不满载的问题;轻泡产品预先捆紧包装成规定尺寸,装车就容易提高装载量;水产品及肉类预先冷冻,就可提高车辆装载率,并降低运输损耗。

10. 通过优化运输路线,使运输合理化

优化运输路线,通常采用数学方法,数学方法很多,表上作业法和图上作业法是两种常用方法,这里不再加以详细介绍。

运输合理化的目标要考虑运输系统的基本特性。对于地区之间的长距离运输(干线输送),由于货物的批量大且对时间要求不很苛刻,此时,合理化的重点要考虑降低运输成本。对于地区或城市间的短距离运输(末端输送),是以向顾客配送为主要内容,货物批量小,应及时、准确地将货物运达,这种情况下的合理化目标,应以提高物流服务质量为主。

不同客户的需求侧重点不同,因此应为客户"量身定做"物流运作方案,细化客户差异性需求,确定每一个客户的需求模型,据此相应地设计物流运作方案。

本章小结

1. 内容要点

本章从国际货物运输的性质、任务和特点入手,介绍了国际货物运输的五种方式,并从国际货物运输的需要出发,对货物进行简单的分类。同时阐述了国际货物运输的组织体系和国际货运网络;介绍了国际货运代理人、代理关系及业务特点;主要阐述了国际货运代理人的分类和服务对象。通过本章的学习,了解运输业的性质及运输在国际贸易中的地位和作用;掌握对外贸易运输的特点、任务及要求;了解国际货物运输的方式及特点。

2. 内容结构图

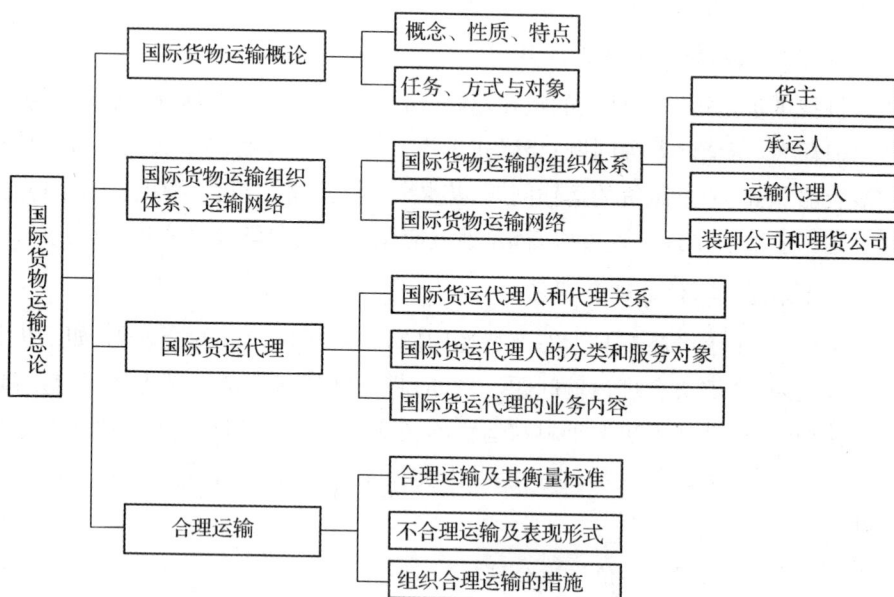

主要概念和重点实务

一、主要概念

1. 国际货物运输

2. 国际货运代理

3. 理货人

4. 租船、船务和咨询代理人

二、重点实务

1. 国际货物运输的组织体系和运输网络
2. 国际货运代理人的业务特点
3. 国际货运代理人与代理关系
4. 合理运输的含义与衡量标准
5. 不合理运输的含义及表现形式
6. 组织合理运输的措施

习题与训练

一、名词解释

1. 货主
2. 承运人
3. 货运代理人
4. 独家代理人
5. 合理运输

二、单选题

1. 我国国际货物的主要运输方式是(　　)。
   A. 国际公路运输　　B. 国际海洋运输　C. 国际管道运输　D. 国际铁路运输
2. 以船舶为商业活动对象而进行船舶租赁业务的人是(　　)。
   A. 咨询代理　　　　　　　　B. 货运代理
   C. 船务代理　　　　　　　　D. 租船代理
3. 接受货主委托,代理与货物有关的报关、交接、仓储、检验、包装、租船、订舱等业务的人是(　　)。
   A. 咨询代理　　　B. 货运代理　　　C. 船务代理　　　D. 租船代理委托人
4. (　　)是指委托人授予一个代理人在特定区域或特定运输方式和服务类型下,从事国际货物运输业务和/或相关业务的国际货运代理人。
   A. 独家代理人　　B. 普通代理人　　C. 全权代理人　　D. 一般代理人
5. 接受进出口货物收货人、发货人或国际运输企业的委托,代为办理进出口货物报关、纳税、结关事宜,并收取服务报酬的代理人是(　　)。
   A. 报关代理人　　B. 报检代理人　　C. 报验代理人　　D. 综合代理人

三、多选题

1. 下面属于国际货物运输特点的是(　　)。
   A. 中间环节少　　B. 涉及面广　　　C. 情况复杂多变　D. 时间性强
2. 我国的运输企业主要有(　　)企业。
   A. 水上运输　　　B. 铁路运输　　　C. 公路运输　　　D. 航空运输
3. 国际货运代理人按委托人委托办理的事项为标准划分有(　　)。

A. 综合代理人　　　B. 专项代理人　　　C. 全权代理人　　　D. 一般代理人

4. 报验代理人业务范围包括代为办理进出口商品的（　　）、运输器具、运输工具等的检验、鉴定事宜。

A. 质量　　　　　　B. 数量　　　　　　C. 包装　　　　　　D. 价值

5. 裸装货物是指不加包装而成件的货物,如（　　）及一些设备等。

A. 捆装货物　　　　B. 钢材/生铁　　　C. 有色金属　　　D. 车辆

四、简答题

1. 简述国际货物运输的任务。

2. 简述国际货运网络在国际贸易中的重要性。

3. 合理运输的衡量标准有哪些?

4. 简述目前存在的主要不合理运输形式。

5. 运输合理化的具体措施有哪些?

五、计算题

1. 某公司出口饲料 8 000 公吨,租用一艘承租船装运,租船合同中有关的装运条件如下:

（1）每个晴天工作日（24 小时）装货定额为 1 000 公吨。星期日和节假日除外,如果使用,按半数时间计入。

（2）星期日和节假日前一日 18 时以后至星期日和节假日后一日的 8 时以前为假日时间。

（3）滞期费、速遣费每天（24 小时）均为 USD 3 000。

（4）凡上午接受船长递交的 N/R,装卸时间从当日 14 时起算,凡下午接受通知书,装卸时间从次日 8 时起算。

（5）如有速遣费发生,按"节省全部工作时间"（All Working Time Saved）计算。参照装货记录表,试计算租船人使用时间、允许装卸时间、非工作时间、滞期费或速遣费。

2. 某轮从广州港装载杂货,人造纤维,体积为 20 立方米、毛重 17. 8 公斤,运往欧洲某港口,托运人要求选择卸货港 Rotterdam 或 Hamburg,Rotterdam 和 Hamburg 都是基本港口,基本运费率为 USD 80.00,三个以内选卸港的附加费率为每运费吨加收 USD 3.0,计费重量为"W/M"。请回答:

（1）该托运人应支付多少运费（以美元计）?

（2）如果改用集装箱运输,海运费的基本费率为 USD 1 100.0/TEU,货币附加费 10%,燃油附加费 10%。改用 1 个 20 英尺集装箱运输时,该托运人应支付多少运费（以美元计）?

（3）若不计杂货运输和集装箱运输两种运输方式的其他费用,托运人从节省运费考虑,是否应选择改用集装箱运输?

六、实训题

实训名称:货物运输的业务流程软件操作。

实训目的:(1)了解货物运输进出口业务的主要环节;

（2）掌握业务流程软件的操作内容和要领。

实训内容：货物运输进出口业务软件操作。

组织形式：教师收集进出口货物运输背景资料若干份，每个学生抽签独立完成。

评分：在模拟实验室或某船公司，每个学生随机抽签，选择国际海上货物运输进出口代理业务，独立完成模拟操作。教师根据评分标准打分。

微信扫码查看

第2章　国际海上货物运输

【知识目标】

1. 了解国际海上货物运输的特点与海上运输设备的种类；
2. 了解主要的国际航线与港口；
3. 熟悉班轮运输和租船运输两种经营形式及运费的构成；
4. 掌握集装箱班轮运输业务流程和主要单证；
5. 了解海运进出口货物运输业务与有关公约。

【能力目标】

1. 熟练国际主要航线与港口及班轮运输的特点；
2. 掌握班轮运费的计算方法；
3. 了解租船运输的种类，熟练计算租船运输的运费与装卸费；
4. 熟悉海运提单的分类、性质和作用，学会正确使用和填写提单；
5. 掌握海上运输的国际公约；
6. 熟练掌握海上运输进出口业务操作流程。

【引导案例】

某国际有色金属贸易公司诉某船务公司案

2014年11月20日，某有色金属贸易公司（以下称贸易公司）与日本某通商株式会社（以下称株式会社）签订了一份1 500吨的低磷硅锰合金购销合同。事后，买卖双方约定，实际履行货量为1 200吨。贸易公司的出口代理某省国际贸易中心为运输合同项下的货物，于2014年12月11日代贸易公司与某省海通货运代理有限公司签订一份航次租船合同，海通公司又与中国外运某省某公司签订一份航次租船合同。中国外运某省某公司则与五丰船务有限公司签订一份航次租船合同，这几个连环合同的条款内容基本相同，均协议租用"万盛"轮运输本案所涉1 200吨货物。"万盛"轮的注册船东为通连船务公司，该轮实际交由万通船务股份有限公司经营管理，船员由万通公司配备。万通公司又将该轮以期租形式出租给五丰公司使用。2014年12月25日，贸易公司的1 200吨货物装上"万盛"轮，万通公司签发了HX-95B号提单，目的港为日本名古屋。万盛轮同航次还装载了另一票目的港为日本川崎的1 200吨高磷硅锰合金，该两票货物外表状况相同。2015年1月8日，"万盛"轮抵达日本名古屋，在卸货时将两票货物错卸。同年1月26日，株式会社以货物不符合同要求为由，向贸易公司索赔，贸易公司作了通融赔付。受该合同履行情况影响，贸易公司与株式会社间的后一个硅锰合金购销合同未能顺利履行，贸易公司受到了损失。

另外，本案1 200吨低磷硅锰合金的HX-95B号提单，已经过两次背书转让，贸易合同买方株式会社已在目的港名古屋提货并对该批货物进行了处理。接着就是贸易公司起诉通连公司,以及通连公司不服判决,提起上诉等一系列周折。

案例思考:

从本案可以看出,"万盛轮抵达日本名古屋",在卸货时将两票货物错卸,导致贸易合同不能执行,贸易公司受巨大损失。国际海上货物运输是一个复杂过程,每一运输作业环节不能出一点差错。因此,组织国际海上货物运输时,必须要考虑以下问题:

1. 从回避风险角度,要正确使用贸易术语。
2. 掌握有关海运提单的国际公约及所在国法律政治制度。
3. 海上运输设备及进出港口设施。
4. 国际航线与主要港口及租船运输、班轮运输,是否有转船运输?
5. 运费与装卸费结算及合同签订。

（案例来源:http://china.findlaw.cn/hetongfa/shewaihetong/13627.html）

2.1　国际海上货物运输概述

地球上的陆地被广阔的海洋所分割和包围,大陆间只有通过空中或海洋交通才能彼此沟通,而海上运输以其运量大、成本低的优势,始终占据主要地位。海洋运输是国际物流中最主要的运输方式,在国际贸易中起着重要作用。目前,海洋运输的运量在国际贸易货物运输总量中占 80% 以上,为此世界上许多国家都大力发展本国的远洋船队,一方面配合本国国际贸易的发展,同时积极开拓第三产业争取无形贸易的收入。

所谓海洋运输,是指为进出口贸易、经济交流和人员往来服务的国与国之间的海上客货运输,分远洋运输和近洋运输。海上货物运输简称海运,是指使用船舶(或其他水运工具)在国内外港口间,通过海上航道运送货物的一种运输方式。

2.1.1　国际海上货物运输的特点

目前,国际贸易总运量中 2/3 以上是利用海运实现的,因此海运是国际货物运输中的最重要的运输方式。与其他各种运输方式相比,海洋运输具有以下特点。

1. 运输量大

由于造船技术的不断提高,巨型客轮、巨型油轮、一般杂货船等的运输船舶运载能力,远远大于火车、汽车和飞机,是运输能力最大的工具。

2. 运费低

与其他运输方式相比,运营成本低廉。1 吨货物的海洋运费仅相当于 1/5 的铁路运费,1/10 的公路汽车运费和 1/30 的航空运费。这就为低值大宗货物的运输提供了有利的运输条件。

3. 通过能力大

海洋运输利用天然航道四通八达,不像火车、汽车受道路和轨道的限制,因而其通过能力要超过火车和汽车。如果因政治、经济贸易条件变化,可随时改选最有利的航线。

4. 对货物适应性强

随着国际贸易发展的需要,为适应多种货物运输需求,各种专业船舶和多用途船应运而生,对超重、超长的货物也有较强的适应性,它们的利用率较高,经济效益较好。

5. 一般航速较低,高速化与自动化不断提高

商船体积大,水流阻力高,所以航速较低。随着船舶制造技术的发展,船舶的运行速度不断提高,大大加速了船舶周转。自动化程度的提高通过驾驶、机舱和装卸实现,降低了航运风险,提高了海运效率。科学技术将进一步推动运输技术的发展。

6. 风险较大

商船航行在海上,由于时间较长,受气候和自然条件影响较大。有时,世界政治风云变幻也给海洋运输带来损失。所有这些都使得船舶遇险的可能性大,航期不易准确。

除此之外,船舶易于改进运输工艺,适应国际贸易新发展需要。

尽管海上运输存在航速低、风险较大的不足之处,但由于运量大和运费低廉等优越性,它在国际货物运输中所占的地位和所起的作用仍然大大超过其他运输方式。

2.1.2 海上运输设备

水路运输工具也称为浮动工具,主要包括船、驳、舟、筏等。船与驳是现代水路运输工具的核心。船有多种分类方式,可按用途、航行区域、航行状态、推进方式、动力装置和船体数目等分类。按用途分类,可以分为军用和民用船舶两大类,这里仅介绍民用船舶。

1. 船舶构造

船舶是水上运输的工具。船舶虽有大小之分,但其船体结构的主要部分基本相同,主要由五个部分构成。

(1)船壳。船壳即船的外壳,是由多块钢板铆钉或电焊结合而成,包括龙骨翼板、弯曲外板及上舷外板三部分。

(2)船架。船架是指为支撑船壳所用各种材料的总称,分为纵材和横材两部分。

(3)甲板。甲板是铺在船梁上的钢板,将船体分隔成上、中、下层。大型船甲板数可多至六七层,其作用是加固船体结构和便于分层配载及装货。

(4)船舱。船舱是指甲板以下的用作各种用途的空间,包括船首舱、船尾舱、货舱、机器舱和锅炉舱等。

(5)船面建筑。船面建筑是指主甲板上面的建筑,供船员工作起居及存放船具,它包括船首房、船尾房及船桥。

2. 船舶的吨位

船舶吨位是船舶大小的计量单位,可分为重量吨位和容积吨位两种。

1）船舶的重量吨位

船舶的重量吨位又可以分为排水量吨位和载重吨位两种。

排水量吨位是船舶在水中所排开水的吨数，也是船舶自身重量的吨数。排水量吨位又可分为轻排水量、重排水量和实际排水量三种。

载重吨位，表示船舶在营运中能够使用的载重能力。载重吨位可分为总载重吨和净载重吨。

总载重吨，是指船舶根据载重线标记规定所能装载的最大限度的重量，它包括船舶所载运的货物、船上所需的燃料、淡水和其他储备物料重量的总和。其公式为：

$$总载重吨 = 满载排水量 - 空船排水量$$

净载重吨，是指船舶所能装运货物的最大限度重量，又称载货重吨，即从船舶的总载重量中减去船舶航行期间需要储备的燃料、淡水及其他储备物品的重量所得的差数。

2）船舶的容积吨位

船舶的容积吨位是表示船舶容积的单位，又称注册吨，是各海运国家为船舶注册而规定的一种以吨为计算和丈量的单位，以 100 ft³，或 2.83 m³ 为 1 注册吨。容积吨又可分为容积总吨和容积净吨两种。

容积总吨又称注册总吨，是指船舱内及甲板上所有关闭的场所的内部空间（或体积）的总和，是以 100 ft³，或 2.83 m³ 为 1 t 折合所得的商数。容积总吨的用途很广，可以用于国家对商船队的统计，表明船舶的大小，用于船舶登记，用于政府确定对航运业的补贴或造舰津贴，用于计算保险费、造船费用以及船舶的赔偿等。

容积净吨又称注册净吨，是指从容积总吨中扣除那些不供营业用的空间所剩余的吨位，也就是船舶可以用来装载货物的容积折合成的吨数。容积净吨主要用于船舶的报关、结关；作为船舶向港口交纳的各种税收和费用的依据；作为船舶通过运河时交纳运河费的依据。

3. 船舶种类

目前，国际海上运输的船舶主要有以下几类。

1）集装箱船

集装箱船是运载规格统一的标准货箱的船舶。集装箱运输是海上运输的主要方式。

2）散货船

散货船是用以运输粮谷、矿石、煤炭、散装水泥等大宗散装货物的船舶。散货船具有运载量大、运价低的特点。

3）油轮

油轮装运液态石油类货物，一般可以分为原油船和成品油船两种。油轮运输的特点是运量大、运距长。

此外，还有杂货船、冷藏船、液体化学品船等。

2.1.3　国际航线与主要港口

1. 国际航线

1）国际海运航线的概念和种类

国际海运航线是船舶在两个及以上的港口间航行的路线,它是世界各国、各地区之间往来贸易的重要通道。在占地球表面 70% 以上的海洋上,遍布着四通八达的国际海运航线。其中,大西洋上的国际航线的货运量居世界各大洋之首;太平洋上国际航线的货运量仅次于大西洋;印度洋上国际航线的货运量居世界各大洋第三位。国际航线按不同的分类标准可分为以下几种。

（1）按船舶营运方式分。

① 定期航线,是指使用固定的船舶,按固定的船期和港口航行,并以相对固定的运价经营客货运输业务的航线。定期航线又称班轮航线,主要装运件杂货物。

② 不定期航线,是临时根据货运的需要而选择的航线。船舶、船期、挂靠港口均不固定,是以经营大宗、低价货物运输业务为主的航线。

（2）按航程的远近分。

① 远洋航线（Ocean-going Shipping Line）,是指航程距离较远,船舶航行跨越大洋的运输航线,如远东至欧洲和美洲的航线。我国习惯上以亚丁港为界,把去往亚丁港以西,包括红海两岸和欧洲以及南北美洲广大地区的航线划为远洋航线。

② 近洋航线（Near-sea Shipping Line）,是指本国各港口至邻近国家港口间的海上运输航线的统称。我国习惯上把航线在亚丁港以东地区的亚洲和大洋洲的航线称为近洋航线。

③ 沿海航线（Coastal Shipping Line）,是指本国沿海各港之间的海上运输航线,如上海—广州、青岛—大连等。

（3）按航行的范围分:① 大西洋航线;② 太平洋航线;③ 印度洋航线;④ 环球航线。

2）世界主要国际航线

（1）太平洋航线,主要包括① 远东—北美西海岸航线。② 远东—加勒比、北美东海岸航线。③ 远东—南美西海岸航线。④ 远东—东南亚航线。⑤ 远东—澳大利亚、新西兰航线。⑥ 澳、新—北美东西海岸航线等。

（2）大西洋航线,主要包括① 西北欧—北美东海岸航线。② 西北欧、北美东海岸—加勒比海各港航线。③ 西北欧、北美东海岸—地中海、苏伊士运河—亚太航线。④ 西北欧、地中海—南美东海岸航线。⑤ 西北欧、北美东海—好望角、远东航线。⑥ 南美东海—好望角—远东航线等。

（3）印度洋航线,以石油运输线为主,此外有不少是大宗货物的过境运输。主要包括① 波斯湾—好望角—西欧、北美航线。② 波斯湾—东南亚—日本航线。③ 波斯湾—苏伊士运河—地中海—西欧、北美航线。④ 远东—南亚—东非航线;远东—东南亚航线,地中海—西北欧航线;远东—东南亚—好望角—西非航线,南美航线;澳新—地中海—西北欧航线等。

3）我国对外贸易海运航线

20 世纪 60 年代以来，国际局势发生了变化，我国按照平等互利、互通有无的原则，发展了同世界各地特别是西方发达国家和地区的经济贸易，已开辟了通往世界各地的海运航线。随着我国航运市场的进一步对外开放，国外船公司也纷纷跻身于我国航运市场，这更加充实了我国对外贸易的海运航线。

2. 国际主要港口

由于亚太地区经济发展强劲，世界的大港口多集中在亚太地区，主要有新加坡港，我国的上海港、香港港、深圳港、宁波—舟山港、青岛港、高雄港等，韩国的釜山港，阿联酋的迪拜港等。另外，还有荷兰的鹿特丹港、德国的汉堡港、美国的长滩港等。

2.2　班轮运输

随着工农业生产的发展，在运量激增、货物品种增多的条件下，班轮运输是适应货物自身价值高、批量小、收发货人多、市场性强以及送达速度快的货物运输要求而产生和发展起来的。

2.2.1　班轮运输的概念与特点

1. 班轮运输的概念

班轮运输又称定期船运输，简称班轮，是指船舶按固定的航线、港口以及事先公布的船期表航行，以从事客货运输业务并按事先公布的费率收取运费的一种船舶经营方式。

2. 班轮运输的特点

（1）定期、定港、定航线、定费率。班轮公司通常都在其固定行驶的航线上，排好定期开航和中途固定停靠港口的到、开时间，并将船期表登载于报刊上，或分送各主要托运人。运输费用则是根据班轮公司事先制定的运价表向货主计收，以利于货主核算货物成本。

（2）不规定装卸时间。班轮运输中，载货船舶在航线上始发港、终到港以及中途挂靠港的装卸作业是由船方在船期表规定的船舶到、离港期间内负责安排的，承托双方不必另行规定货物的装卸时间。

（3）船方负担装卸费用。班轮运输是根据班轮运价表向货主收取运费的。班轮运费不仅包括货物从启运港至目的港的运输费用，还包括货物在启运港的装船费用和目的港的卸船费用。

（4）托运人和承运人通过各自的代理人达成运输合同。

（5）以班轮提单作为运输合同的证明。

2.2.2　班轮运输运费的构成

1. 班轮运输费用的种类

运费的单位价格称为运价。

1）按其制定者不同的分类

（1）班轮公会运价，是由班轮公会制定的运价，班轮公会会员公司必须按公会运价表的费率和规定收取运费，否则将受到公会的处罚。这种运价是一种垄断性质的运价，旨在限制会员公司之间的内部竞争，并一致对抗外来竞争。

（2）班轮公司运价，是由会外班轮公司自行制定并负责调整的运价。虽然货方可以向班轮公司制定的运价提出异议，但解释权和决定权仍归班轮公司。各船公司制定的运价并不统一，但一般都低于公会运价水平。

（3）货方运价，是由能常年向船公司提供大量货载的货主所制定，并为船方接受采用的运价。这种运价的调整或修改应在与船方协商的基础上进行，但货方享有较大的决定权。

（4）双边运价，是由船、货双方共同商议制定，并共同遵守的运价。运价的调整和条款的修改、变更需经双方协商确定，任何一方都无权单方面改变。

2）按其计费形式不同的分类

（1）等级费率运价是将全部货物按价值的高低分为若干等级，并根据不同的航线分别为每一个等级的货物而制定的一个基本费率。

（2）单项费率运价又称商品费率运价，是对各种不同的货物在不同的航线上分别制定的一个基本费率。

2. 班轮运费的构成

件杂货班轮运输是一种"港至港"的传统运输方式，其运费是由基本运费和附加费构成的。

1）计算标准

运费是由代表单位货物运费的运价率乘以若干计算单位而得的，计算标准用以确定运费的计算单位，常见的计算标准主要有以下几种：

（1）按货物重量（Weight）计算。在运价表中以"W"表示，其含义是以吨为计算单位，也称重量吨。重量吨应取到小数点后第三位，即到公斤位为止。

（2）按货物体积（Measurement）计算。在运价表中以"M"表示，其含义是以1立方米或40立方英尺为一个计算单位，也称尺码吨。尺码吨应取到小数点后第三位。

（3）按货物重量或体积计算。在运价表中用"W/M"表示，规定选择按重量或体积收取运费较高者作为计算单位，也称择大计算。

（4）按货物价值（According to Value）计算。在运价表中用"Ad. Val"表示，规定按货物的FOB价收取一定百分比作为运费，又称从价运费。

（5）按货物重量或体积或价值计算。在运价表中以"W/M or Ad. Val"表示，规定选择按重量或体积或价值收取运费较高者作为计算单位。

（6）按货物重量或体积计算加从价运费。这是按重量或体积选择收费较高者，再加上从价运费，在运价表中以"W/M PLUS Ad. Val"表示。

（7）按件数计算。以每件为单位计收运费。

2）各项附加费

附加费是运费的一个组成部分，船公司除了收取基本运费之外，还将根据不同的情况分别计收各项附加费。附加费主要有以下几种：

（1）燃油附加费（Bunker Adjustment Factor, BAF）。由于国际市场原油价格上涨，使船公司船用燃料价格大大超过了核定成本中燃油费的比例。为了弥补此项额外开支，船公司向货方征收一定金额或为基本运费一定百分比的费用，这种费用称为燃油附加费。

（2）货币贬值附加费（Currency Adjustment Factor, CAF）。由于国际金融市场的变化，运价表所采用的币种贬值，使船方按运价表原定价格所得到的实际运费收入减少。为了弥补这部分损失，船方向货方征收一定百分比的附加费称为货币贬值附加费。除了从价运费因货物价值一般已考虑贬值因素而不应加收货币贬值附加费外，基本运费和其他附加费都应加收该项附加费。

（3）直航附加费（Direct Surcharge）。班轮公司对于其经营航线上设备条件较好、货源多且稳定的口岸，一般都在运价表中规定船舶定期挂靠。这种运价表所规定的船舶定期挂靠的港口称为基本港，基本港以外的港口称为非基本港。船舶停靠非基本港，船方需额外支出费用。因此，船方规定对于运往非基本港的货物必须加收直航附加费。

（4）转船附加费（Transshipment Surcharge）。运往非基本港的货物需要中途转船运往目的港时而向货方加收的运费，称为转船附加费。转船附加费可以规定一定的金额也可以按基本运费一定的百分比加收。

（5）港口附加费（Port Surcharge）。船方由于有些港口费用高或由于港口设备条件差、装卸效率低，使船舶滞留在港时间长，导致成本增加而向货方加收一定的费用。这种费用称为港口附加费。

（6）港口拥挤附加费（Port Congestion Surcharge）。某些港口泊位少、港口拥挤，船舶抵港后不能立刻靠卸而需要长时间候泊，短则几天，长则数月，造成船期损失，空耗成本。船方为弥补该项损失而向货方加收一定的费用，这种费用称为港口拥挤附加费。一般按基本运费的一定百分比或一定金额加收。

（7）超重超长附加费（Heavy Lift Additional, Long Length Additional）。一件货物毛重或长度达到或超过船公司规定的重量或长度时被视为超重或超长货物。对于超重或超长货物船方常以超重附加费或超长附加费的名义向货方加收。

对于超重货物，全部货物均要加收超重附加费。对于超长货物，全部运费吨均要加收超长附加费。如果货物既超重又超长，则按规定加收上述两种附加费的一种，并以其费用高者计。

（8）选港附加费（Additional for Optional Destination）。由于贸易上的需要，货方

在托运时尚不能确定具体的目的港,在这种情况下,货方可以在本航次规定挂港范围内,指定若干港口作为"选择港"。船方承运选港货时,需向货方加收选港附加费,同时选港货的基本运费按选择港中最高费率计收。

(9) 变更卸货港附加费(Additional for Alteration Destination)。船舶离开装港后,全套正本提单持有人可以要求改变货物原提单规定的卸货港,但必须获得有关海关当局的准许以及船方的同意,并支付变更卸港附加费。

(10) 绕航附加费(Deviation Surcharge)。由于某种原因,使正常航道受阻,船舶必须绕道航行。为了弥补船舶因绕道航行而增加的成本开支,船方向货方按基本运费的一定百分比加收绕航附加费。

2.3　租船运输

19 世纪中叶后,随着国际贸易的迅速发展,船舶需要量急剧增加,进出口商人和实力较弱的承运人无意投资于造船来满足运输的需要,于是租船运输便得到了发展。20世纪初,石油大量开采和运输又为租船运输的进一步发展提供了一个良好的契机。租船运输发展至今,已成为海洋运输中一种不可替代的船舶经营方式。

2.3.1　租船运输的种类

租船运输又称不定期船运输,通常是指租船人向船东租赁船舶用于运输货物的一种船舶经营方式。

1. 航次租船

航次租船(Voyage Charter)简称程租,是指船舶按照合同双方事先约定的条件完成一个或数个航次承租人指定货物的运输任务,并由承租人向出租人支付相应运费的租船运输方式。在这种租船方式下出租人占有和控制船舶,负责船舶的营运调度,并且需要负担所有的运输成本。而承租人则不必操心船舶的调度和支配仅需支付运费以及合同规定由其承担的货物装卸费和可能产生的船舶滞期费。程租方式适合于装卸港较少的大宗货物运输,是租船市场上广泛采用的一种基本形式。

按双方约定的航次数,程租可分为单航次租船(Single Trip Charter)、来回航次租船(Return Trip Charter)、连续航次租船(Consecutive Voyage Charter)和包运合同租船(Contract of Affreightment,COA or Tonnage Contract)。

2. 定期租船

定期租船(Time Charter)简称期租。出租人将船舶出租给承租人一段时间,租期短则 3 个月,长则若干年,甚至到船舶报废为止。在租期内,出租人需保证船舶处于适航状态,并通过自己配备的船员承担船舶的驾驶和管理的责任。承租人则需按期如数向出租人支付租金,以取得船舶的使用权,并根据自己的需要来安排船舶的营运和调度。

定期租船中还有一种特殊的方式称为航次期租(Time Charter Trip,TCT)。这是一种航次租船和定期租船的混合方式,其租期是以完成一个航次货运任务的时间为准,而其他条件基本与期租相同。

3. 光船租赁

光船租赁(Bareboat Charter or Demise Charter)简称光租,又称船壳租船。出租人在租期内将一艘空船连同船舶的占有权和控制权一并出租给承租人,而自己仅保留船舶的所有权。在这种租船方式下,承租人须按合同规定,在租期内向出租人支付租金,自己配备船员、装备船舶,并负担日常营运费用和相应的航次费用,承担时间损失的风险。

2.3.2　租船运费与装卸费

租船运输费用主要包括租船运费和装卸费。此外,还有速遣费、滞期费等。

1. 租船运费

租船运费是指货物从装运港至目的港的海上运费。租船运费的计算方式与支付时间,需由租船人与船东在所签订的程租船合同中明确规定。其计算方式主要有两种:一种是按运费率(Rate of Freight),即规定每单位重量或单位体积的运费额,同时还要规定是按装船时的货物重量(Intake Quantity),还是按卸船时的货物重量(Delivered Quantity)来计算总运费的方法;另一种是整船包价(Lump-sum Freight),即规定一笔整船运费,船东保证船舶能提供的载货重量和容积,不管租方实际装货多少,一律照整船包价付。

租船运费率的高低取决于诸多因素,如租船市场运费水平、承运的货物价值、装卸货物所需设备和劳动力、运费的支付时间、装卸费的负担方法、港口费用高低及船舶经纪人的佣金高低等。

租船运费有预付或到付之分。预付有全部预付的,也有部分预付的,到付有船到目的港开始卸货前付的、边卸边付的,也有货物卸完后支付的。

2. 租船的装卸费

租船运输情况下,有关货物的装卸费用由租船人和船东协商确定后在程租船合同中做出具体规定。租船的装卸费用的划分有以下四种方式:

(1) F. I. O. (Free In and Out),即船方不负责货物的装卸费用。为进一步明确船舱内货物装载以及散装货平舱的责任和费用划分,就需使用 F. I. O. S(Free In and Out Stowed),即船方不负责货物的装卸、理舱费;F. I. O. T(Free In and Out Trimmed),即船方不负责货物的装卸和平舱费。

(2) F. O. (Free Out),即船方负责装货费用,但不负责卸货费用。

(3) F. I. (Free In),即船方负责卸货费用,但不负责装货费用。

(4) Gross Terms 或 Liner Terms,即船方负责装卸费用。还有由出租人和承租人平均分担装卸费(Scale Load and Scale Discharge)。

装卸时间的长短影响到船舶的使用周期,直接涉及船方的利益,因而成为程租船合同中的重要条款。装卸时间一般用若干日(或时)表示,也可用平均每天装卸若干吨,即装卸率表示。在规定的装卸时间内、哪些应当算作工作日,哪些应当除外,主要有以下三种规定方法:

(1) 按日(Days)或连续日(Running or Consecutive Days)计算,即期限一开始,不论风雪日、星期日或休假日等实际不能进行装卸的日子,均全部计算在装卸期限之内。这种计算方法,通常仅适用于石油、矿砂等使用油管或传送带进行装卸作业的不受昼夜和风雨影响的商品。

(2) 按工作日(Working Days)计算,即有关港口可以进行工作的日子,因而不包括星期日和法定节假日。每个工作日的正常工作时间,如租船合同未做规定,则可按港口习惯办理。

(3) 按晴天工作日(Weather Working Days)计算,即除星期日、休假日不计入装卸时间外,由于天气不良,不能进行装卸的工作日(或工作小时)也不计入装卸时间。"晴天工作日"虽然已经包含了"工作日"的含义,但为了明确起见,习惯上都把"晴天工作日"称为"除去星期日和休假日的晴天工作日"(Weather working days, Sundays and holidays excepted),或进一步明确规定:"星期日和休假日除外,即使已经使用"(Sundays and holidays excepted, even if used),意即星期日和休假日应从装卸时间内扣除,即使租船人实际上已经使用了星期日或休假日,船方也无权将星期日和休假日计入装卸时间。

在规定的装卸期限内,如果租船人未能完成装卸作业,为了弥补船方的损失,对超过的时间租船人应向船方支付一定的罚款,这种罚款称为"滞期费"或"延滞费"(Demurrage)。反之,如果租船人在规定的装卸期限内,提前完成装卸作业,则所节省的时间船方要向租船人支付一定的奖金,这种奖金称为"速遣费"(Dispatch Money)。后者一般为前者的1/2。

2.4 国际海运提单与有关公约

2.4.1 海运提单的概念、性质和作用

1. 海运提单的概念

海运提单(Bill of Lading,B/L)是承运人(船公司)或其代理人在收到其承运的货物后签发给托运人,证明托运的货物已经收到或已装船并约定将该项货物运往目的地交与提单持有人的物权凭证。

2. 海运提单的性质与作用

根据海运提单的定义,海运提单的性质和作用主要表现为以下三个方面。

1) 海运提单是运输合同的证明

提单是承运人与托运人之间原已存在海上货物运输合同的证明。在承运人签发提单前,托运人与承运人之间就货物的名称、数量以及运费等达成的协议,就是货物运输合同,它包括托运单、运价表、船期表和托运人应了解的承运人的各种习惯做法等。承运人签发提单只是履行合同的一个环节,提单并不会因此而成为运输合同。在托运人和承运人之间,如果提单上的条款和规定与原运输合同有抵触,应以原合同为准。

但是,如果承运人与托运人之间事先并无相反的约定,并且托运人未对提单上的条款和规定提出异议,则提单上的条款和规定便成为承运人与托运人之间达成的海上货物运输合同的内容,对承托双方均有约束力。此外,当海运提单被转让给包括收货人在内的第三方后,提单上的条款和规定对承运人和第三方同样具有约束力。

2) 海运提单是货物收据

海运提单是承运人接收货物或将货物装船后,向托运人出具的货物收据。提单作为货物收据,对承托双方具有"初步证据"的效力。这种证据效力是相对的,如果实际证实承运人确实未收到货物或所收到的货物与提单记载不符,仍可否定提单的证据效力。但是当提单已转让给包括收货人在内的第三方时,提单在承运人和第三方之间就具有"最终证据"的效力,即使承运人能举证确实未收到货物或所收到的货物与提单记载不符,承运人也必须对其与事实不符的记载负责。

3) 海运提单是物权凭证

海运提单是货物所有权的凭证,是票证化了的货物。一定情况下,谁拥有提单,谁就拥有该提单所载货物的所有权,并享有物主应享有的一切权利。

海运提单这种物权凭证的属性大大增强了提单的效用,使得国际市场上货物的转卖更为方便。只要在载货船舶到达目的港交货之前直接转让提单,货物所有权就可随即转让。当海运提单被转让后,承运人与包括收货人在内的提单受让人之间的权利、义务将按提单规定而确定。在发生货损货差时,收货人可以直接依靠提单对承运人行诉,而不需经过该提单签订者——托运人——的授权。

2.4.2　海运提单的种类

1. 按货物是否已装船分

1) 已装船提单

已装船提单(Shipped B/L or on Board B/L)是指提单载明的全部货物装船后才签发的提单,提单上须注明船名和装船日期。在件杂货运输方式下,只有在货物装船后,托运人或其代理人才能取得船方签发的"大副收据",然后凭此向船代换取提单。由于这种已装船提单对收货人按时收货有保障,因此,议付银行往往根据信用证有关规定,要求提供已装船提单方准予结汇。

2) 收货待运提单

收货待运提单(Received for Shipment B/L)是指承运人已接收提单载明的全部货物,但尚未装船时所签发的提单。因此,提单上没有装船日期,甚至连船名都没有。在集装箱运输方式下,根据不同的运输条款,承运人在托运人仓库或集装箱货运站或集装箱码头堆场接收货物后,即签发"场站收据",托运人或其代理人凭以向船代换取提单,这种提单就是收货待运提单。由于签发收货待运提单时,货物尚未装船,无法估计货物到卸货港的具体日期,因此,买方往往不愿意接受待运提单。正规的做法是,待货物装船后,凭收货待运提单换取已装船提单,或由承运人在收货待运提单上加注船名和装船日期,并签字盖章使之成为已装船提单。但实务中,通常是在货物装船后,直接凭场站收据换取已装船提单。

2. 按提单抬头分

1) 记名提单

记名提单(Straight B/L)又称收货人抬头提单,是指在提单"收货人"一栏内具体填写某一特定的人或公司名称的提单。承运人出具这种提单后,只能将货物交给提单上指定的收货人,除非承运人接到托运人的指示,才可将货物交给提单指定以外的人。

2) 指示提单

指示提单(Order B/L)是指在提单"收货人"一栏隐去了具体特定的人或公司的名称,只是注明"TO ORDER OF ×××"或"TO ORDER"字样交付货物的提单。前者凭记名人指示交货,按照发出指示的人不同可分为托运人指示、收货人指示和银行指示等;后者凭不记名人指示交货,一般应视为托运人指示。

指示提单可以通过空白背书和记名背书两种背书(Endorsement)方式进行转让。空白背书时背书人(提单转让人)只需在提单背面签字盖章;而记名背书除了由背书人签字盖章外,还须注明被背书人(提单受让人)的名称。记名背书后,只有提单受让人才可凭提单提货。

3) 不记名提单

不记名提单(Blank B/L or Open B/L)只在提单"收货人"一栏填写"TO BEARER"(货交提单持有人)。这种提单可以不经背书进行转让。

3. 按有无影响结汇的批注分

1) 清洁提单

清洁提单(Clean B/L)是指未被承运人加注或即使加注也不影响结汇的提单。如果货物在装船时或被承运人接收时表面状况良好,不短少,承运人则在其出具的"大副收据"或"场站收据"上不加任何不良批注,从而使据此签发的提单为清洁提单。银行在办理结汇时,都规定必须提交清洁提单。

2) 不清洁提单

不清洁提单(Foul B/L)是指承运人在提单上加注有碍结汇批注的提单。如果托运人交付的货物表面状况不良,承运人为分清责任,有必要在提单上做出相应的批注,这种提单就是不清洁提单。

由于不清洁提单不能用于结汇,通常货物装船时表面状况不良,托运人仍会要求承运人签发清洁的已装船提单,以便能与其他文件一并送交银行办理结汇。此时,承运人若应允托运人的请求签发了清洁提单,就等于默认了所收到的货物完好无缺,日后收货人在提货时发现货损货差,就可以凭提单向承运人提出索赔;承运人若拒绝签发清洁提单,则托运人难以顺利结汇。针对这一法律原则与商业利益的矛盾,实务中往往采取修补包装、退换货物、修改信用证等做法。更为常见的一个折中的办法是由托运人出具保函(Letter of Indemnity),保证抵偿承运人因签发清洁提单而招致的损失。保函的法律效力时常被否定,但其在国际贸易及国际航运业中特定的商业上的作用是不容置辩的。

4. 按收费方式分

1) 运费预付提单

运费预付提单(Freight Prepaid B/L)是指托运人在装港付讫运费的情况下承运人所签发的提单。以 CIF/CFR 贸易条件成交的货物,由卖方租船或订舱,并承担相应的运输费用,因此,其运费是预付的。这种提单正面须载明"FREIGHT PREPAID"(运费预付)的字样。

2) 运费到付提单

运费到付提单(Freight Collect B/L)是指货物到达目的港后支付运费的提单。这种提单正面须载明"FREIGHT COLLECT"(运费到付)的字样,以明确收货人具有支付运费的义务。以 FOB 贸易条件成交的货物,通常由买方租船或订舱,并承担相应的运输费用,因此,其运费为到付的。

5. 按不同的运输方式分

1) 直达提单

直达提单(Direct B/L)是指货物从装货港装船后,中途不经转船而直接抵目的港卸货的提单。

2) 转船提单或联运提单

转船提单或联运提单(Transhipment B/L or Through B/L)是指在装货港装货的船舶不直接驶达货物的目的港,而需要在中途港换装其他船舶运抵目的港,由承运人为这种货物运输签发的提单。

3) 多式联运提单

多式联运提单(Combined B/L or Multimodal Transport B/L)是指货物由两种及其以上运输方式共同完成全程运输时所签发的提单。这种提单一般由承担海运区段运输的承运人签发,也可由经营多式联运的"无船承运人"(Non-Vessel Operative Common Carrier,NVOCC)签发,主要适用于集装箱运输。

6. 按船舶的经营方式分

1) 班轮提单

班轮提单(Liner B/L)是指经营班轮运输的船公司或其代理人签发的提单。这种提单除正面项目和条款外,背面还列有关于承运人与托运人的权利和义务等运输条款。

2) 租船提单

租船提单(Charter Party B/L)是指根据租船合同签发的一种提单。这种提单在出租人与承租人之间不具有约束力,出租人与承租人之间的权利、义务仍依据租船合同确定。但是,当此提单转让给出租人和承租人以外的第三方后,提单签发者、出租人与第三方之间的权利、义务将依据提单而确定。此时,出租人同时受租船合同和其所签发的提单的约束。如果出租人根据提单对第三方提单持有人所承担的责任,超过其根据租船合同所应承担的责任,则船东可就其额外承担的责任向承租人追偿。出租人与承租人之间的权利、义务关系不会因为出租人签发提单而改变。

出租人为了避免其所签发的提单的责任大于租船合同的责任,并就额外承担的责任向承租人追偿的麻烦,通常在提单中载明"租船合同中所有条款、条件和免责事项,均适用于本提单,并被视为并入本提单"等类似的字样,将租船合同条款并入提单内,使提单受租船合同的约束,进而约束受让提单的第三方。

由于上述提单受租船合同的约束,并非一个独立完整的文件,因此,当信用证规定可接受此种提单时,货物卖方在转让该提单的同时,还应附有一份租船合同副本,以供第三方提单持有人了解约束自己的租船合同的全部内容。

2.4.3 有关海运提单的国际公约

1.《海牙规则》

《海牙规则》(*The Hague Rules*)的全称是《关于统一提单的若干法律规定的国际公约》(*International Convention for the Unification of Certain Rules of Law Relating to Bill of Lading*),该规则在国际法协会协助下于1921年在海牙草拟,以后又经过伦敦、布鲁塞尔几次外交会议的修改,最后于1924年8月25日由25个国家在布鲁塞尔签署,于1931年6月2日生效。目前,已有80多个国家和地区参加了该公约。但也参照适用该公约的规定。《海牙规则》所确立的原则已成为各国有关海运提单的立法与实践的基本原则。我国至今未加入《海牙规则》,但在我国1993年7月1日实施的《中华人民共和国海商法》和我国航运公司制定的提单中吸纳了《海牙规则》中关于承运人责任和豁免的规定。

《海牙规则》共有16条,主要规定了承运人的最低限度责任与义务、权利与豁免、责任起讫、最低赔偿限额、托运人义务、索赔与诉讼时效等。

1) 承运人的责任

(1) 提供适航的船舶。承运人在开航前或开航时必须谨慎从事,恪尽职责。

其一,使船舶适合于航行;其二,适当地配备船员、设备和供应船舱;其三,使货舱、冷藏舱和该船其他载货处能适宜和安全地收受、运送和保管货物。按照《海牙规则》的规定,承运人对船舶适航性的责任仅限于要求它能恪尽职责、谨慎处理,以使船舶适航,而不是要求承运人保证船舶绝对适航。如果船舶不适航是承运人经过谨慎处理后仍不能发现的潜在缺陷造成时,承运人不负责任。与此同时,该规则要求的只是承运人在开船前或开船时谨慎处理保证船舶适航,而不是整个航运过程中始终保持适航。在后一种情况下,除非承运人由于玩忽而没有及时采取补救措施,否则,承运人不负任何责任。

(2) 适当和谨慎地装载、搬运、配载、运送、保管、照料和卸下所承运的货物。这是承运人在货物从装载到卸下整个过程中的责任。在这一过程中承运人的责任期限通常采用"钩至钩"的原则,前一个"钩"指货物在装运港被吊钩吊上船,后一个"钩"指货物在目的港被吊钩吊下船。在这一过程,只要承运人谨慎处理、恪尽职责,即使发生不适航的情况而造成损失,承运人也不负责任。

《海牙规则》还规定,承运人或船长或承运人的代理人在收受货物后,经托运人的请求,应向托运人签发提单,这也是承运人的一项基本义务。

2) 承运人的责任免除

承运人的责任免除是指承运人对于在其责任期限内发生的货物损失或灭失,免除赔偿的责任,这是对承运人责任范围的限制和例外。在通常情况下,承运人总是千方百计地扩大责任免除的范围,以缩小其责任范围。对于承运人责任免除事项,《海牙规则》第四条第二款列举了以下 17 项内容:

(1) 船长、船员、引水员或承运人的雇用人员在航行或管理船舶中的行为疏忽或不履行义务。

(2) 火灾,但由于承运人的实际过失或私谋所引起的除外。

(3) 海上或其他通航水域的灾难、危险和意外事故。

(4) 天灾。

(5) 战争行为。

(6) 公敌行为。

(7) 君主、当权者或人民的扣留和官判或依法扣押。

(8) 检疫限制。

(9) 托运人或货主及其代理人或代表的行为或不行为。

(10) 不论由于任何原因所引起的局部或全面罢工、关厂、停工或限制工作。

(11) 暴动或骚乱。

(12) 救助或企图救助海上人命或财产。

(13) 由于货物的固有缺点、性质或缺陷引起的体积或重量亏损,或任何其他灭失或损失。

(14) 包装不善。

(15) 唛头不清或不当。

(16) 虽恪尽职责并不能发现的潜在缺点。

(17) 非由于承运人的实际过错或私谋,或者承运人的代理人,或雇用人员的过失或疏忽所引起的其他任何原因。但是要求引用这条免责条款的人负举证责任,要证明有关的灭失或损失既非由于承运人的实际过失或私谋,也非承运人的代理人或雇用人员的过失或疏忽所致。

从《海牙规则》上述的规定来看,凡是承运人无法控制或无法合理预见的情况使货物受到损失的,承运人都可以免责,这些规定显然对承运人十分有利。中国远洋运输公司提单对于承运人责任免除也列举了 17 项内容,这些内容与《海牙规则》确立的有关承运人责任免除的原则基本相同。

3) 承运人的责任限制

承运人的责任限制是指承运人对每件货物或每一计费单位的货物的损害或灭失进行赔偿的最高限额。《海牙规则》规定,承运人对每件货物或每一计费单位的货物的损害或灭失,最高赔偿额为 100 英镑。如果托运人的托运的价值超过 100 英镑,承运人最多只赔偿 100 英镑。

4) 索赔与诉讼

《海牙规则》规定,托运人或收货人在提货时如发现货物灭失或损害,应当立即向承运人提出索赔通知。如果灭失或损失不显著,则在 3 天之内提出索赔通知。有关货物灭失或损害的诉讼时效为 1 年,从货物交付之日或应交付之日起算。如果逾期不提起诉讼,承运人可以免除其对于货物灭失或损害所负的一切责任。

5)《海牙规则》存在的主要问题

(1) 较多地维护了承运人的利益,在免责条款和最高赔偿责任限额上表现得尤为明显,造成在风险分担上的不均衡。

(2) 未考虑集装箱运输形式的需要。

(3) 责任期间的规定欠周密,出现装船前和卸货后两个实际无人负责的空白期间,不利于维护货方的合法权益。

(4) 单位赔偿限额太低,诉讼时效期间过短,适用范围过窄。

(5) 对某些条款的解释至今仍未统一,如"管理船舶"与"管理货物"的差异、与货物有关的灭失或损坏的含义、作为赔偿责任限制的计算单位的解释等,因没有统一解释而容易引起争议。

2.《维斯比规则》

《维斯比规则》(*The Visby Rules*)的全称是《关于修订统一提单若干法律规定的国际公约议定书》(*Protocol to Amend the International Convention for the Unification of Certain Rules of Law Relating to Bills of Lading*)。由于《海牙规则》对承运人照顾过多,有利于航运业发达的国家,因此半个多世纪来,一直受到航运业发展较慢的第三世界国家的反对,不少国家要求对《海牙规则》进行修改。1968 年一些海运国家在国际海事委员会的协助下,在布鲁塞尔召开了外交会议,签订了修改《海牙规则》的议定书,该议定书称为《1968 年布鲁塞尔议定书》。因为该议定书是在维斯比完成准备工作的,所以称为《维斯比规则》,该规则于 1977 年生效。《维斯比规则》共有 17 条,对《海牙规则》做了有限的修改,这些修改主要有以下几个方面。

1) 提高了承运人的赔偿限额

《维斯比规则》将承运人赔偿限额的计算货币改为具有一定含金量的金法郎,规定每件或每计算单位赔偿限额为 10 000 金法郎,或每公斤 30 金法郎,按两者之中较高者

计算。每个金法郎的含金量为 65.5 毫克,当时 1 个金法郎可折算为 0.04 英镑,10 000
金法郎相当于 400 英镑。可见,《维斯比规则》提高了承运人的责任限额。

2)扩大了承运人享受的责任限制的范围

根据《维斯比规则》第三条规定,凡是承运人可以享受的免责权利和责任限制,承运
人的雇员和代理人也可以享受。

3)延长了诉讼时效

《海牙规则》规定诉讼时效为 1 年,从交付货物之日起计算。《维斯比规则》还规定,
诉讼提出后,如经当事人双方同意,该期限可以延长。

4)新增了"集装箱条款"

《维斯比规则》第二条第三款对集装箱运输中的赔偿做了规定,明确了计算集装箱
或托盘货物最高赔偿责任的数量单位。如果货物是用集装箱、托盘或类似运输工具集
装时,提单中所载明的,装在这种运输工具中的舱数或单位数,即应作为该规则所规定
的计算责任限制的数量单位。如果在提单中没有载明,则一个集装箱或一个托盘应视
为 1 件货物。

5)扩大了《海牙规则》的适用范围

《海牙规则》第十条规定"适用于在任何缔约国所发的一切提单"。《维斯比规则》第
五条则将其修改为:"公约适用于有关两个不同国家的港口之间货物运输的每一提单,
如果提单在一个缔约国签发或者从一个缔约国的港口起运。"该规则还规定:"如果提单
规定适用本规则,就该受本规则约束,而不论承运人、托运人、收货人或任何其他有关人
员的国籍如何。"

6)提单的证据力

《海牙规则》规定,承运人向托运人签发提单,是承运人收到该提单中所载货物的初
步证据。根据这一规则,承运人有权提出反证,否定提单所载内容的真实性,这对托运
人来讲,没有不公平之处,因为货物是托运人提交的,提单所载内容是托运人填写的。
但这对于善意的提单的受让人来说,则可能是不公平的。有鉴于此,《维斯比规则》明确
规定,当提单已经转给善意行事的第三者时,与此相反的证据不予接受。也就是说,在
存在善意第三者的情况下,提单对于善意的受让人来说,则是最终证据。

《维斯比规则》对《海牙规则》的修改,并没有解决《海牙规则》中权益失衡这一本质
问题,关于承运人的责任和豁免、责任起讫、托运人义务等问题均未作实质性改变。

3.《汉堡规则》

《汉堡规则》(*Hamburg Rules*)的全称是《1978 年联合国海上货物运输公约》
(*United nations Convention on the Carriage of Goods by Sea*,1978)。鉴于《维斯比规
则》并未对《海牙规则》做出实质性修改,为了彻底纠正运输关系中承运人与货主权利、
义务失衡的倾向,1968 年 3 月联合国贸易和发展会议决定设立国际航运立法工作组,
该工作组经过多年的努力,终于在 1926 年联合国国际贸易法委员会会议上提出了《海
上货物运输公约草案》。该草案经过几次修改和补充,于 1978 年在汉堡举行的联大全

权代表大会上获得通过。该规则将在第 20 个国家批准加入一年后才生效。《汉堡规则》对《海牙规则》做了重大修改,在下列几个方面扩大了承运人的责任。

1) 适用范围

与《海牙规划》、《维斯比规则》相比,《汉堡规则》的适用范围更为明确,它规定《汉堡规则》适用于两个国家之间的所有海上货物运输合同。

2) 增加实际承运人的概念

实际承运人指接受承运人委托执行货物运输或部分运输的任何人。《汉堡规则》所有关于承运人责任的规定,不但适用于承运人的代理人、雇员,也同样适用于受其委托的实际承运人。

3) 承运人责任起讫

《汉堡规则》将《海牙规则》规定的钩至钩,舷至舷,扩展为自承运人接管货物时起至货交收货人为止,货物在承运人掌管之下的整个期间。

4) 承运人赔偿责任基础

《汉堡规则》将《海牙规则》中承运人的不完全过失责任改为承运人的推定完全过失责任制,即除非承运人证明他本人及代理人或所雇用人员为避免事故的发生及其后果已采取了一切合理要求的措施,否则承运人对在其掌管货物期间因货物灭失、损坏及延误交货所造成的损失负赔偿责任。如果承运人将运输全部或部分委托给实际承运人履行时,承运人仍需对全程运输负责,如双方都有责任,则在此限度内负连带责任。

5) 提高赔偿金额

《汉堡规则》将承运人的最低赔偿金额在《海牙规则》和《维斯比规则》规定的基础上提高到每件或每一货运单位 835 计账单位或相当于毛重每公斤 2.5 计账单位的金额,以较高者为限。计账单位是指国际货币基金组织规定的特别提款权,以此取代原来采用单一货币所带来的汇率波动风险。

6) 增加对于延迟交货赔偿的规定

《汉堡规则》对于承运人延迟交货时的赔偿做出了明确规定,即以相当于该延迟交付货物应付运费的 2.5 倍为限,但不得超过海上运输合同中规定的应付运费总额。延误交货是指货物未能在明确议定的时间内,或在没有此项议定时,按照具体情况对一个勤勉的承运人未能在合理要求的时间内,在合同规定的卸货港交货,均构成延迟交货。

7) 保函

在国际海上货物运输实践中,托运人为取得清洁提单,向承运人出具承担赔偿责任的保函的做法一直被司法实践认为是一种欺诈行为而无效。但实践中,这一做法却因为实用、简便而经常为当事人采纳作为紧急情况下的一种变通做法。如何正视这一问题并找出合理的解决方法,是《汉堡规则》的又一贡献。《汉堡规则》将保函合法化,规定托运人为取得清洁提单而向承运人出具承担赔偿责任的保函在托运人和承运人之间有效,但对提单受让人,包括任何收货人在内的第三方无效。在发生欺诈行为的情况下,无论是托运人或承运人欺诈,承运人均需承担损害赔偿责任,并且不能享受公约规定的责任限制的利益。

8)索赔与诉讼时效

《汉堡规则》将《海牙规则》和《维斯比规则》规定的 1 年时效改为 2 年,并经接到索赔要求人的声明,可以多次延长。

9)管辖权

《汉堡规则》增加了关于管辖权的规定。原告就货物运输案件的法律程序,可就法院地做如下选择:

(1)被告主营业所在地或惯常居所。

(2)合同订立地,且合同是通过被告在该地的营业所、分支机构或代理机构订立的。

(3)装货港或卸货港。

(4)海上运输合同中指定的其他地点。

10)关于清洁提单的规定

《海牙规则》规定,承运人在签发提单时应注明货物的表面状况,但是承运人、船长或承运人的代理人,不一定必须将任何货物的情况标明或标志在提单上,如果它有合理根据怀疑提单不能正确代表实际收到的货物,或无适当方法进行核对的话。按照这一规定,一张由承运人签发的所谓表面状况良好的提单,实际上并不意味着是一张清洁提单,因为承运人的怀疑或无法核对的事项并没有如实反映在提单的批注当中。为了避免或减少由此产生的争议,《汉堡规则》明确规定,如果承运人或代其签发提单的其他人,确知或有合理的根据怀疑,提单所载有关货物的一般性质、唛头、包数或件数、重量或数量等主要项目没有准确地表示实际接管的货物,或者无适当的方法来核对这些项目,则承运人或上述其他人必须在提单上做出保留,注明不符之处、怀疑根据或无适当核对方法。与《海牙规则》不同,《汉堡规则》虽然要求承运人必须在提单上注明货物的表面状况,但如果承运人未在提单上批注货物的外表状况,则视为已在提单上注明货物的外表状况良好。

2.5 海上运输进出口业务

2.5.1 海运进口货物运输

海运进口货物运输业务是根据贸易合同有关运输条件,将进口货物通过海运方式运进国内的一种业务。海运货物进口业务运输的程序包括从租船订舱、跟踪船舶动态到卸货交接,直至送交收货人的全过程。其基本业务流程,如图 2-1 所示。

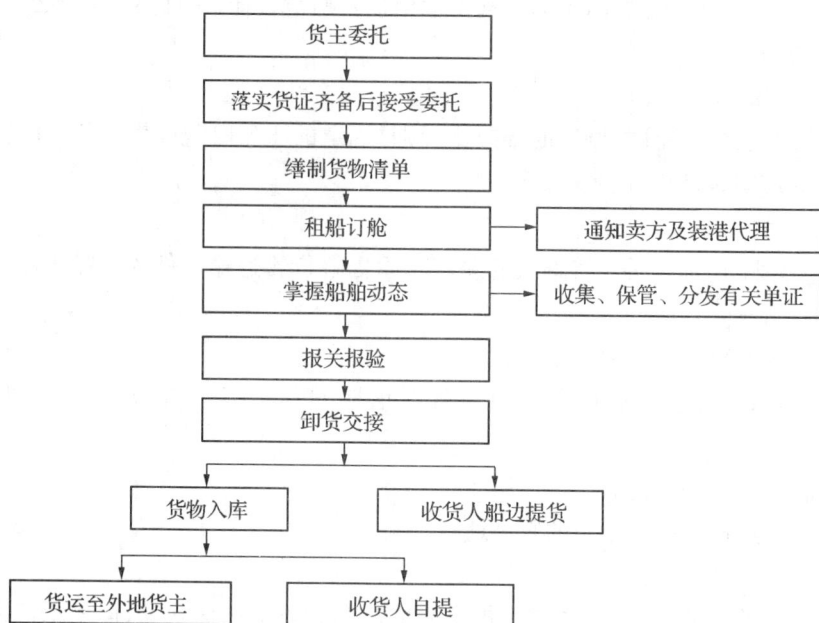

图2-1 海运进口货运代理基本业务流程

海运进口货物运输业务必须取决于买货条件。下面以在FOB成交、买方负责运输的条件下为例,介绍进口货物运输业务的流程。

1. 审核、确定贸易合同中的运输条款

贸易条件或贸易术语除了反映商品本身的价格外,同时还表明贸易双方在货物交接过程中有关责任、风险以及费用的划分界限。目前,我方派船的海运进口货物运输所使用的贸易术语主要有FOB、FOBS、FOBST和FAS等。

在确定了贸易术语之后,我们还要明确装运期限。FOB条件下的进口货物,一般在合同中规定,卖方必须在合同规定的交货期限30天前将合同号、货物名称、数量、装货口岸及预计货物到达装运口岸日期,以电讯通知买方,以便买方安排舱位。买方应在船舶受载期几天前,将船名、预计受载日期、装货数量、合同号、船舶代理人,以电讯方式通知卖方。

2. 租船订舱

如果是以FOB成交的进口合同,租船订舱由买方负责。在合同规定交货前一定时期内,卖方应将预计装运日期通知买方。买方接到通知后,要根据货物的性质和数量来决定租船或订舱。除个别情况外,一般均委托代理人来办理,在我国一般是委托中国对外贸易运输总公司或其分公司来办理。在办理委托时,委托人须填写《进口租船订舱联系单》并提出具体要求。该联系单的内容一般包括货名、重量、尺码、合同号、包装种类、装卸港口、交货期、买货条款、发货人名称和地址、电话或电传号等项目。如有其他特殊要求事项,也应在联系单中注明。

3．掌握船舶动态

掌握了进口货物船舶动态,对装卸港的工作安排,尤其对卸货港的卸船工作安排是极为重要的,这就要经常收集船舶的动态资料。船舶动态资料主要包括船名、船籍、船舶性能、装卸港顺序、预抵港日期、船舶吃水和该船所载货物的名称、数量等方面的信息。船舶动态信息来源为各船公司提供的船期表、国外发货人寄来的装船通知、单证资料、发货电报以及有关单位(如外贸运输公司、外轮代理公司)编制的进口船舶动态资料等。

4．单证的收集和处理

进口货物的各项单证也非常重要,它们是港口进行卸货、报关、报验、交接和疏运不可缺少的资料。进口货物单证包括商务单证和船务单证两大类。

(1)商务单证是指贸易双方办理货物交接和货款结算所需的单证,包括贸易合同正本或副本、发票、提单、装箱单、品质证书和保险单等。

(2)船务单证是承运人在装卸港口装卸进口货物时所需的单证,也是反映货物装船实际情况的文件,包括提单副本、积载图、装载清单、舱单和危险货物清单等。收到单证后,须与进口合同进行核对。单证一般来源于银行、国外发货人、装货港代理、港口轮船代理公司,近洋航线的单证也有进口船舶随船带来的。

在处理有关单证时,还要特别注意卖方保函。当进口货物在国外港口装船时,由于货物的外表及包装有缺陷,船方会在提单上加以批注,卖方为了取得清洁提单有可能向船方出具保函。有时船方会主动征求买方的意见,以免除自身责任。对此,我方作为买方应慎重处理,绝不可轻易接受对方保函。如船方擅自接受卖方保函,由此引起的一切损失均由船方承担。如有特殊情况,不得不出具保函时,卖方应得到买方的确认,并将保函副本寄交买方,由此产生的一切损失仍由卖方负责。对提单有不良批注的货物,买方应争取货到后付款,以避免造成经济损失。

5．配载

配载,一是指货物的积载,即具体船舶装货的技术性安排;二是指货载的分配,即什么船配装什么货。配载实际上是船货衔接和平衡的一个组成部分。

船舶的具体配载一般是由船长、代理以及装卸、理货公司在装货港共同完成的。船长或代理按所配货物的数量、性质制订出装船配载计划(即积载图),作为装船积载的依据,凭此指导装卸或理货公司按计划依此装货。装船配载直接关系到货运的质量和安全,关系到船舶经营效益,它是一项技术性很强的工作,一般应注意以下几方面。

1)应保证货物安全与完好

货物运输必须保证货物质量不受损害,数量不短少,这是最基本的要求。货物装船配载得当,对保证货运质量至关重要。

2)应有利于船舶的装卸作业

各舱货物的配载,应按货物到达目的港的先后顺序积载,即先到港的货物后装,后到港的货物先装,以免发生倒载现象。不同卸货港的货物应分隔清楚,不要混淆,以防延长卸货时间。同时货量较大时应分舱积载,以便在装卸作业时同时打开舱门,争取在最短时间内装卸完毕。

3)应保证船舶安全性和适航性

装载时尽可能使船舶的重心稳定,配载时注意上轻下重。当货量较大时,各舱应平均装载,否则船舶不稳,影响适航、速度甚至安全性。

4)应充分利用船舶的载重量和载货容积

经营船舶的重要指标之一是最大限度地利用船舶的载重量和载货容积。一般情况下尽量使轻、重货物搭配,如钢材搭配羊毛、生铁搭配箱装货物。为了充分利用船舶的重量吨和容积吨,对尺码较大的货物(如棉花),可以要求发货人压包,尽可能缩小其尺码。

6. 报关和报验工作

进口货物在到达目的港后,须向海关报关、填制《进口货物报关单》。报关单的内容主要有船名、贸易国别、货名、标记、件数、重量、金额、经营单位、运杂费和保险费等项,连同发票、提单、品质证明书等单证,向海关申报进口。按我国现行规定,进口货物应当自运输工具申报进境之日起 14 日内向海关申报。超过上述规定期限未向海关申报的,由海关征收滞纳金。

对于非贸易进口的货物,货主须填制《免领许可进口物品验放凭证》,连同有关证件,向海关申报查验放行。贸易货物不在港口查验放行的,须填制《国外货物转运准单》,向港口海关申报,经海关同意后监管运至目的地,由目的地海关查验放行。国外免费赠送的样品,须填制《进口非贸易样品申报单》,附发票一份,向海关申报。如是领事馆物品,则凭领事馆或有关单位证明文件向海关申报。进口货物属外贸进口总公司订货的,由其向中国海关总署办理集中纳税手续;属于地方进口订货的,则在当地办理纳税手续。

进口的货物还必须向商检部门申请办理检验、鉴定手续,查验进口商品是否符合我国规定或订货合同的有关规定,以保护买方利益。报验时须填写《进口商品检验申请单》,同时须提供订货合同、发票、提单、装箱单、理货清单、磅码单、质保书、说明书、验收单、到货通知单等材料。凡列入《检验检疫商品目录》的进口商品,须实施法定检验。但所列商品如属援助物资、礼品、样品以及其他非贸易物品,一般免于检验。如进口的货物是危险品,应在船舶到港前向港口、航运、铁路等部门提供《进口危险品货物技术说明书》,其中品名与危规号必须正确无误。对尚未列入我国危险品货物品名表的进口货物,订货单位或用货部门应提供详细的中文资料,说明货物的化学性质、消防和急救方法以及装卸搬运过程中应注意的事项,以便安排接、卸、运工作。

7. 监卸和交接

监卸和交接一般由船方申请理货,负责把进口货物按提单、标记点清件数,验看包装情况,分批拨交收货人。监卸人员一般是收货人的代表,履行现场监卸任务。监卸人员要与理货人员密切配合,把好货物数量和质量关。港方卸货人员应按票卸货,严禁不正常操作和混卸。已卸存货场的货物应按提单、标记分别码垛、堆放。对船边现提货物和危险品货物,应根据卸货进度及时与车、船方面有关人员联系,做好衔接工作,防止因卸货与拨运工作脱节而产生等车卸货或车到等工的现象。对于超限货物或集重货物应事先提供正确尺码和重量,以便准备接运车驳,加速疏运进度。对重点货物,如规格复杂的各种钢材、机械、零配件等,要有专人负责,以防错乱。在卸货中如发现残损,应及时向船方或港方办理有效签证,并共同做好检验工作。进口货物在卸船过程中,经常会发生溢卸或短卸情况,除了国外责任外,根据《海关法》和外运总公司《关于海运进口货物溢短卸处理暂行办法》的规定,对溢短卸货物可以酌情补救。溢短卸的依据是港口理货公司出具的并经船长或大副签认的溢短签证。

8. 进口代运

进口货物到达国内目的港卸船报关后,如果由收货人自己到码头提货称为自提。若由港口外运公司代表收货人办理接收货物,并安排运力,将货物转运到收货人指定的地点,这种业务称为进口代运。进口代运可以解决用货部门在到货港口无机构和人员的困难,并使进口货物得以及时提离港口,保证港口畅通,防止压船、压港、压货现象的出现。进口代运代办人的责任一般有以下几点:

(1) 代办人应于货物到港前根据进口公司和委托人提供的单证,积极办理进口货物交接、制单、报关、报验和代运准备工作,在单证不齐全时可凭保函通关。

(2) 代办人对货物外包装进行检查,发现异样及时申请检验,并做好记录。若发现包装破损,代办人有责任整修包装,如危险品包装破漏,无法修补时,应通知收货人设法处理。

(3) 在正常情况下,代办人应在货物对外索赔有效期满 30 天前将货物运出。

(4) 货船联检后 3 天内,代办人应立即填制《海运进口货物到货通知》,寄送收货人或订货单位。发货人另以《提货通知》通知收货人提货。

(5) 代办人可以对运输方式做出选择。

9. 保险

如果我方是以 FOB 或 CFR 条件成交的进口货物,由我方办理保险。我方负责进口的单位在收到发货人装船通知后应立即办理投保手续。目前,为简化手续和防止发生漏保现象,一般采取预约保险办法,由负责进口的单位与保险公司签订进口货物预约保险合同。

2.5.2　海运出口货物运输

海运出口货物运输业务是根据贸易合同有关的运输条款,把国外客户订购的货物加以组织,通过海上运输方式运到目的港的一种业务。其基本的业务流程,如图 2-2 所示。

```
┌─────────────────────────┐
│        货主委托           │
└─────────────────────────┘
            │
┌─────────────────────────┐
│   落实货证齐备后接受委托   │
└─────────────────────────┘
            │
┌─────────────────────────┐
│       缮制货物清单         │
└─────────────────────────┘
            │
┌─────────────────────────┐          ┌─────────────────┐
│  向船公司或其船代理订舱    │ ───────→ │    通知发货人     │
└─────────────────────────┘          └─────────────────┘
            │
┌─────────────────────────┐
│       安排货物集港         │
└─────────────────────────┘
            │
┌─────────────────────────┐
│        报关放行           │
└─────────────────────────┘
            │
┌─────────────────────────┐
│          装船            │
└─────────────────────────┘
            │
┌─────────────────────────┐
│        签发收货单         │
└─────────────────────────┘
            │
┌─────────────────────────┐
│      换取已装船提单       │
└─────────────────────────┘
            │
┌─────────────────────────┐
│       寄提单给货主        │
└─────────────────────────┘
```

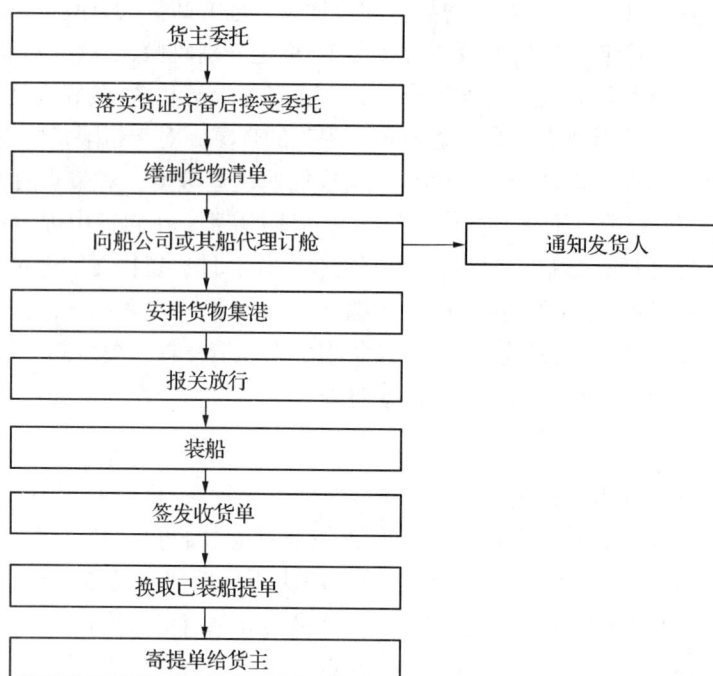

图 2-2 海运出口货运代理基本业务流程

海运出口运输业务与贸易术语和价格条件关系紧密,如以 FOB 条件成交的出口货物,则由买方负责运输工作;如以 CIF 或 CFR 条件签订的出口合同,则由卖方租船订舱,安排运输。下面以在 CIF 或 CFR 条件下,由卖方安排运输工作为例,介绍出口货物运输业务的流程。

1. 审核信用证中的装运条款

一般情况下,应在收到信用证后一定期限内装运,如近洋运输不少于 20 天,远洋运输不少于 1 个月。因此,在合同中应注明信用证须于装运期前若干天开到卖方的期限。同时考虑到某些航线由于船期多变或装运港拥挤等情况,尽量争取在信用证中规定自动延期若干天的条款,以免卖方违约。出口单位在收到信用证以后,要对其进行严格审核,如发现信用证中的有关条款与贸易合同内容不符,应及时要求进口方修改信用证。

在审核信用证的装运条款时,要重点审核装运期、装运港、目的港、结汇日期、转船和分批装运等条款,要根据货物出运前的实际情况,决定是否对信用证中的有关运输条款接受、修改或拒绝。

2. 备货、报验和领证

出口方在收到信用证后,要严格按信用证上规定的交货期及时备好出口货物,并按合同及信用证的要求对货物进行包装、刷唛。

对需经检验机构检验出证的出口货物,在货物备齐后,应向商检机构申请检验,取得合格的检验证书。

3. 租船、订舱和配载

履行以 CIF 或 CFR 价格条件成交的出口贸易合同时,根据贸易条件应由卖方派船装运出口货物。如仅向船方洽订部分舱位装货,称为订舱;如卖方向船东具体洽租一条船装载,称为租船;至于货方根据货运需要与船公司达成协议,将货物分配给具体船只承运,称为配载。

根据贸易合同的规定,出口方要根据货物的性质和数量决定租船或订舱。在与船公司商定所需舱位、运费和其他条件后,货方应向船公司或其代理人以书面的方式提供包括货物详细的情况、卸货地点、装运数量、起运日期等内容的有关托运货物的单证,这就是"海运出口货物委托书",即订舱单。合理配载,对货方来说,主要是考虑能够把出口货物安全、准确、迅速、节省、方便地运抵目的港交给收货人,以完成贸易合同;对船方来说,则考虑所配载的货物能使船舶保持满舱和满载,尽可能减少亏舱成本。

4. 出口货物集中起运港

在谈妥船舶或舱位后,货方应在规定的时间内将符合装船条件的出口货物发运到港区内指定的仓库或货场,以等待装船。向港区集中时,应按照卸货港口的先后和货物积载顺序发货。对可以直接装船的货物,按照装船时间将货物直接送至港口船边现装,以简化进出仓的手续,节省费用。对危险品、冷冻货或鲜活商品、散油等需特殊运输工具、起重设备和舱位的特殊货物,应事先联系安排好调运、接卸和装船作业。发货前要按票核对货物品名、数量、标记、配载船名、装货单号等各项内容,做到单、货相符和船、货相符。同时还要注意发货质量,如发现货物外包装有破损现象,发货单位要负责修理或调换。

5. 货物出口报关和装船

在货物集中港区后,发货方必须将核对无误的出口货物明细单连同装箱单(或磅码单)、发票、商检证明及其他有关单证提交给海关以申报出口。经海关人员对货物进行查验后,在装货单上加盖放行章。若海关发现货物不符合出口要求时,则不予放行,直到检验合格为止。

海关放行后,发货人凭海关盖章的装货单与港务部门和理货人员联系,做好装船前的准备和交接工作。在完成准备工作后,即可开始装船。

装船方式共有以下三种:

(1) 码头作业。港方提供足够的劳务和机械,按照积载图进行装船作业,正常情况下应保证 24 小时连续装船。

(2) 现装船。用车辆将货物直接运到码头船边进行装船作业。

(3) 外舷过驳。货物由驳船集港,装船时,驳船直接靠海轮外舷,货物由驳船吊到海轮上。

值得注意的是,在装船过程中,发货人应派人进行监装,随时掌握装船情况和处理装船过程中所发生的问题。对舱容紧、配货多的船只,应联系港方或船方配合,合理配载以充分利用舱容,防止货物被退关。如舱位确实不足,应安排快到期的紧急的货物优先装船;对必须退关的货物,应及时联系有关单位设法处理。货物装船后,由理货人员将装货单一份交给船方办理签收手续(即大副收据),一份由发货人交给外轮代理公司代表船方签发提单。

6. 装船通知与投保

如果合同规定或根据贸易价格条件需要在装船时发出装船通知,由国外收货人自办保险,发货人应及时发出装船通知。如由发货人负责投保,一般应在船舶配妥后予以投保,但要根据合同规定明确投保险别和责任等。

以 CIP 价格条件成交的出口货物,一般应由我方保险。对我国港澳地区出口的货物,一般也由我方办理保险手续。对有法律或协议规定其进口货物须由其本国保险的国家出口,应尊重其规定,不要强制对方接受 CIF 条件,可按 CFR 价格条件成交。而对保险险别的选择,必须根据货物的性质和特点、货物的包装情况、货物的运输方式、航线、港口和装卸货的损耗情况等,目的地的货物市场价格变动趋势,季节、气候及安全等具体情况全面考虑,做到既要使货物得到充分的保险保障,又能节省保险费用开支。

7. 支付运费

船公司为了正确地核收运费,在出口货物集中到港区仓库或库场后申请商检机构对其进行衡量。对需要预付运费的出口货物,船公司或其代理人必须在收取运费后签给托运人运费预付的提单。如属到付运费货物,则在提单上注明运费到付,其运费由船公司卸港代理在收货人提货前向收货人收取。

本章小结

1. 内容要点

本章从国际海上货物运输的特点与海上运输设备入手,主要介绍了海上运输的特点;船舶、航线和港口的基本知识;班轮运输的基本特点、运费的计算方式、班轮提单的作用、分类和使用方法;有关提单各种国际公约的基本特征;租船运输的特征、主要方式和条款;海运进出口业务的主要流程和常见单证。

2. 内容结构图

```
                    ┌──────────────┐
                    │ 国际海上货物运输 │
                    └──────────────┘
```

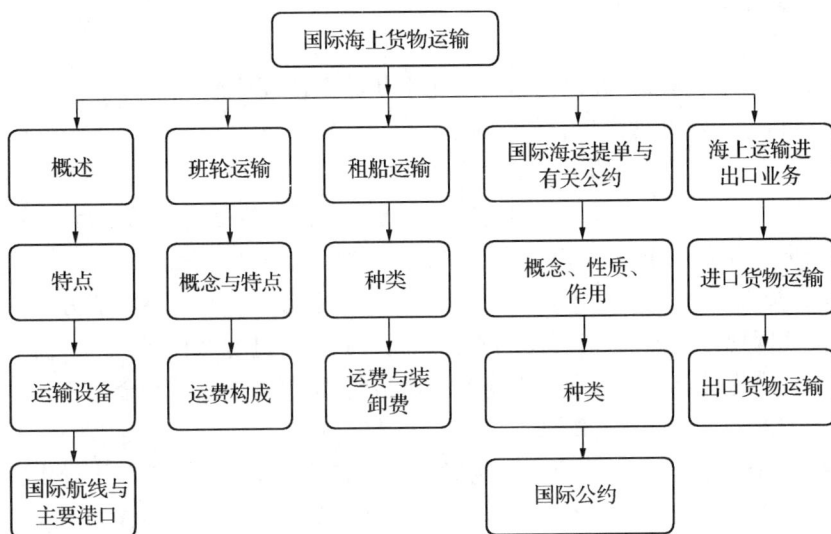

主要概念和重点实务

一、主要概念

1. 班轮运输

2. 租船运输

3. 定期租船

4. 海洋货物运输

二、重点实务

1. 班轮运费的构成

2. 租船运费与装卸费的确定

3. 海运进出口货运代理基本业务流程

习题与训练

一、名词解释

1. 班轮运输四固定一负责的特点

2. 光船租赁

3. 海运提单

4. 清洁提单

5. 维斯比规则

二、单选题

1. 下列哪项不是海洋运输的特点（　　）。

    A. 运输量大,运费低

    B. 通过能力大,对货物适应性强

    C. 一般航速较低,高速化与自动化不断提高,风险较大

    D. 运输手续办理简单方便快捷

2. 在下列哪一国际公约下保函是合法的（　　）。

    A.《海牙规则》　　　B.《维斯比规则》C.《汉堡规则》　　D.《卢森堡规则》

3. 如果是以 FOB 成交的进口合同,租船订舱由（　　）负责。

    A. 买方　　　　　　B. 卖方　　　　　　C. 双方　　　　　　D. 船方

4. 按我国现行规定,进口货物应当自运输工具申报进境之日起（　　）日内向海关申报。超过上述规定期限未向海关申报的,由海关征收滞纳金。

    A. 13　　　　　　　B. 14　　　　　　　C. 15　　　　　　　D. 16

5. 在正常情况下,代办人应在货物对外索赔有效期满（　　）天前将货物运出。

    A. 15　　　　　　　B. 20　　　　　　　C. 25　　　　　　　D. 30

三、多选题

1. 国际海运航线按航行的范围分,包括（　　）。

    A. 大西洋航线　　　B. 太平洋航线　　　C. 印度洋航线　　D. 环球航线

2. 海运提单的作用有（　　）。

    A. 海运提单是运输合同的证明　　　　B. 海运提单是货物收据

    C. 海运提单是物权凭证　　　　　　　D. 海运提单是货物的付款证明

3. 进口货物单证包括（　　）。

    A. 商务单证　　　　B. 报检单证　　　　C. 船务单证　　　D. 报关单证

四、简答题

1. 简述国际海上货物运输的特点。

2. 简述班轮运输的特点。

3. 简述租船运输的种类。

4. 什么是海运提单? 简述海运提单的性质和作用。

五、计算题

1. 出口货物一批,计 400 箱,每箱重 50 公斤,体积为 60 cm×40 cm×30 cm,由天津港装船去伦敦/鹿特丹/汉堡港口。查该货为 8 级,计费标准为 W/M,基本费率为 60 美元/运费吨,另有燃油附加费 20%,选港附加费每运费吨 2 美元,港口附加费 10%。求该批货物的运费。

2. 从我国大连运往某港口一批货物,计收运费标准 W/M 共 200 箱,每箱毛重 25 公斤,每箱长 49 厘米、宽 32 厘米、高 19 厘米,基本运费率每运费吨 60 美元,燃油附加费为 5%,港口拥挤费为 10%,试计算应付多少运费?

六、实训题

实训名称:国际海上货运输基础知识训练。

实训目标:(1)了解国际海上货物运输的基本设施与技术,理解和掌握国际海运的理论与实务,明确国际海运的特点与方式;

(2)熟悉国际海运的有关单证,掌握国际海运货运代理的实务以及海运进出口业务操作流程。

实训内容:(1)国际海运的方式与特点;

(2)班轮运输、租船运输及运费计算;

(3)国际海运提单与有关公约;

(4)海运事故的处理。

实训场所:模拟实验室。

实训步骤:(1)6～8 人分成一组,选一名组长;

(2)教师准备实训案例,学生抽签选题;

(3)课堂讨论分析案例,各小组介绍,教师点评;

(4)各组交实习报告,教师评分总结。

微信扫码查看

第3章 国际铁路货物运输

【知识目标】

1. 了解国际铁路货物运输的特点、种类和铁路运输设备;
2. 掌握国际铁路货物联运与章程的相关知识;
3. 掌握国际铁路货物联运进出口业务的相关知识;
4. 熟悉内陆对港澳地区的铁路货物运输方式、特点。

【能力目标】

1. 了解国际铁路货物联运运单作用、组成、填写方法,提高理论联系实际的能力;
2. 掌握国际铁路货物联运运费的计算与核收方法;
3. 通过对国际铁路组织案例的实务分析,提高实际业务的处理能力;
4. 通过国际铁路联运进出口货物运输的流程,学会处理国际铁路货物联运的相关业务;
5. 掌握对港澳地区铁路货物运输的具体操作方法。

【引导案例】

郑欧国际货运专列 16 天直达德国,比走海运节省 15 天

一列满载货物的集装箱国际专列将从郑州集装箱中心站开出,约 15 天后,专列将直达德国汉堡。这标志着郑州出发穿越亚欧大陆桥的郑州至欧洲的"郑新欧"铁路国际货运专列正式开通。7 月 8 日,郑州经济技术开发区管理委员会与阿拉山口口岸管理委员会,在阿拉山口口岸签署合作备忘录。铁路开行后,双方将充分利用和调动各自资源开行郑欧国际铁路货运班列,打通郑州—新疆—欧洲国际铁路物流大通道,提高新亚欧大陆桥的利用率。双方将通过国际运输多式联运和现代信息化技术,推动两地物流一体化和物流产业加快发展;加强"公铁联运"、"港铁联运"、"空港联运"营运机制,为两地物流产业发展创造良好的环境。郑欧国际货运铁路班列始发于郑州,经新疆阿拉山口出境,途经哈萨克斯坦、俄罗斯、白俄罗斯和波兰后到达德国汉堡,全程 10 214 公里,运行时间 16 天左右,比走海运到欧洲节省时间 15 天左右。包括民航、铁路和公路在内的我国物流业的快速发展,正在改变传统意义上的地域概念。典型的内陆城市,借助发达的交通物流系统,打破地理空间的制约,成为大开放的国际性城市。位于国家郑州经济技术开发区内的郑州集装箱中心站,北临陇海铁路线,南接北四路,东邻京珠高速,西连 107 国道和石武高铁,周边有郑州航空港经济综合实验区、河南省保税中心、公路物流港等设施,交通十分便利。郑州集装箱中心站配备有智能大门、集装箱自动识别系统、集装箱大型安检仪等国际一流的设备和管理系统,初期能力就可将现有郑州地区铁路集装箱办理能力提高 3 倍。

案例思考：

国际铁路货物运输快速发展将会促进国与国（地区）之间的国际贸易发展，国际铁路运输组织应具备以下知识：

1. 国际铁路运输如何组织及有关章程。
2. 国际铁路货物联运进出口业务。
3. 内陆对港澳地区的铁路货物运输。
4. 大路桥运输作业流程。

（案例来源：http://www.chinanews.com/gn/2013/07-17/5053836.shtml）

3.1　国际铁路货物运输概述

铁路运输是现代运输业的主要运输方式之一。目前，世界铁路总长度约 150 万公里，从地理分布上看，美洲铁路约占世界铁路总长度的 1/3，欧洲约占 1/3，而非洲、澳洲和亚洲的总长度加起来仅占 1/3。很明显，世界铁路分布极不均衡。

3.1.1　国际铁路货物运输的特点

国际铁路货物运输是指经由地上、地下及架空铁路实现货物从一地到另一地的位移，它是现代运输业的主要运输方式之一。与其他运输方式相比较，铁路运输具有以下显著优点：

（1）运输量较大，安全可靠。铁路的一列货物列车一般能运送 3 000～5 000 吨货物，远比航空运输和汽车运输的运输量大。在货物运输的安全性方面也比海上运输更高。

（2）铁路运输速度快。货车一般在 100 公里/小时左右，远远高于海上运输。

（3）铁路运输成本较低。铁路运输成本较低，且仅为汽车运输成本的几分之一甚至十几分之一。

（4）受气候条件的影响小。铁路运输具有较高的连续性和准确性，受气候条件的影响较小，一年四季可以不分昼夜地进行运输。

（5）环境污染小。在环境污染方面，按运输人公里计算，有害气体排放量，汽车比火车大 10～20 倍，飞机比火车大 100 倍。

（6）安全系数高。在安全性上，公共汽车事故、小汽车事故、飞机事故分别为火车事故的 2 倍、20～30 倍、7 倍。

（7）占地面积小。在同样的情况下，公路比铁路占地面积多 3.5 倍。

（8）噪声污染小。在噪声污染方面，铁路噪声对城市的影响小于汽车和飞机，乘坐旅行更舒适。

除了铁路运输的优点外，铁路运输也具有以下缺点：

（1）原始投资大，建设周期长，占用固定资产多。

（2）受轨道线路限制，灵活性较差，难以实现"门到门"运输，通常需要其他运输方式配合才能完成运输任务。

（3）始发和终到的作业时间较长，不利于运输距离较短的运输业务。

3.1.2 铁路运输设备

铁路运输设备主要是指沿着固定轨道行驶，由电力、内燃机和蒸汽机作动力的各种车辆。

1. 机车

机车，俗称火车头，是铁路运输的基本动力。从原动力来看，机车可分为蒸汽机车、内燃机车和电力机车。

2. 铁路货运车辆

铁路货运车辆是运送货物的工具。

1）平车

平车是铁路上大量使用的通用车型。无车顶和车厢挡板，装卸方便。

2）敞车

敞车是铁路上使用的主要车型，无车厢顶，设有车厢挡板。主要用于运输建材、木材、钢材、袋装或箱装杂货、散装矿石、煤炭等货物。

3）棚车

棚车是铁路运输用主要的封闭式车型，多采用侧滑开门式，也有采用活动顶棚。

4）罐车

罐车是铁路运输中用于运输气体、液体、粉末等货物的专用车型。

5）漏斗车

漏斗车主要用于粮食等散装货物的机械化装卸或用于铁路铺设新线及老线维修时铺设道砟。

6）保温及冷藏车

保温及冷藏车是能保持一定温度进行温度调控及能进行冷冻的车辆，适用于冬夏季节的生鲜食品的运输。

7）特种车

特种车是指运输特殊货物或特殊用途的铁路车辆。

3.1.3 国际铁路货物运输的种类

1. 冷冻货物的运输

冷冻货物的运输是指以备有特殊制冷设备的车厢经由铁路运输冷冻货物，如运输易腐败的食品等。

2. 大量液体或气体的运输

大量液体或气体的运输是指以特制的罐车经由铁路运输大宗的液体或气体，这种罐车亦可配装制冷设备。

3. 集装箱货物运输

集装箱货物运输是指为方便运输而将单件或单包货物集中装于特制的集装箱内经由铁路运输的方式。

4. 邮包运输

邮包运输是指邮政包裹的运输。

5. 其他货物运输

其他货物运输是指以上货物运输以外的运输。

3.2　国际铁路货物联运与章程

3.2.1　国际铁路货物联运的概念与特点

1. 国际铁路货物联运的概念

国际铁路货物联运简称国际联运,是指在两个或两个以上国家的铁路运输中,使用一份铁路运单,并以连带责任办理货物的全程运送,在由一国铁路向另一国铁路移交货物时,不需收、发货人参加的铁路运输方式。

2. 国际铁路货物联运的特点

1）涉及面广

凡是通过国际联运办理的货物运输,都要涉及两个国家以上的铁路。从货物承运到交付,要由发送货物的发送站、出口国的国境站,经过各国境路站抵达到达国国境站,其间涉及众多国家及相关机构。

2）运送距离远,流经环节多

国际铁路货物联运涉及不同国家的铁路,有时还要以换装、转口等不同方式办理不间断的运输,才能最后运抵目的地,完成全程运送工作,因此具有更多的复杂性。

3）办理条件要求高

由于国际联运涉及两个以上国家的铁路而且路途遥远,要求承运人考虑各国铁路的实际情况,严格按照国际铁路联运规章办理,并且要求每批货物的办理质量必须是高标准,符合规章协议的规定。

采用国际铁路联运的优势是显而易见的:国际货物铁路联运是一种一票到底式的运输方式,即发货人只要在始发站办理一次性托运手续,就可将货物运送到目的地,手续简单,方便了收、发货人;采用国际铁路联运方式发货人可在办完托运手续后,凭车站签发的有关联运单据及其他商务单证向银行办理结汇,缩短了结汇周期,加速了资金周转,节约了资金成本,采用国际铁路货物联运还可以在国际贸易中充分利用铁路运输的优势并带动铁路沿线外向型经济的发展。

3.2.2 国际铁路货物联运运单

1. 国际铁路货物联运运单的作用

国际铁路货物联运运单(International Through Railway Bill)是参加国际铁路货物联运的铁路与发货人、收货人之间缔结的运输合同。它体现了参加联运的各国铁路和发货人、收货人之间在货物运送上的权利、义务、责任和豁免,对铁路和发货人、收货人都具有法律效力。

2. 国际铁路货物联运运单的组成

国际铁路联运运单一式五联:

(1) 运单正本,随同货物至到站,是铁路和收货人交接货物、核收运杂费用的依据,并连同第5张和货物一起交给收货人。

(2) 运行报单,随同货物至到站,并留存到达路。

(3) 运单副本,货物发运后,交给收货人。可作为发货人与收货人通过银行结算贸易款的依据。

(4) 货物交付单,随同货物至到站,并留存到达路。

(5) 货物到达通知单,随同货物至到站,并同货物一起交给收货人。

第1张和第5张,以及第2张和第4张应在左边相互连接。允许第1~5张在上边相连续。此外,还有为发送路和过境路准备的必要份数的补充运行报单。

3. 国际铁路货物联运运单的填写

运单正面各栏,粗线内和运单背面由铁路填写,未划粗线的各栏由发货人填写。现将发货人填写的各栏说明如下:

1) 第1栏,发货人及其通信地址

第1栏,填写发货人的名称及其通信地址。发货人只能是一个自然人或法人。填写发货人名称时可为发货人姓名或发货单位完整名称。由中国、朝鲜、越南发货时,准许填写这些国家规定的发货人及其通信地址的代号。

2) 第2栏,合同号码

第2栏,填写出口单位和进口单位签订的供货合同号码。如供货合同有两个号码,则发货人在该栏填写出口单位合同号码,进口单位合同号码可填写在第6栏内。

3) 第3栏,发站

第3栏,填写运价规程中所载的发站全称,如系专用线或专用铁道装车应在发站栏以括号注明专用线或专用铁道的名称。

4) 第4栏,发货人的特别声明

第4栏,发货人可在该栏中填写自己的声明。

(1) 修改运单(不超过一栏或相关的两栏)时,注明所作的修改,并签字或加盖戳记证明。

(2) 运送家庭用品而不声明价格时,记载"不声明价格"亲笔签字证明。

(3) 在过境路上绕路运送超限货物时,注明绕行的经路。

（4）易腐货物的运送方法（加冷、通风、加温）、车种（冷藏车、棚车）或使用大吨位集装箱装载，均由发货人确定并注明；如未注明，即认为没有必要加冷、通风、加温。

（5）运送不需要照料或照管或遵守保温制度的易腐货物时，记载"运送全程都不需要照料、照管或遵守保温制度"。

（6）用棚车运送易腐货物而需通过车窗或车门连续通风时，注明这种运送方法。

（7）取得随旅客列车运送货物的同意后，注明"货物在……铁路（铁路简称）随旅客列车运送"。

（8）如在运单上未添附出口许可证（国家规定的特定商品），则应注明出口许可证的号码、签发日期、有效期和该证所在的出口国境站具体单位。

（9）记载对货物在运送和交付发生阻碍问题的处理意见。

（10）记载授权押运人的事项。

（11）从国际货协参加路向未参加路发货时，记载货物最终到站的实际收货人及其通信地址。

（12）从国际货协参加路通过其过境路港口发货时，记载"水路向……（注明到达国）运出"。从港口站发货时，收转人应记载"由水路从……（注明原发送国）运入"。

（13）在收货人栏填写运输代理名称时，注明实际的收货人和通信地址。

（14）对过境独联体和蒙古的国境货物，加盖中国铁路对外服务公司和外运公司的专用戳记。

5）第 5 栏，收货人及其通信地址

第 5 栏，注明收货人的名称及其通信地址，收货人只能是一个自然人或法人。填写收货人名称时，可为收货人姓名或收货单位完整名称。必要时，发货人可指示在收货人的专用线或专用铁道交货。

下述事项可在本栏记载：

（1）根据发站电报或收货人要求申请变更收货人时，运输合同变更处理站（截留货物的车站或国境站）应将收货人及其通信地址划消，记载新收货人及通信地址。

（2）从国际货协参加路向未参加路发货时，记载在参加路最终国境站办理货物收转的代理公司的名称及通信地址。从国际货协参加路向未参加国际货协的铁路发货而由站长办理转发送时，则在该栏填写"站长"。

（3）从国际货协参加路通过其过境路港口发货时，记载港口办理货物收转的代理公司名称及通信地址。

6）第 6 栏，对铁路无约束效力的记载

第 6 栏，发货人可以对该批货物做出记载，该项记载仅作为对收货人的通知，铁路不承担任何义务和责任。例如，填写：①"属于……合同项下"；②"按照第……号发货单（或运输单，或订货单）"；③"继续发往……"；④"运送用具（或空容器）应予返还"。

7）第 7 栏，通过的国境站

第 7 栏，注明货物应通过的发送路和过境路的出口国境站。如有可能从一个出口国境站通过邻国的几个进口国境站办理货物运送，则还应注明运送所要通过的进口国境站。根据发货人注明的通过国境站确定经路。

8）第 8 栏，到达路和到站

第 8 栏，在斜线之前，应注明到达路的简称；在斜线之后，应用印刷体字母（中文用正楷粗体字）注明运价规程上所载的到站的全称。运往朝鲜的货物，还应注明到站的数字代号。根据发站电报和收货人要求申请变更到站时，运输合同变更处理站应将原到站划消，并记载新到站。

从国际货协参加路向未参加路发运货物时，记载参加路的最后国境路和出口国境站。运往非货协国的货物而由站长办理转发时，还需在出口国境站站名后记载"由铁路继续办理转发送至⋯⋯铁路⋯⋯站"。从国际货协参加路通过其过境路港口发货时，记载过境路和港口站。

第 9～第 11 栏的一般说明：填写第 9～第 11 栏事项时，可不受各栏间竖线的严格限制。但是，有关货物事项的填写顺序，应严格符合各栏的排列次序。填写全部事项时，如篇幅不足，应添附篇幅相当运单的补充清单，并在有关栏内记载事项补充，"见补充清单"。

9）第 9 栏，记号、标记、号码

第 9 栏，填写每件货物上的记号、标记和号码。货物如装在集装箱内，则还要填写集装箱号码。

10）第 10 栏，包装种类

第 10 栏，填写包装的具体种类，如纸箱、木箱、木桶、铁箱等，不能笼统地填"箱"、"桶"，如用集装箱运输，则注明"集装箱"的字样，并在下面用括号注明装入集装箱内货物的包装种类。如货物运送时不需要包装或容器，并在托运时未加容器或包装，则应记载"无包装"。

11）第 11 栏，货物名称

第 11 栏，危险货物按国际货协附件第 2 号的规定，过境货物按《国境铁路货物联运通用货物品名表》的规定：其他货物或按运送该批货物适用的发送路、到达路现行的国内运价规程品名表的规定或直通运价规程品名表的规定，或按贸易上通用的名称填写。两国间的货物运送，可按两国商定的直通运价规程品名表中的名称填写。在"货物名称"字样下面专设的栏内填写通用货物品名表规定的六位数字代码。

12）第 12 栏，件数

第 12 栏，注明一批货物的件数。使用集装箱运送货物，注明集装箱数，并在下面用括号注明装入所有集装箱内货物的总件数。用敞车类货车运送不盖篷布或盖有篷布而未加封的货物，其总件数超过 100 件时，或运送仅按重量不按件数计的小型无包装制品时，注明"堆装"，不注件数。

13）第 13 栏，发货人确定的重量（公斤）

第 13 栏，注明货物的总重量。用集装箱和托盘或使用其他运送用具运送货物时，注明货物重量、集装箱、托盘或其他运送用具的自重和总重。对于大吨位集装箱应分别记载每箱的货物重量、集装箱自重和总重。运送空集装箱时，记载集装箱自重。

14）第 14 栏，共计件数（大写）

第 14 栏，用大写填写第 12 栏中所记载的件数，即货物件数或记载"堆装"字样。发送集装箱货物时，注明第 12 栏括号中记载的装入集装箱内的货的总件数。

15）第 15 栏，共计重量（大写）

第 15 栏，用大写填写第 13 栏中所记载的总重量。

16）第 16 栏，发货人签字

第 16 栏，发货人应签字证明列入运单中的所有事项正确无误。发货人的签字也可用印刷的方法或加盖戳记处理。

17）第 17 栏，互换托盘

第 17 栏，该栏内的记载事项，仅与互换托盘有关。注明托盘互换办法，并分别注明平式托盘和箱式托盘的数量。一般此栏不必填写。

18）第 18 栏，集装箱/运送用具种类、类型

第 18 栏，在发送集装箱货物时，应注明集装箱的种类（指大、中、小吨位）和类型（20、30、40 英尺）。使用运送用具时，应注明该用具的种类（如篷布、粮谷挡板、车门栓栏、钢丝绳，炉子、铁制拴马棒）。填写事项时，如篇幅不足，应添附篇幅相当于运单的补充清单，并注明"记载事项见补充清单"。

19）第 19 栏，所属者及号码

第 19 栏，运送集装箱时，应注明集装箱所属记号和号码（中国铁路集装箱的记号为 TBJU）。对不属于铁路的集装箱，应在集装箱号码之后注明大写字母"P"。使用属于铁路的运送用具时，应注明运送用具所属记号和号码。使用不属于铁路的运送用具时，应注明大写字母"P"。填写事项时，如篇幅不足，应添附篇幅相当于运单的补充清单，并注明"记载事项见补充清单"。

20）第 20 栏，发货人负担下列过境铁路的费用

第 20 栏，如发货人负担过境铁路运送费用，则根据国际货协第 15 条，填写所负担过境铁路名称的简称。如发货人不负担任何一个过境铁路的运送费用，填写"无"字；如未填写"无"字样，也认为过境运送费已转由收货人支付。

21）第 21 栏，办理种别

第 21 栏，办理种别分为：整车、零担、大吨位集装箱，并将不需要者划消。

22）第 22 栏，由何方装车

第 22 栏，发货人应在运单该栏内注明由谁装车，将不需要者划消。无划消记载时，即认为由发货人装车。

23）第 23 栏，发货人添附的文件

第 23 栏，注明发货人在运单上添附的所有文件的名称（如出口货物明细单、出口货物报关单、动植物检疫证书、出口许可证、品质证明书、商品检验证书、卫生检疫证书、外贸合同、发票和其他货物出口所必需的文件）和份数。如运单上附有补充清单，记载添附补充清单的张数。

24）第 24 栏,货物的声明价格

第 24 栏,用大写注明以瑞士法郎表示的货物价格。

25）第 25 栏,批号(检查标签)

第 25 栏,在本栏上半部注明发送路和发站的数字编码(我国不填)。在本栏下半部按发送国现行的国内规章规定,填写批号。我国将运送本批货物的带号码补充运行报单的号码填入运单和不带号码的补充运行报单的本栏下半部,上半部不填。我国不采用检查标签。

26）第 26 栏,海关记载

第 26 栏,本栏供海关记载之用。

第 27～第 30 栏的一般说明:第 27～第 30 栏用于记载使用车辆的事项,只有在运送整车货物时填写。至于各栏是由发货人填写还是由铁路车站填写,则视由何方装车而定。当在国境站将原整车货物换装到另一种轨距的车辆或在途中换装时,换装站应将原车辆记载事项划消,但原字迹须能辨认,并应在下面记载换装后每一车辆的事项。

多车换装为一车时,换装站应注明:"(17)装人两(或三)批整车货物"。填写换装后车辆事项时,如篇幅不足,换装站应编制必要数量的补充清单(运单 1、2、3、4、5 各张以及每份补充运行报单各需一份),并将其添附在运单各份补充运行报单上,在上述四栏的最后一行记载"续见补充清单"。为押运人提供单独车辆时,还必须记载有关该车辆的相应事项,并在下面注明"押运人用的车辆"。运送有押运人押运的成组车辆时,发站应在与该组车辆有关的每一份运单内记载"(15)由……辆车组成的车组有押运人押运"。

27）第 27 栏,车辆

第 27 栏,注明车种、车号和所属路简称。如车辆上无车种标记,则按发送路现行的国内规章填写车种。如车辆上有十二位数码,则不填写上述事项,而应填写其全部数码。

28）第 28 栏,标记载重

第 28 栏,填写车辆上记载的载重量。

29）第 29 栏,轴数

第 29 栏,填写所使用车辆的轴数。

30）第 30 栏,自重

第 30 栏,填写车辆上记载的自重。当用过磅的方法确定空车重量时,用分数注明:车辆上记载的自重(分子),过磅确定的自重(分母)。

第 31～第 44 栏略。

31）第 45 栏,铅封个数和记号

第 45 栏,填写车辆或集装箱上施加的封印个数和所有记号(车站名称、封印号码或施封年月日、铁路局简称或钳子号码,发货人施封时为发货人简称)。至于铅封的个数和记号,视由何方施封而由发货人或铁路车站填写。发货人委托铁路施封时,发货人注明"委托铁路施封"。

32）第 46 栏,发站日期戳

第 46 栏,在货物承运后,发站加盖发站日期戳,作为签订运输合同的凭证。

33）第 47 栏，到站日期戳

第 47 栏，货物到达后，到站加盖到站日期戳。

34）第 48 栏，确定重量方法

第 48 栏，注明确定重量的方法，如"用轨道衡"、"按标准重量"、"按货件上标记重量"等，由发货人确定货物重量时，发货人应在该栏注明确定重量的方法。

35）第 49 栏，过磅站戳记、签字

第 49 栏，由铁路确定重量时，加盖车站戳记，并由司磅员签字。

3.2.3　国际铁路货物联运运费的计算与核收

1. 计算运费的基本因素

计算运费的基本因素有运价里程、货物运价号、计费重量和货物运价率四项。基本因素是每次计算运费不可缺少的，但每个因素又有各自的要求和注意事项。

1）运价里程

货物自发站至到站的距离为运价里程，是计算运费的一个重要因素。按有关规定，一般按其最短的路径确定运价里程。运价里程要通过查找运价里程表，把经过的路、站、段，一段一段里程相加。其计算有以下原则：

（1）计算最短路径，即发站至到站的最近的运价里程。

（2）规定的计算路径，在运价里程表中没有计算专用线、轮渡里程、国境站至国境线的里程，实际计费里程则应加算在内。

（3）按绕路计算的规定：① 货物性质决定必须绕路，如绕过隧道桥梁、鲜活商品中途加水等；② 发生自然灾害，经政府指示绕路，不属铁路的责任；③ 动力不足，政府指示铁路部门和发货人共同商定绕路，使得线路长，经济效益高。

（4）起码里程为 100 公里，不足 100 公里按 100 公里计算。

2）货物运价号

《铁路货物运价规则》采用分号运价制，整车分 1～7 号，零担分 11～15 号，共 12 个运价号。其中 6 号适用于军事运送，7 号适用于自轮运转货物。除 6、7 号运价外，运价号越大，运价率越高。

各种货物使用的运价号是根据"货物运价分类表"确定的。在判断运价号时，要适用于具体名称，不分形态、品种、制作及用途等，如煤不管何种形态和用途都按具体煤的名称确定运价号。如果分类表中未列具体名称则适用概括名称，废旧物资除明确规定外，均按完好用品名称确定运价号。

3）计费重量

整车货物除"货物运价规则"中另有规定外，一律按货车标重计算；零担货物按货物重量计算，但不应考虑"货物运价规则"附表 I 对某些货物（如小轿车、牛、马等）规定的计费重量；集装箱货物按整车办理时，按货车标重计算；按零担办理时，按货物总重量计算，但不得低于起码重量。

4）货物运价率

货物运价率是计算铁路货物运价的运费单位，它是根据运送种类、运送距离及货物名称所适用的运价号而查定的。

2. 国际铁路货物运输联运国内段运费的计算和支付方式

根据国际货协的规定,我国通过国际铁路联运的进出口货物,其国内段运送费用的核收应按照我国《铁路货物运价规则》进行计算。运费计算的程序及公式如下:

(1) 根据货物运价里程表确定从发站至到站的运价里程。

(2) 根据运单上填写的货物品名查找货物品名检查表,确定适用的运价号。

(3) 根据运价里程和运价号在货物运价率表中查出相应的运价率。

(4) 按《铁路货物运价规则》确定的计费重量与该批货物适用的运价率,相乘算出该批货物的运费。

$$运费＝货物运价率×计费重量$$

其中,货物运价率由运价里程和货物运价号查出。

运费支付方式有现付、到付、后付和预付四种:① 现付。发、收货人在承运或领取货物的当日,以现金、支票、同城托收(无承付)结算凭证、付款委托书等支付所发生的全部运费。② 到付。由于临时发生抢险、救灾、防疫等情况,在发站支付运送费用确有困难,经发送铁路局同意,可以由收货人在到站支付。但个人运送货物不能按到付办理;按到付办理的货物,收货人必须在领取货物之前,支付一切铁路运送费用。③ 后付。在下列情况下,可以按后付办理:抢险、救灾、防疫等情况在发站、到站当时支付确实有困难的,经发送铁路局同意后可以后付;铁路军事运送以后付凭证运送的货物;各铁路局另有规定的,在办理承运或领取手续当时,以后付凭证记账方式办理的。④ 预付。一般情况下不采用这种方式,但由于发、收货单位属于外地单位,在当地银行无法开户,经与车站联系同意,可在办理运送手续之前,直接将款汇到收款车站,用于一次或多次支付运送费用。车站一般设立预付款的收支台账。

3. 国际铁路货物运输国际段运送费用核收原则

国际联运有货协国之间、货协国与非货协国或者非货协国向货协国运送的情况,其中每一种运送情况所采用的费用核收原则都不相同。

1) 参加国际货协各国铁路间运送费用的核收

(1) 发送国铁路的运送费用,按承运当日发送路国内现行规定核收,并以发送国货币,在发站向发货人核收;

(2) 到达国铁路的运送费用,按承运日到达国内现行规定核收,以到达国货币,在到站向收货人核收;

(3) 过境铁路的运送费用,按《统一货价》分为在发站向发货人或在到站向收货人核收。

2) 从参加国际货协国向非国际货协铁路间运送费用的核收

(1) 通过最后一个过境路的出口国境站站长办理转发送的联运货物运送费用的核收,其中:① 发送国铁路的运送费用,按发送国国内规定计算;② 参加国际货协的各过境运送费用,按统一货价计算;③ 未参加国际货协铁路的运送费用,按这些铁路参加的另一种国际联运协定计算,在到站向收货人核收。

(2) 通过收转人办理转发送的联运货物时,从发站起到转发送的过境站为止,货物运送费用在发站分别按国内规章和《统一货价》计算,向发货人核收。

3) 从未参加国际货协铁路的国家向参加国际货协铁路的国家运送货物

运送费用的核收原则:

(1) 未参加国际货协铁路的运送费用,在发站向发货人核收。

(2) 参加国际货协的各过境路的运送费用,按《统一货价》计算,在到站向收货人核收。

(3) 到达路的运送费用,按到达国内规章规定,以到达国货币,在到站向收货人核收。

4. 国际铁路货物运输联运过境运费的计算

国际铁路货物联运过境运费是按照《统一货价》的规定计算的。其运费计算的程序及公式如下:

(1) 根据运单记载的应通过的国境站,在《统一货价》过境里程表中分别找出货物所通过的各个国家的过境里程。

(2) 根据货物品名,查阅《统一货价》中的通用货物品名表,确定所运货物应适用的运价等级。

(3) 根据货物运价等级和各过境路的运送里程,在《统一货价》中找出符合该批货物的运价率。

(4)《统一货价》对过境货物运费的计算是以慢运整车货物的运费额为基础的(即基本运费额),其他种别的货物运费,则在基本运费额的基础上分别乘以不同的加成率。

过境运费的计算公式为:

$$基本运费额 = 货物运价率 \times 计费重量$$

$$运费 = 基本运费额 \times 加成率$$

其中,货物运价率由过境里程和运价等级查出。

5. 杂费

货物运送费用的核算,包括运费核算和杂费核算两部分。铁路因办理与货物运送有关的辅助或附带作业,向发、收货人收取运费以外的费用,统称为杂费。

我国铁路杂费项目和核收标准,在铁路运价规则中都有明确规定,其中包括货物装卸费、取送车费、机车作业费、货物暂存费、押运人乘车费、机械保温车租用费和制冷费、货车清扫费及洗刷消毒费、货车滞留费、换装费、验关费、运单费、货物声明价格费、变更手续费及运杂费迟交金等。以上各项杂费,均按发生当日实行的费率计算,并根据发生的实际情况核收。

3.2.4　国际铁路组织与有关章程

1. 国际铁路运输组织

1) 国际铁路合作组织

国际铁路合作组织简称铁组,原为由国家铁路主管部门组成的政府间的合作组织,现为政府与企业的混合型组织。1956 年,主要是亚洲一些国家的铁路机构和部分其他洲的铁路机构及有关组织参加在索非亚举行第一届会议,成立了"国际铁路合作组织",

总部设在波兰华沙。铁组的宗旨是发展国际铁路联运,统一经营条件及完善经济技术和法律方面存在的问题。最高权力机构是每年召开一次的由各成员国铁道部长参加的部长会议,审议和解决国际铁路客货运输及科技合作等重大问题;日常工作由各国铁道部长代表组成的"铁路合作组织委员会"负责;委员会下设专门委员会及若干常设工作组,以解决研究一些专门的技术问题。1992 年,白俄罗斯、拉脱维亚、立陶宛、摩尔多瓦、乌克兰和爱沙尼亚等 6 个国家主管铁路的运输部或中央机关申请并经第二十届部长会议同意加入了铁路合作组织。

2) 国际铁路联盟

国际铁路联盟(UIC)简称铁盟,主要是欧洲一些国家的铁路机构和部分其他洲的铁路机构及有关组织参加的非政府性铁路联合组织,成立于 1922 年 12 月,总部设在巴黎,有成员 60 多个国家和地区。铁盟的宗旨是:实现国际交通利益,推动国际铁路运输的发展,改进铁路技术装备和运营方法,实现铁路设施、设备、技术标准的统一,实现国际铁路标准化。同时,铁盟出版了 600 多种活页文件,制定了铁路活动各个方面的国际标准和规范。

2. 国际铁路运输有关章程

目前,关于国际铁路货物运输的公约有两个,即《国际货协》和《国际货约》。

1)《国际货协》

《国际货协》全称为《国际铁路货物联合运输协定》,于 1951 年在华沙订立。制定《国际货协》的东欧国家又是《国际货约》的成员国,这样《国际货协》国家的进出口货物可以通过铁路转运到《国际货约》的成员国,这为沟通国际铁路货物的运输提供了更为有利的条件。其主要内容有:

(1) 阐明运输合同的订立,如"从始发站在运单和运单副本上加盖印戳时起,运输合同即告成立"。

(2) 明确赔偿限额,规定"铁路对货物损失和赔偿金额在任何情况下,不得超过货物全部灭失时的金额"。

(3) 规定诉讼时效,"有关当事人、发货人和收货人关于支付运送费用、罚款和赔偿损失的要求和诉讼,应在 9 个月期间内提出;关于货物运到逾期的赔偿请求和诉讼,应在 2 个月期间内提出"等。

2)《国际货约》

《国际货约》全称为《国际铁路货物运输公约》(*Convention Concerning International Carriage of Goods by Rail*),是关于铁路货物运输的国际公约。它是在 1890 年制定的《国际铁路货物运送规则》(简称《伯尔尼公约》)的基础上发展起来的。1961 年 2 月 25 日由总部设在伯尔尼的国际铁路运输中央执行局制定,奥地利、法国、西德、比利时等国在瑞士伯尔尼签订,又于 1970 年 2 月 7 日修订,修订后的《国际货约》于 1975 年 1 月 1 日生效。国际铁路运输中央事务局总部设在伯尔尼。

《国际货约》分 6 部分,共 70 条和 4 个附件。其主要内容包括:第 1 部分,公约的目的和适用范围(第 1~5 条);第 2 部分,运输合同(第 6~25 条);第 3 部分,责任、法律诉讼(第26~53条);第4部分,各种规定(54~61条);第5部分,特殊规定(第62~64条);第6部分,最终规定(第65~70条);附件1,危险物品铁路运输国际规章;附件2,国际铁路运输中央事务局规章;附件3,修订委员会和专家委员规则;附件4,仲裁规则。

《国际货约》适用于至少两个缔约国之间的铁路联运。铁路的运输单据称为运单,内容包括接货地点、日期和交货地点及货物质量情况、件数、标记等,是运输合同成立的证据。承运人对货物的灭失、残损或延误负责,但由索赔人的错误行为、货物的内在缺陷或承运人所不能避免的原因造成者除外,责任豁免的举证责任在于承运人。承运人的责任限制为每公斤50金法郎,但由承运人的有意错误行为或严重错误所造成的损害的赔偿限额为上述赔偿限额的2倍。对承运人的诉讼时效为1年。但涉及承运人欺诈或有意错误行为的案件,诉讼时效为2年。

在《国际货约》的成员中,有的同时还参加了《国际货协》,即参加《国际货约》国家的进出口货物,可以通过铁路直接转运到的《国际货协》成员国,它为国际铁路货物的运输提供了便利的条件。

3.3　国际铁路货物联运进出口业务

3.3.1　国际铁路货物联运出口业务流程

国际铁路货物联运出口货物运输组织工作主要包括铁路联运出口货物运输计划的编制、货物托运和承运、国境站的交接和出口货物的交付等。国际铁路联运出口货物流程图,如图3-1所示。

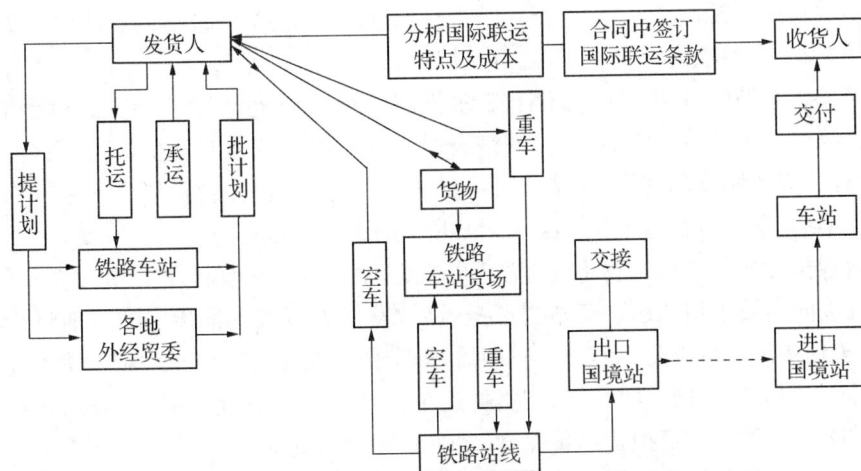

图 3-1　国际铁路联运出口货物运输流程图

1. 国际铁路货物联运出口货物运输计划的编制

国际铁路货物联运出口货物运输计划一般是指月度要车计划,它是对外贸易运输计划的组成部分,体现对外贸易国际铁路货物联运的具体任务,也是日常铁路联运工作的重要依据。

国际铁路货物联运月度要车计划采用"双轨(铁路、商务)上报、双轨下达"的方法,其编制程序如下:

(1)各省、市、自治区发货单位应按当地铁路部门的规定,填制"国际铁路联运"月度要车计划表,向铁路局(车站)提出下月的要车计划,并在规定的时间内,分别报送当地商务厅(局)和各主管总公司。

(2)各铁路局汇总发货单位的要车计划后,上报国家铁路局;各省、自治区、直辖市商务厅(局)和各进出口总公司在审核汇总所属单位的计划后,报送商务部。

(3)商务部汇总审核计划后,与国家铁路局平衡核定。

(4)月度要车计划经两部门平衡核定,并经国家铁路局确认后,由商务部将核准的结果通知各地商务厅(局)和各进出口总公司,各地商务厅(局)和各进出口总公司再分别转告所属发货单位;各铁路局(车站)将国家铁路局批准的月度要车计划分别通知发货单位。

凡发送整车货物,均需具备铁路部门批准的月度要车计划和旬度要车计划;零担货物,则不必向铁路部门编报月度要车计划,但发货人必须事先向车站办理托运手续。

2. 国际铁路货物联运的托运和承运

具有批准的出口运输计划是进行货物托运与承运的前提。托运与承运的过程实际就是铁路与发货人之间签订运输合同的过程。

1)托运的一般过程

货物的托运是发货人组织货物运输的一个重要环节。发货人在托运货物时,应向车站提出货物运单,以此作为货物托运的书面申请。车站接到运单后,应进行认真审核。

整车货物办理托运,车站应检查其是否有批准的月度、季度货物运输计划和要车计划,检查运单上的各项内容是否正确。如确认可以承运,应予签证。运单上的签证,表示货物应进入车站的日期或装车日期,表示铁路已受理托运。发货人应按签证指定的日期将货物搬入车站或指定的货位,铁路根据运单上的记载查对实货,认为符合《国际货协》和有关规章制度的规定,车站方可接受货物,并开始负保管责任。整车货物一般在装车完毕后,发站应在运单上加盖承运日期戳,即为承运。

发运零担货物与整车货物不同,发货人在托运时,不需要编制月度、旬度要车计划,凭运单直接向车站申请托运。车站受理托运后,发货人应按签证指定的日期将货物搬进货场,送到指定的货位上,经查验、过磅后,即交由铁路保管。当车站将发货人托运的货物,连同货物运单一同接收完毕,在货物运单上加盖承运日期戳时,即表示货物业已承运。铁路对承运后的零担货物负保管、装车和发运的责任。

托运、承运完毕,铁路运单作为运输合同即开始生效。铁路按《国际货协》的规定对货物负保管、装车并运送到指定目的地的一切责任。

2)托运涉及的运输单证

托运所涉及的运输单证有国际货协运单和运单的随附单证。

(1)国际货协运单(SMGS Railway Bill)。国际货协运单简称货协运单,是国际铁路货物联运运单中的一种。货协运单是由发送国铁路代表所有参加运送货物的各国铁路同发货人之间订立的运送契约。因此参加联运的各国铁路和发、收货人在货物运送中便具有了相应的权利和义务,它对铁路和发、收货人都具有法律效力。

(2) 运单的随附单证。经国际铁路联运出口的货物通过国境站时,需要履行海关手续、商品检验、卫生检疫等法定手续,为此发货人必须将所需的文件附在运单上。这些文件主要有出口货物报关单、出口货物明细单,并根据货物性质的需要还可能有出口许可证、品质证明书、商品检验证书、植物检验证书或兽医证明书等。其他有关单据,则视合同的规定和货物不同要求而定。

在运单上所附的一切文件,应由发货人记入运单第 23 栏"发货人添附的文件"栏内,并牢固地附在运单上,随货物同行。铁路没有义务检查发货人在运单上所添附的文件是否正确和是否齐全。

3. 发货人在装车发运中的工作

货物办理完托运和承运手续后,接下来是装车发运。货物的装车,应在保证货物和人身安全的前提下,做到快速进行,以缩短装车作业时间,加速车辆周转和货物运送。

1) 货物装车发运的一般程序

按中国铁路的规定,在车站公共装卸场所内的装卸工作,由铁路负责组织;其他场所,如专用线装卸场,则由发货人或收货人负责组织。但某些性质特殊的货物,如易腐货物、未装容器的活动物等,即使在车站的货场内,也均由发货人组织装车或卸车。

货物装车发运的主要程序如下:

(1) 货物进站。货物应按铁路规定的时间进站。进站时,发货人应组织专人在车站接货。由铁路装车的货物,应会同铁路货运员对货物的件数、包装、品名、唛头标记、运单及其随附单证逐件进行检查。如发现问题或相互不符,必须修复、更换或查明原因予以更正。经铁路货运员验收完毕,认为符合运送要求,发货人即同货运员办理货物交接手续,并在运单上签证确认。

零担货物经铁路货运员查验、过磅,发货人按运单记载交付运杂费后,货物在站内的保管和装车发运工作即由铁路负责。

在专用线装车时,发货人应在货车调送前一日将货物搬至货位,并做好装车前的一切准备。

(2) 请车和拨车。由铁路负责装车的货物,有关请车和拨车均由铁路自行办理。由发货人负责装车时,不论是在车站的货场内装车或是在专用线装车,发货人应按铁路批准的日要车计划,根据货物的性质和交货数量,向车站请拨车辆。发货人要正确合理选择需要的车种和车辆吨位,尽量做到车种适合货种,车吨配合货吨,并在保证货物和车辆安全的前提下,充分利用车辆的载重吨和容积,以提高经济效益。铁路在货车调送到装货地点或车辆交接地点之前,应将送车时间通知发货人,发货人应根据铁路送车通知按时接车,同时组织装车力量,在铁路规定的时间内完成装货工作,按时交车,并将装车完毕时间通知车站。

（3）货物的装车、加固和施封。

① 装车，货物装车应具备三个基本条件：第一，货物包装完整、清洁、牢固，货物标志、标记清晰完整；第二，单证齐全、内容准确、完备；第三，车辆的车体完整、清洁，技术状态良好，具备装车的必备条件。由发货人装车的货物，发货人应在现场负责监装。铁路负责装车的货物，一般应由铁路监装，在必要时可要求发货人在货场检查货物装载情况。现场监装工作的内容有以下几个方面：装车前，检查货位上的货物，复核点数，是否符合装车条件。货车调到时，会同铁路货运员检查车辆是否符合装车要求。合理装载，装车时对配载货物做到心中有数，计算准确，合理装车并检查货物是否装载恰当，确保货物运输安全。装车完毕，检查车辆是否封闭、加固、通风以及相应的安全措施。记录车号，做好发运登记，并在出口货物明细单上填写车号、运单号和装车日期；如实际车数与原单记载有出入时，应及时做好修改和更正。装车结束后，及时向车站交付运费，取回盖有发站承运戳记的运单副本和运单副本抄件。

② 加固。对于敞车、平车及其他特种车辆装运超限货物，箱装和裸装机械设备以及车辆等货物，应在装车时放置稳妥，捆绑牢固，以防运送途中发生移动、坠落、倒塌及互相撞击，保证安全运送。由中国铁路用敞车类货车发运货物时，装载加固按中国国内规章办理，暂不执行《国际货协》附件第14号《敞车类货车货物装载加固规则》的规定。货物出口加固工作，应由铁路负责（自装车和专用线装车由发货人负责），但发货人应检查加固情况，如不合要求，应提醒铁路方面重新加固。

③ 施封。它是保证货物运输安全的重要措施之一，以便分清铁路与发、收货人之间，铁路内部之间的相互责任。我国装运国际联运出口货物的篷车、冷藏车、罐车必须施封。货车施封后，应使用只有在毁坏后才能启开的封印。铁路装车时由铁路施封，发货人装车时由发货人施封，或委托铁路施封，此时发货人应在运单"铅封"栏内注明"委托铁路施封"字样。对出口货物和换装接运的进口货物，各发站和进口国境站必须用10号铁线将车门上部门扣和门鼻拧紧，在车门下部门扣处施封。

2）货车的配载

（1）篷车的使用和配载。篷车有顶盖和四壁，有门、窗，能启闭，运送货物比较安全。装篷车的货物每件包装不宜过长、过大、过重，不超过250千克为宜，以利装卸。中国现有篷车以60吨和50吨为多，因此应根据储运货物的数量，尽可能选用60吨或50吨的篷车。在配载货物时，应先利用车容和载重量。在安排车容时，应根据每件货物大小和车辆长宽高，进行正确合理的计算，保证货物按数装载、不浪费运力，必要时应制订货物装载方案和绘制装载示意图，装车时作为掌握和参考的依据。

（2）敞车的使用和配载。敞车主要装运不怕受潮的货物。对于不能装篷车的货物，采取防潮、防盗措施能保证货物安全的，也可使用敞车装载。我国现在60吨和50吨的敞车较多。装敞车的散装货物，凡能捆扎成件的（如钢材、钢管等），应尽量捆扎成大件，每车不超过100件。敞车货物的配载，也应充分利用货车的载重量和容积，在保证货物安全运送的前提下尽量做到满载，但装载不得超过车辆限界。

（3）平车的使用。中国现有平车以60吨为多，30吨次之。平车用于装运长大货物

（敞车装卸困难的）。对于汽车、拖拉机及其他裸体机械，一般以装平车为宜。用平车装运货物，其高度和宽度均不得超过车辆限界。

3）货物发出后办理事项

（1）登记。发货人的运输人员在发货后，要将发货经办人员的姓名、货物名称、数量、件数、毛重、净重、发站、到站、经由口岸、运输方式、发货日期、运单号、车号及运费等项目，详细登记在发运货物登记表内，作为原始资料。

（2）通知及上报。如合同有规定，发货后发货人要用电传或传真通知收货人，发货人要及时通知；如规定要上报总公司和当地经贸厅（局、委）的，要及时上报。总之，要做好必要的通知和报告工作。

（3）修正和更改。如果货物发出后，发现单证或单货错误，要及时电告货物经由口岸的外运分支机构，要求代为修正，如发货后需要变更收货人、到站或其他事项的，要及时按规定通知原发站办理变更。

4. 国际铁路货物联运出口货物在国境站的交接

联运货物在装车发运后，紧接着就要考虑在国境站的交接问题。

1）国境站有关机构

在相邻国家铁路的终点，从一国铁路向另一国铁路办理移交或接收货物和车辆的车站称为国境站。中国国境站除设有一般车站应设的机构外，还设有国际联运交接所、海关、国家出入境检验检疫所、边防检查站及中国对外贸易运输（集团）总公司所属的分支机构等单位。

（1）国际联运交接所。国际联运交接所简称交接所，是国境站的下属机构。交接所执行下列任务：① 办理货物、车辆、运送用具的交接和换装；② 办理各种单据的交接，负责运送票据、商务记录的编制、翻译和交接工作；③ 计算国际铁路联运进口货物运到期限、过境铁路运费和国内各项运杂费用；④ 对货物和票据进行检查，处理和解决货物交接以及车、货、票、证等方面存在的问题。

（2）海关。海关代表国家贯彻执行进出口政策、法律、法令，是口岸行使监督管理职权的机关，海关对进出口货物履行报关手续。只有在按规定交验有关单据和证件后，海关才凭此放行。

（3）国家出入境检验检疫所。它是负责进出口商品检验检疫工作的国家行政管理机关。

（4）边防检查站。它是公安部下属的国家公安部队，其职责是执行安全保卫，负责查验出入国境的列车、机车及列车服务人员和随乘人员的进出境证件。

（5）中国外运分公司。中国外运分公司是各进出口公司的货运代理。在国境站的主要业务范围是：承办各种进出口物资的铁路发运、转运、联运、口岸交接、分拨、报关、报验和大型集装箱的中转、拆箱、装箱等。

2）国际联运出口货物交接的一般程序

国境站除办理一般车站的事务外，还办理国际铁路联运货物、车辆和列车与邻国铁路的交接，货物的换装或更换轮对、运送票据、文件的翻译及货物运送费用的计算与复核等项工作。出口货物在国境站交接的一般程序如下：

（1）出口国境站货运调度根据国内前方站列车到达预报,通知交接所和海关做好接车准备。

（2）出口货物列车进站后,铁路会同海关接车,并将列车随带的运送票据送交接所处理,货物及列车接受海关的监管和检查。

（3）交接所实行联合办公,由铁路、海关、外运等单位参加,并按照业务分工开展流水作业,协同工作。铁路主要负责整理、翻译运送票据,编制货物和车辆交接单,以此作为向邻国铁路办理货物和车辆交接的原始凭证。外运公司主要负责审核货运单证,纠正出口货物单证差错,处理错发错运事故。海关则根据申报,经查验单、证、货相符,符合国家法令及政策规定,即准予解除监督,验关放行。最后由双方铁路具体办理货物和车辆的交接手续,并签署交接证件。

以上仅是一般货物的交接过程。对于特殊货物的交接,如鲜活商品、易腐、超重、超限、危险品等货物,则按合同和有关协议规定,由贸易双方商定具体的交接方法和手续。属贸易双方自行交接的货物,国境站外运公司则以货运代理人的身份参加双方交接。如果在换装交接过程中需要鉴定货物品质和数量,应由国内发货单位或委托国境站商检所进行检质、检量,必要时邀请双方检验代表复验。外运分公司则按商检部门提供的检验结果对外签署交接证件。属于需要随车押运的货物,国境站外运分公司应负责两国国境站间的押运工作,并按双方实际交接结果对外签署交接证件,作为货物交接凭证和货款结算的依据。

3）有关联运出口货物交接中的几个问题

（1）联运出口货物单证资料的审核。审核出口货物单证是国境站的一项重要工作。它对正确核放货物,纠正单证差错和错发错运事故,保证出口货物顺利交接具有重要意义。

出口货物运抵国境站后,交接所应将全部货运单证送外运分公司进行审核,外运分公司作为国境站的货运代理公司,在审核单证时,要以运单内容为依据,审查出口货物报关单、装箱单、商检证书等记载的内容和项目是否正确、齐全。如正确无误,则可核放货物,做到差错事故不出国。如出口货物报关单项目有遗漏或记载错误,或份数不足,应按运单记载内容进行订正或补制;运单、出口货物报关单、商检证书三者所列项目如有不符,有关运单项目的订正或更改,由国境站联系发站并按发站通知办理;需要更改或订正商检证书、品质证明书或动植物检疫证书时,应由出证单位通知国境站出入境检验检疫所办理;海关查验实货,如发现货物与单证不符,需根据合同和有关资料进行订正,必要时应联系发货人解决。总之,国境站外运分公司在订正、补制单据时,只限于代发货人缮制单证,而对运单内容和项目,以及商检证书、品质证明书、检疫证、兽医证等国家行政管理机关出具的证件,均不代办订正或补制。

出口货物单证经复核无误后,应将出口货物报关单、运单及其他随附单证送交海关,作为向海关申报和海关审核放行的依据。

（2）办理报关、报验等法定手续。铁路联运出口货物报关,由发货人委托铁路在国境站办理。发货人在货物发运前,应填制出口货物报关单,作为向海关申报的主要依据。

出口货物报关单格式由我国海关总署统一制定。发货人或其代理人需按海关规定逐项填写,要求内容准确、详细,并与货物、运单及其他单证记载相符。字迹要端正、清晰,不可任意省略或简化。对于填报不清楚或不齐全的报关单,以及未按《海关法》的有关规定交验进出口许可证等有关单证者,海关将不接受申报;对于申报不实者,海关将按违章案件处理。

铁路发站在承运货物后,即在货物报关单上加盖站戳,并与运单一起随货同行,以便国境车站向海关办理申报。需办理检验检疫的货物,要向当地出入境检验检疫部门办理检验检疫手续,取得证书。上述各种证书在发站托运货物时需连同运单、报关单一起随车同行,在国境站由海关执行监管,查证放行。

4) 联运出口货物的交接方式

货物交接可分为凭铅封交接和按实物交接两种情况。

(1) 凭铅封交接的货物,根据铅封的站名、号码或发货人简称进行交接。交接时应检查封印是否有效或丢失,印文内容、字迹是否清晰可辨,同交接单记载是否相符,车辆左、右侧铅封是否一致等,然后由双方铁路凭完整铅封办理货物交接手续。

(2) 按实物交接可分为按货物重量、按货物件数和按货物现状交接三种方式。按货物重量交接的,如中、朝两国铁路间使用敞车、平车和砂石车散装煤、石膏、焦炭、矿石、熟矾土等货物;按货物件数交接的,如中、越两国铁路间用敞车类货车装载每批不超过 100 件的整车货物;按货物现状交接的,一般是难以查点件数的货物。

办理货物交接时,交付方必须编制"货物交接单"。没有编制交接单的货物,在国境站不得办理交接。

5) 联运出口货运事故的处理

联运出口货物在国境站换装交接时,如发现货物短少、残损、污染、湿损、被盗等事故,国境站外运分公司应会同铁路查明原因,分清责任,分别加以处理。由于铁路原因造成的货物残损、短缺,要提请铁路编制商务记录,并由铁路负责整修。整修所需包装物料由国境站外运分公司根据需要与可能协助解决,但费用由铁路承担;由于发货人原因造成的事故,在国境站条件允许的情况下,由国境站外运分公司组织加工整修,但需由发货人提供包装物料,负担所有的费用和损失。因技术条件限制,无法在国境站加工整修的货物,应由发货人到国境站指导将货物返回发货人处理。

5. 国际联运出口货物的交付

国际联运出口货物抵达到站后,铁路应通知运单中所记载的收货人领取货物。在收货人付清运单中所记载的一切应付运送费用后,铁路必须将货物连同运单交付给收货人。收货人必须支付运送费用并领取货物。收货人只有在货物因毁损或腐坏而使质量发生变化,以致部分货物或全部货物不能按原用途使用时,才可以拒绝领取货物。收货人领取货物时,应在运行报单上填记货物领取日期,并加盖收货戳记。

3.3.2　国际铁路货物联运进口业务流程

国际铁路联运进口货物的发运工作是由国外发货人根据合同规定向该国铁路车站办理的。根据《国际货协》规定,中国从参加《国际货协》的国家通过铁路联运进口货物,凡国外发货人向其所在国铁路办理托运,一切手续和规定均按《国际货协》和该国国内规章办理。我国国内有关订货及运输部门对联运进口货物的运输工作,主要包括联运进口货物在发运前编制运输标志;审核联运进口货物的运输条件;向国境站寄送合同资料;国境站的交接、分拨;进口货物交付给收货人以及运到逾期计算等。

1. 联运进口货物运输标志的编制

运输标志又称唛头(Mark),一般印制在货物外包装上,它的作用是为承运人运送货物提供方便,便于识别货物,便于装卸,便于收货人提货。唛头必须绘制得清楚醒目,色泽鲜艳,大小适中,印制在货物外包装显著位置。我国规定,联运进口货物在订货工作开始前,由商务部统一编制向国外订货的代号,作为收货人的唛头,各进出口公司必须按照统一规定的收货人唛头对外签订合同。收货人唛头由七个部分组成,按下列顺序排列:

(1) 订货年度代号,如 2016 年签订的进口贸易合同,即以"16"为年度代号。

(2) 承办订货进出口贸易公司代号,如由中国机械进出口总公司订货,即以"M"为代号。

(3) 订货部门(即收货人)代号,如由邮电部委托订货,即以"KF"为代号。

(4) 间隔号,外贸为"—",工贸为"/"。

(5) 商品类别代号,如"44"代表有线电设备。

(6) 合同编号或卡片编号,即采用进口合同所编的顺序号码。

(7) 供货国别地区代号,按照同中国建立外交和贸易关系的国家和地区,分别用两个拉丁字母作为一个国家和地区的代号,如"CF"代表法国,"MR"代表美国等。

2. 审核联运进口货物的运输条件

联运进口货物的运输条件是合同不可缺少的重要内容,必须认真审核,使之符合国际联运和国内的有关规章。审核联运进口货物运输条件的内容主要包括收货人唛头是否正确;商品品名是否准确具体;货物的性质和数量是否符合到站的办理种别;包装是否符合有关规定等。

3. 向国境站寄送合同资料

合同资料是国境站核放货物的重要依据,各进、出口公司在贸易合同签字以后,要及时将一份合同中文抄本寄给货物进口口岸的外运分公司。合同资料包括合同的中文抄本和它的附件、补充书、协议书、变更申请书、更改书和有关确认函电等。

4. 联运进口货物在国境站的交接与分拨

联运进口货物的交接程序与出口货物的交接程序基本相同。其做法是:进口国境站根据邻国国境站货物列车的预报和确报,通知交接所及海关做好到达列车的检查准备工作。进口货物列车到达后,铁路会同海关接车,由双方铁路进行票据交接,然后将车辆交接单及随车带交的货运票据呈交交接所,交接所根据交接单办理货物和车辆的现场交接。海关则对货物列车执行实际监管。

我国进口国境站交接所通过内部联合办公,开展单据核放、货物报关和验关工作,然后由铁路负责将货物调往换装线,进行换装作业,并按流向编组向国内发运。

5. 联运进口货物交接中的几个问题

1) 进口合同资料

进口合同资料是国境站核放货物的唯一依据,也是纠正并处理进口货物在运输中出现错乱的重要资料。口岸外运分公司在收到合同资料后,如发现内容不齐全、有错误、字迹不清,应迅速联系有关进、出口公司修改更正。

联运进口货物抵达国境站时,口岸外运分公司根据合同资料对各种货运单证进行审核,只有单、证、票、货完全相符,才可核放货物。通常联运进口货物货运事故大约有以下几类:① 合同资料与随车单证不符;② 单证与货物不符,包括有票无货、有货无票;③ 货物错经国境口岸;④ 货物混装、短装或超过合同规定的数量;⑤ 货物不符《国际货协》规定,铁路拒收等。

对上述情况,口岸外运分公司应本着以下原则处理:因铁路过失造成的,联系铁路处理;因发货人过失造成的,根据合同资料和有关规定认真细致地查验货物,确有可靠依据的可予以纠正,否则联系有关公司处理。

2) 联运进口货物变更到站和变更收货人的工作

国际铁路联运货物根据发货人和收货人的需要,可以提出运输变更。运输变更申请应由发货人或收货人提出。联运进口货物变更到站、变更收货人时,首先应通过有关进、出口公司向国外发货人提出。在国外发货人不同意办理变更时,可向国境站外贸运输机构申请,在国境站办理变更。联运进口货物变更的受理,应在货物到达国境站前。进口由收货人申请变更到站和收货人,则只可在货车开至到达国进口国境站且货物尚未从该站发出时提出变更。

3.4　内陆对港澳地区的铁路货物运输

3.4.1　对港澳地区铁路货物运输的方式与特点

1. 对港澳地区铁路货物运输的方式

香港和澳门是中国实行一国两制的特别行政区,居民中 98% 是中国人。两地区是中国同世界各国、各地区经贸往来的重要通道之一,也是我国换取外汇的重要场所,占中国出口创汇额的 20% 以上。因此,做好对港澳地区的运输工作是中国外贸运输中的重点之一。

1）对香港地区的货物运输方式

香港与内地交通方便,常见的运输方式有:① 海运。货物通过中国内地港口装船运往香港。② 铁路过轨运输。货物在内地各发站装车后,经深圳直接过轨至香港九龙车站。③ 铁路—公路运输。货物在内地各省市装上火车后,到深圳卸车,然后经文锦渡公路用汽车转运运往香港。④ 铁路—水路运输。货物从内地通过铁路运至广州南站,再用驳船转运至香港。⑤ 航空运输。货物在内地机场装上飞机后运至香港。⑥ 公路运输。由于广东省与香港毗邻,货物在装上汽车后,直接由文锦渡、沙头角、皇岗运往香港。

2）对澳门地区的货物运输方式

澳门与内地没有铁路直通,因而内地各省市运往澳门的货物有以下两种运输方式:① 公路—水运。广东地方货物以及一部分不适合走水运的内地货物,可以经由拱北公路出境,由广东外运分公司接受各发货单位的委托,办理广州水运中转至澳门的运输业务。② 铁路—水运。内地各省市运往澳门的货物,先由铁路部门办理国内运输运至广州南站,之后再转水运至澳门,铁路运送计划由各省市掌握,委托手续和装车发运要求和供应香港的铁路运送基本相同。

2. 对港澳地区铁路货物运输的特点

内地对港澳地区的货物绝大部分由铁路承担,概括起来有以下三个特点。

1）商品结构的特殊性

运往港澳地区的商品以鲜活冷冻商品为主。按车辆统计的鲜活商品运量占深圳过轨总运量的50%。由于鲜活商品的运输具有特殊性,沿途管理难度大,如要求运输速度快,以减少残次死亡率;对质量要求高,需用特殊车辆运输;对活的动物要求有押运人进行押运,沿途还要进行特殊作业等。

2）贸易方式的特殊性

对港澳出口的贸易方式既不同于记账贸易,也与一般现汇贸易有所区别。有相当数量的货物,尤其是鲜活商品,是由中央驻港机构根据香港市场的情况进行调节的,并在内地各发运口岸之间分配一定的配额,按配额发运。如果市场行情发生变化,须临时调整,反映在运输上必然是计划多变,而且要求做到数量适量,时间及时。因此,对港澳出口必须优质、适量、均衡、及时。

3）运送方式的特殊性

对港澳地区的货物运输,不同于国际联运,也不同于一般的国内的运输,属于一种特殊的运送方式。它的全过程由两部分组成,即国内段和港段铁路运送。发货人在内地车站填写国内铁路运单,办理发货地至深圳北站的国内段运送,以深圳外运分公司为收货人。如果暂时储存或装箱中转的货物,发货人必须在运单中做出说明。

深圳外运公司作为发货人的代理,在口岸与铁路办理货物运送票据的交接,并向铁路部门租车,然后向海关办理出口申报手续,经联检部门,如海关、商检、动植物检验、边防等,查验放行后,过轨至香港九龙站。货车过轨后,由深圳外运分公司在香港的代理——香港中旅货运有限公司,向香港九广铁路公司重新起票办理港段铁路运送。货车至九龙各目的站后,由香港中旅货运有限公司将货物卸车交给香港的实际收货人。

由此可见,对香港地区的铁路运输的特点是:租车方式、两票运输。国内运单不能作为对外结汇的凭证,目前,由各地外运公司以运输承运人的身份向外贸单位提供经深圳中转香港货物的"承运货物收据",作为向银行结汇的凭证。

3.4.2　对港澳地区铁路货物运输的具体操作

1. 对香港地区铁路货物运输的一般程序

目前,对香港地区铁路货物运输,一般包括以下步骤:

(1) 发货地的外运公司或外贸公司向当地的铁路部门办理从发货地到深圳北站的国内铁路货物运输的托运手续,填写国内铁路货物运单。

(2) 发货地的外运分公司或外贸公司委托深圳外运分公司办理接货、报关、查验、过轨等中转运输手续。

(3) 深圳外运分公司接到铁路的到车预报后,对事先分类编制的有关运输加以核对,并抄送香港中旅货运有限公司以备接车。

(4) 货车到达深圳北站后,深圳外运分公司与铁路进行票据交接。

(5) 香港中旅货运有限公司向港段海关报关,并在罗湖车站向九广铁路公司办理托运手续,港段铁路将过轨货车运到九龙车站交香港中旅货运有限公司卸货后交收货人。

2. 对香港地区铁路货物运输的主要单证电报

单证、电报是深圳外运分公司和香港中旅货运有限公司接受委托、组织发运的依据。如果单证、电报迟到或有误,货车就不能及时过轨,造成在深圳留站压车,不仅货物不能及时运出,而且增加租车费用,有时会造成堵塞。因此,供港货物的单证、电报应做到份数齐全、填写准确、寄发及时。

供港运送的主要单证和电报及制作按以下要求进行。

1) 对港货物委托书

委托书又称联运出口货物委托书,是供港铁路运送货物最基本的、必备的单证之一。它是发货人向深圳外运分公司和香港中旅货运有限公司办理货物转运、报关、接货等工作的依据,也是向发货人核算运费的凭证。该委托书一式三份,深圳外运公司一份,中旅公司一份(由深圳外运分公司转交),运送过程结束后退发货人一份。

委托书上所列的各栏应使用中文(或中英文对照)逐栏正确详细填写。如果是外贸专业公司填写,其依据是合同(确认书)、信用证的有关内容及货物的实际情况;如果是外运公司填写,则依据委托人提供的托运单据。委托书所载各项内容必须与其他单证所载内容及货物的实际情况相符。

2) 出口货物报关单

出口货物报关单是向海关申报出口的依据,通常为一式两份,来料加工、进料加工和补偿贸易货物为三份,并附来料加工合同副本及登记手册。报关单同委托书的寄送时间与方式基本相同。

3）商检证

凡是法定检验和合同规定需要商检的货物,申报出口时,必须具备商检证(工厂附来的商检合格证无效),并要求一车一证。如一证数量太大时,则需在深圳商检局分证,每分证一次收取一定的手续费。商检证一般为一份或在出口报关单上加盖商检放行章。

4）信用证

目前部分对港澳出口的货物,需要信用证才能报关出境,因此,各发货单位在发货时须按规定将信用证副本,或影印本加盖发货单位印章,寄深圳外运分公司。

5）起运电报

为使深圳口岸和驻港澳机构能够提前做好接运准备,以及在运输单证迟到或丢失时作为补充单证的依据。各发货单位在货物发运后,应及时拍发起运电报。电报不是可有可无的文件,没有电报就无法抽取单证报关,货车到后就不能过轨。因此,电报是对港澳运送的必备文件。

发货人必须在货物装车后 24 小时内向深圳外运拍发起运电报,如在广州附近装车,应以电话通知深圳外运。货物发运后,如对原委托书、报关单及起运电报的内容有所变更时,发货单位应立即以急电或电话及时通知深圳外运。

6）承运货物单据

国内铁路部门与香港九龙铁路当局没有货运直接通车运输协议,各地铁路发往香港的货物,不能一票直达至香港,银行不同意用国内铁路运单作为对外结汇的凭证,因此,为了解决各外贸专业公司结汇的需要,各地外运公司以运输承运人的身份向各外贸公司提供经深圳口岸中转香港货物的"承运货物收据",作为向银行结汇的重要凭证和香港收货人提货的凭证。签发承运货物收据主要是依据委托书和国内铁路运单的领货凭证。

7）国内铁路货物运单

国内铁路运单是发货人与铁路部门办理由发站至深圳北站间的国内段运送的契约。填写国内铁路运单应注意以下问题:① 经深圳运往香港的货物到站为深圳北站,不能填写九龙车站。② 收货人填写"中国对外贸易运输总公司深圳分公司",不填香港实际收货(代理)人或"深圳外运分公司转××收"。如系在深圳存仓库(暂不出口,经深圳外运同意暂存深圳外运仓库的货物),则填"深圳外运分公司仓库"。经中转站装箱出口陆海联运货物亦填"深圳外运分公司仓库"。属于深圳市有关单位收货的非出口物资,不得填写深圳外运分公司。③ 货物重量(发货人填写),按货物实际毛重填写,不要填写车皮标记载重。发货人不填写实际毛重时,铁路则按车皮标重计费。

本章小结

1. 内容要点

本章从铁路运输设备及运输设施种类入手,阐述了国际铁路货物运输是国际贸易货物的主要运输方式之一,介绍了有关铁路货物运输的基本知识,铁路运输的特点及在我国对外贸易中的作用,国际铁路货物联运的概念、规章和各类货物的运送方式、运输限制,国际铁路货物联运一般操作规程以及联运运单的填制规则,铁路货物运到期限和运到逾期的概念和计算,铁路运送费用的计算和核收方法,铁路货运事故的责任范围和有关索赔、诉讼的规范;对香港地区铁路运输的特殊性以及供应港澳三趟快车的概念,同时还介绍了欧亚大陆国家(地区)之间通过相连接的铁路进行国际货物运输的理论与实务。

2. 内容结构图

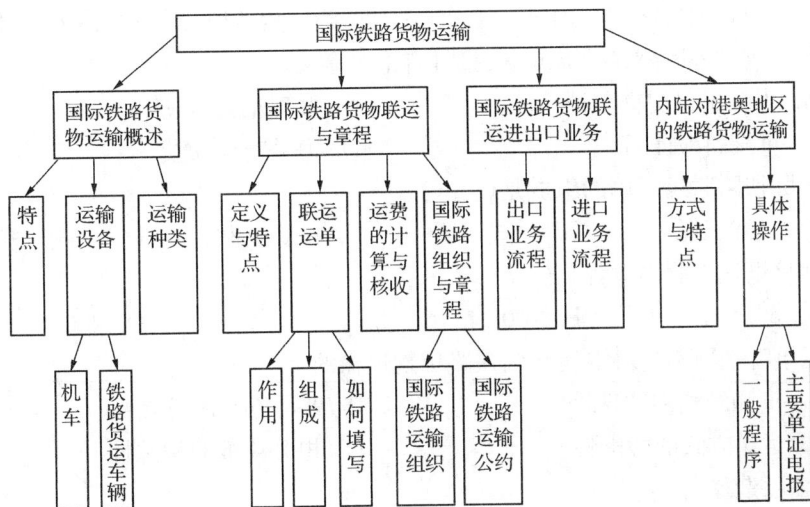

主要概念和重点实务

一、主要概念

1. 铁路运输设备
2. 国际铁路货物联运
3. 国际铁路合作组织
4. 国际铁路货物联运出口货物运输计划

二、重点实务

1. 国际铁路货物联运运单的填写
2. 国际铁路货物联运运费的计算和核收
3. 国际铁路货物联运进出口业务流程

习题与训练

一、名词解释

1. 国际铁路货物运输

2. 运输标志

3. 集装箱货物运输

4. 国际铁路货物联运运单

5. 国际货协运单

二、选择题

1. 《国际货协》规定诉讼时效，"有关当事人、发货人和收货人关于支付运送费用、罚款和赔偿损失的要求和诉讼，应在（　　）个月期间内提出"。

   A. 7　　　　　　　　B. 8　　　　　　　　C. 9　　　　　　　　D. 10

2. （　　）是国境站的一项重要工作，它对正确核放货物，纠正单证差错和错发错运事故，保证出口货物顺利交接具有重要意义。

   A. 审核出口货物单证　　　　　　　　B. 办理报关、报验

   C. 审核商检证书　　　　　　　　　　D. 海关查验实货

3. 国际铁路联运运单的组成是（　　）。

   A. 一式三联　　　B. 一式四联　　　C. 一式五联　　　D. 一式六联

4. 运价里程中起码里程是（　　）千米。

   A. 50　　　　　　B. 100　　　　　　C. 150　　　　　　D. 200

5. 以下哪一项不是对港澳地区铁路货物运输的（　　）。

   A. 商品结构的特殊性　　　　　　　B. 贸易方式的特殊性

   C. 运送方式的特殊性　　　　　　　D. 相关政策的特殊性

三、多项选择

1. （　　）是铁路运输的货运车辆。

   A. 平车　　　　　B. 敞车　　　　　C. 漏斗车　　　　D. 保温及冷藏车

2. 国际铁路货物联运的运费支付方式有（　　）。

   A. 现付　　　　　B. 到付　　　　　C. 后付　　　　　D. 预付

3. 国际铁路运输公约有（　　）。

   A. 国际货协　　　B. 国际货约　　　C. 海牙规则　　　D. 华沙公约

4. 在联运出口货物的交接中，按实物交接可以分为（　　）。

   A. 按货物重量交接　　　　　　　　B. 按货物件数交接

   C. 按货物名称交接　　　　　　　　D. 按货物现状交接

5. 敞车是铁路上使用的主要车型，无车厢顶，设有车厢挡板，主要用于运输（　　）。

   A. 建材、木材、钢材　　　　　　　B. 袋装或箱装杂货、散装矿石

　　C. 煤炭等货物　　　　　　　　　　D. 冷冻货物

四、简答题

1. 与其他运输方式相比,铁路运输的优点有哪些?

2. 简述国际铁路货物运输的种类。

3. 简述国际铁路货物联运的特点。

4. 对香港地区铁路货物运输的主要单证有哪些?

5. 简述国际铁路联运货物装车发运的一般程序。

6. 简述运输标志的作用。

五、计算题

1. 甲国有 5 个车辆的整车货物随旅客列车挂运经我国运往乙国,已知车辆标重为 16 吨,按过境里程和运价等级该货物在《统一货价》中的基本运价率为 8 美元/吨,而根据运价里程和运价号查得该货物在我国国内《价规》中的运价率折合为 7 美元/吨,若两个运价的计费重量均为货车标重,我国应向甲国发货人收取多少运费?(根据《统一货价》的规定,随旅客列车挂运的整车货物的加成率为 200%)

2. 上海某外贸公司出口俄罗斯一批家用电器,共 250 件,100 立方米,装运一车 P62 型铁路棚车。使用国际铁路联运方式运往俄罗斯莫斯科巴威列斯卡雅货站。发运站:上海铁路局杨浦站,境外运输代理是俄罗斯 TSES 货运公司,其他已知条件为,路程:杨浦—满洲里(境内)全程 3 343 公里,计费里程 3 343 公里,其中电气化路段 1 627 公里;使用车型 P62,标记载重吨 60 吨;货名:家用电器;运价号:6 号;运价率:基价 14.60 元/吨公里;电气化附加费:0.012 元/吨公里,铁建基金:0.033 元/吨公里。计算上海杨浦至满洲里的运费。

3. 有一批纺织品总重为 56 吨,从上海火车站发往广州站。其中 48 吨百货,用标重 50 吨棚车以整车运输,剩余 8 吨以零担运输。其中有关数据如下:上海至广州的运价里程 1 816 公里;铁路运价分号表,整车 5 号,运价率,92.55 元/吨;铁路运价分号表,零担 22 号;1.335 元/10 公斤。请计算此批纺织品的运费。

4. 某货物为包装纸板箱包装的电气制品,共 750 箱,体积为 117.3 m^3,重量为 20.33 t,通过国际铁路运输,问需要装多少个 20 ft 杂货集装箱。

微信扫码查看

第4章 国际航空货物运输

【知识目标】

1. 了解国际航空运输的特点及作用;
2. 掌握国际航空货物运输的五种方式;
3. 熟悉航空运单的性质、作用及分类;
4. 了解世界主要航线、航空运载工具及设备;
5. 掌握航空货运组织方法与航空货物收运的条件;
6. 掌握国际航空进出口货物运输业务流程及国际航空货物运输组织与公约。

【能力目标】

1. 了解国际航空货物运输计费重量的确定规则;
2. 熟练掌握国际航空货物运输运费的计算方法;
3. 掌握公布直达运价的种类及航空附加费的计收方法;
4. 掌握国际航空货物运输进出港货物的操作程序;
5. 熟知国际航空运输的有关公约,掌握处理国际航运各种纠纷的处理方法。

【引导案例】

2015 年 6 月至 7 月,大田公司收到冠名为正阳公司出具的三份货运委托书传真件,约定付款方式为预付。大田公司将货物交联邦快递托运,并产生运费 45 303 元。2015 年 6 月 27 日、28 日和 7 月 2 日,大田公司开具三张发票,付款人均为惠航公司。同年 7 月 12 日,大田公司出函给正阳公司要求将发票交惠航公司。当日,又同时去函正阳公司及惠航公司要求确认运费。由于大田公司未收到运费,遂起诉。

2015 年期间,惠航公司在上海设有办事处,并合用正阳公司办公室。在与大田公司发生业务时使用正阳公司便笺、电话和业务章。大田公司系经中华人民共和国商务部、中国民用航空总局批准具有经营航空销售代理业务的企业。

原审法院认为:惠航公司虽与正阳公司之间没有代理权,但正阳公司管理制度混乱,导致惠航公司以正阳公司名义与大田公司达成委托事务,构成转委托代理关系。同时大田公司在主观上亦无过失,故应认定大田公司与正阳公司间转委托运输合同关系成立。正阳公司辩称,其与大田公司无委托运输合同关系,不承担民事责任的主张,难予采信。根据合同法有关转委托规定,对正阳公司和惠航公司的责任,大田公司有选择权。大田公司要求正阳公司支付运费及利息的诉请,于法有据,可予支持。

案例思考:

1. 本案属于国际航空货物运输哪类纠纷? 应如何判决?
2. 本案涉及国际航空货物运输的哪些相关知识?

(案例来源:http://www.docin.com/p-1451034965.html)

4.1　国际航空货物运输概述

航空运输是目前世界上最先进、最理想的运输方式之一,航空运输与铁路运输、水路运输、公路运输和管道运输组成了整个运输业。航空运输业是一种服务性行业,属于第三产业,航空货物运输是航空运输业的重要组成部分。早期航空货运只作为填补客运剩余吨位的一种附属的运输业务。二十世纪六十年代国际航空运输的高增长率,诱导和激发很多航空公司开辟定期全货运航线,逐渐使航空货运成为一种独立的业务,从客运中脱离出来。货运的独立发展首先引起了机型的改革,过去那种窄体客运飞机已难以提供足够的货物运输能力,应运而生的全货运型飞机有利于大型集装货物和笨重货物运输,并促使货运引进专业化设备。

从新中国成立至今,中国民航业取得了长足的进展。特别是改革开放 30 多年来,市场化改革循序渐进,促使中国民航业在航空运输、通用航空、机队规模、航线布局、法规建设,以及运输保障等方面实现了持续快速发展,取得了举世瞩目的伟大成就。中国已经成为当今世界名副其实的航空运输大国,在中国经济社会发展和世界民航事业发展的进程中,扮演着越来越重要的角色。2015 年,中国民用航空运输完成客运量 4.36 亿人次,货运量 629.3 万吨。

4.1.1　国际航空货物运输的特点

国际航空货运虽然起步较晚,但发展异常迅速,这与它所具备的许多特点是分不开的。概括起来,国际航空货物运输的主要特征有以下几点。

1. 运送速度快

常见的喷气式飞机的经济巡航速度大都在每小时 850～900 公里左右。快捷的交通工具大大缩短了货物在途时间,对于那些易腐烂、变质的鲜活商品;时效性、季节性强的报刊、节令性商品;抢险、救急品的运输,这一特点显得尤为突出。

2. 安全、准确

航空运输管理制度比较完善,空运时间短,货物的破损率较低,所以航空贸物运输是比较安全的运输方式。如采用空运集装箱的方式运送货物,则更为安全。

3. 可节约包装、保险、利息等费用

航空运输的运费表面看比一般海、陆运费昂贵,但有些货物利用航空运输,其运杂费的支出有时反而可以降低。这是因为:① 航空运输计收运费的方法不同于海、陆运方式;② 利用航空运输可以减少包装费用、装卸搬运费;③ 采用航空运输快速,可以减省库存或存货管理成本和运输途中利息支出等附属费用;④ 航空货物运输安全、准确,货损、货差少,与其他运输方式相比,可减少保险费用。

4. 不受地面条件影响,可深入内陆地区

由于航空运输的通道在空中,不受地理条件的限制,对于地面条件恶劣、交通不便的内陆地区非常适合。有利于内陆地区资源的出口,促进当地经济的发展。航空运输

使各地与世界相连,对外的辐射面广,而且航空运输相比较公路运输与铁路运输占用土地少,对寸土寸金、地域狭小的地区而言发展对外交通无疑是十分适合的。

当然,航空运输也有自己的局限性,主要表现在:航空货运的运输费用较其他运输方式更高,不适合低价值货物;航空运载工具——飞机——的舱容有限,对大件货物或大批量货物的运输有一定的限制;飞机飞行安全容易受恶劣气候影响等等。但总的来讲,随着新兴技术得到更为广泛的应用,产品更趋向薄、轻、短、小、高价值,管理者更重视运输的及时性、可靠性,航空货运将会有更大的发展前景。

4.1.2　国际航空货物运输的作用

随着航空工业技术的迅速发展,飞机的速度和载运能力不断提高;加之全球经济一体化的深入发展,航空货物运输业在整个国际贸易运输中发挥着越来越重要的作用:

(1)快速服务提高商品在世界市场的竞争力。当今国际贸易有相当数量的洲际市场,商品竞争激烈,市场行情瞬息万变,时间就是效益。利用航空来运输像电脑、精密仪器、电子产品、成套设备中的精密部分、贵稀金属、手表、照相器材、纺织品、服装、丝绸、皮革制品、中西药材、工艺品等价值高的商品,以适应不断变化的市场需求。航空货物运输具有比其他运输方式更快的特点,可以使进出口货物能够抢行就市,卖出好价钱,增强商品的竞争能力,这对国际贸易的发展起到了很大的推动作用。

(2)适合于鲜活易腐和季节性强的商品运输。这些商品对时间的要求极为敏感,如果运输时间过长,可能使商品变为废品,无法供应市场;季节性强的商品和应急物品的运送必须抢行就市,争取时间,否则变为滞销商品,滞存仓库,积压资金的同时还要负担仓储费。采用了航空运输,可保鲜成活,又有利于开辟远距离的市场,这是其他运输方式无法相比的。

(3)航空运输是国际多式联运的重要组成部分。为了充分发挥航空运输的特长,在不能以航空运输直达的地方,也可以采用联合运输的方式,如常用的陆空联运、海空联运、陆空陆联运,甚至陆海空联运等,与其他运输方式配合,使各种运输方式各显其长,相得益彰。

4.1.3　航空货物运输的设备

1. 航线

飞机飞行的路线称为航空交通线,简称航线。航线不仅确定了飞机飞行的具体方向,起讫与经停点,而且还根据空中交通管制的需要,规定了宽度和飞行高度,以维护空中交通秩序,保证飞行安全。

运输航线结构的主要形式有轴心辐射式、城市对式两种。

航线按照起讫地点的归属不同分为国际航线和国内航线。此外,我国还有地区航线之称,这主要是根据我国的特殊情况。目前,内地到香港、澳门之间的航线,被称为地区航线。

2. 航空港

航空港为航空运输的经停点,又称航空站或机场,是供飞机起飞、降落和停放及组织、保障飞机活动的场所,包括飞行区、客货运输服务区和机务维修区三个部分。近年来随着航空港功能的多样化,港内除了配有装卸客货的设施外,一般还配有商务、娱乐中心、货物集散中心,以满足往来旅客的需要,带动周边地区经济的发展。为充分发挥航空运输的作用,促进物流行业的发展,一些地区还围绕航空港建立了物流园区。

航空港按照所处的位置分干线航空港和支线航空港;按服务对象,分为军用航空港和民用航空港;按业务范围,分国内航空港和国际航空港。其中,国际航空港需经政府核准,可以用来供国际航线的航空器起降营运,港内配有海关、移民、检疫和卫生机构。而国内航空港仅供国内航线的航空器使用,除特殊情况,不对外国航空器开放。目前,我国规模最大、最繁忙的现代化国际航空港是北京首都国际机场。

3. 航空器

航空器是指人造的各种能在空中飞翔的飞行物体,通常主要是指飞机。

按照用途的不同,飞机也可分为客机、全货机和客货混合机。客机主要运送旅客,一般行李装在飞机的深舱。由于直到目前为止,航空运输仍以客运为主,客运航班密度高、收益大,所以大多数航空公司都采用客机运送货物。不足的是,由于舱位少,每次运送的货物数量十分有限。全货机运量大,可以弥补客机的不足,但经营成本高,只限在某些货源充足的航线使用。客货混合机可以同时在主甲板运送旅客和货物,并根据需要调整运输安排,是最具灵活性的一种机型。

4. 集装设备

国际航空协会(IATA)将航空运输用的集装箱称之为集装设备(Unit Load Device,ULD),又称成组器。

成组器是航空运输中用以装载货物、邮件和旅客行李用的容器。具有一定的形状、尺寸和强度要求,可以使用货舱内的滚轮系统进行装卸和固定。有航空用托盘和货网(Aircraft Pallet and Net)、航空集装箱(Air Mode Container)和航空用圆顶(Aircraft Igloo)三种。成组器中分航空用成组器和非航空用成组器,航空用成组器中又分有证成组器和无证成组器,在非航空用成组器中主要有国际航空运输协会的标准尺寸集装箱。

4.2 国际航空货物运输的方式

航空运输的主要经营方式包括班机运输、包机运输、集中托运、联合运输和航空快递等五种。

4.2.1 班机运输

班机运输是指定期开航的定航线、定始发站、定目的港、定途经站的飞机。一般航空公司都使用客货混合型飞机(Combination Carrier),一方面搭载旅客,另一方面运送少量货物。但一些较大的航空公司在一些航线上开辟定期的货运航班,使用全货机(All Cargo Carrier)运输。

班机运输特点如下:

(1)班机由于固定航线、固定停靠港和定期开飞航,因此国际货物流通多使用班机运输方式,能安全迅速地到达世界各通航地点。

(2)便利收、发货人确切掌握货物起运和到达的时间,这对市场上急需的商品、鲜活易腐货物以及贵重商品的运送是非常有利的。

(3)班机运输一般是客货混载,因此舱位有限,不能使大批量的货物及时出运,往往需要分期分批运输,这是班机运输不足之处。

4.2.2　包机运输

包机运输是指包租飞机运输货物,包机运输的方式可分为以下两种:

(1)整机包租。这是指航空公司或包机代理公司,按照与租机人双方事先约定的条件和费率,将整架飞机租给包机人,从一个或几个航空站装运货物至指定目的地的运输方式。它适合于大宗急需或有特殊要求的货物。包机人一般要在货物装运前一个月与航空公司联系,以便航空公司安排运载和向起降机场及有关政府部门申请、办理过境或入境的有关手续。

包机的费用是一次一议,随国际市场供求情况变化。原则上包机运费,是按每一飞行公里固定费率核收费用,并按每一飞行公里费用的 80% 收取空放费。因此,大批量货物使用包机时,均要争取来回程都有货载,这样费用比较低。只使用单程,运费比较高。

(2)部分包机。这是指由几家航空货运代理公司,简称空运代理,或发货人联合包租一架飞机,或者由包机公司把一架飞机的舱位分别出租给几家航空货运代理公司。这种部分包机方式适合于一吨以上但不足整机的货物运送。运费较班机低,但是运送时间比班机要长。

包机具有可解决班机仓位不足的矛盾;节省时间和多次发货的手续;弥补没有直达航班的不足,且不用中转;减少货损、货差或丢失的现象;在空运旺季缓解航班紧张状况;解决海鲜、活动物的运输问题等优势,但它与班机相比较,具有明显的差别:

(1)时间比班机长,尽管部分包机有固定时间表,往往因其他原因不能按时起飞。

(2)各国政府为了保护本国航空公司利益常对从事包机业务的外国航空公司实行各种限制。例如,包机的活动范围比较狭窄,降落地点受到限制。需降落非指定地点外的其他地点时,要向当地政府有关部门申请,同意后才能降落(如申请入境、通过领空和降落地点)。

4.2.3　集中托运

集中托运是指航空货运代理公司把若干批单独发运的货物组成一整批货委托航空公司托运,填写一份总货运单发运到同一目的站,由航空货运代理公司委托当地的代理行负责收货、报关,并分拨给各实际收货人的运输方式。这种托运方式可争取到较低廉的运价,在国际航空运输中被普遍采用,也是航空货运代理公司的主要业务。

1. 集中托运的概念

集中托运是指将若干票单独发运的、发往同一方向的货物集中起来作为一票货,填写一份总运单发运到同一到站的做法。

2. 集中托运的具体做法

(1) 将每一票货物分别制定航空运输分运单,即出具货运代理的运单(House Airway Bill,HAWB)。

(2) 将所有货物区分方向,按照其目的地相同的同一国家、同一城市来集中,制定出航空公司的总运单(Master Airway Bill,MAWB)。总运单的发货人和收货人均为航空货运代理公司。

(3) 打出该总运单项下的货运清单(Manifest),即此总运单有几个分运单,号码各是什么,其中件数、重量各多少等等。

(4) 把该总运单和货运清单作为一整票货物交给航空公司。一个总运单可视货物具体情况随附分运单(也可以是一个分运单,也可以是多个分运单)。例如,一个MAWB 内有 10 个 HAWB,说明此总运单内有 10 票货,发给 10 个不同的收货人。

(5) 货物到达目的地站机场后,当地的货运代理公司作为总运单的收货人负责接货、分拨,按不同的分运单制定各自的报关单据并代为报关,为实际收货人办理有关接货送货事宜。

(6) 实际收货人在分运单上签收以后,目的站货运代理公司以此向发货的货运代理公司反馈到货信息。

3. 集中托运的限制

(1) 集中托运只适合办理普通货物,对于等级运价的货物,如贵重物品、危险品、活动物、文物等,不能办理集中托运。

(2) 目的地相同或临近的可以办理,如某一国家或地区,其他则不宜办理。例如,不宜把去日本的货发到欧洲。

4. 集中托运的特点

(1) 节省运费。航空货运公司的集中托运运价一般都低于航空协会的运价。发货人可得到低于航空公司运价,从而节省费用。

(2) 提供方便。将货物集中托运,可使货物到达航空公司到达地点以外的地方,延伸了航空公司的服务,方便了货主。

(3) 提早结汇。发货人将货物交与航空货运代理后,即可取得货物分运单,可持分运单到银行尽早办理结汇。

集中托运方式已在世界范围内普遍开展,形成较完善、有效的服务系统,为促进国际贸易发展和国际科技文化交流起了良好的作用。集中托运成为我国进出口货物的主要运输方式之一。

4.2.4　联合运输

联合运输是指包括空运在内的两种以上不同运输方式的联合运输,即指火车、飞机和卡车的陆空联运。具体的做法有:火车—飞机—卡车的联合运输方式,简称 TAT (Train-Air-Truck);卡车—飞机的联合运输方式,简称 TA(Truck-Air);火车—飞机的联合运输方式,简称 TA(Train-Air)。

我国空运出口货物通常采用陆空联运方式。这是因为我国幅员辽阔,而国际航空港口岸主要有北京、上海、广州等。虽然省会城市和一些主要城市每天都有班机飞往上海、北京、广州,但班机所带货量有限,费用比较高。如果采用国内包机,费用更贵。因此在货量较大的情况下,往往采用陆运至航空口岸,再与国际航班衔接。由于汽车具有机动灵活的特点,在运送时间上更可掌握主动,因此一般都采用 TAT 方式组织出运。

我国长江以南的外运分公司目前办理陆空联运的具体做法是用火车、卡车或船将货物运至香港,然后利用香港航班多,到欧洲美国运价较低的条件(普通货物),把货物从香港运到目的地,或运到中转地,再通过当地代理,用卡车送到目的地。长江以北的公司多采用火车或卡车将货物送至北京、上海航空口岸出运。

陆空联运货物在香港的收转人为合力空运有限公司。发运前,要事前与他们联系,满足他们对单证的要求,便于提前订舱。各地发货时,可使用外运公司的航空分运单,也可使用承运货物收据。有关单据上要注明是转口货,要加盖"陆空联运"字样的标记,以加速成周转和避免香港当局征税。

4.2.5　航空快递

航空快递服务(Express Delivery Service)是目前国际航空运输中最快捷的运输方式,它不同于航空邮寄和航空货运,是由一个专门经营这项业务的公司和航空公司合作,设专人以最快的速度在货主　机场和用户之间传递急件。快递公司接受发货人委托后以最快速度从发货人处提取货物急送机场赶装最快航班机出运。急件发出后,快递公司用 telex 或 Fax 将航班号、受货人等内容通知国外空运代理。航班抵达目的站后,急件又由专人送往受货人手里,时间一般仅一至两天,快则十几个小时,因此这项服务颇受各国贸易、科技等部门的欢迎。

4.3　国际航空货物运输业务概述

4.3.1　国际航空货物运单

1. 航空运单的性质、作用

航空运单(Airway Bill)与海运提单有很大不同,却与国际铁路运单相似。它是由承运人或其代理人签发的重要的货物运输单据,是承托双方的运输合同,其内容对双方均具有约束力。航空运单不可转让,持有航空运单也并不能说明其可以对货物要求所有权。

（1）航空运单是发货人与航空承运人之间的运输合同。与海运提单不同，航空运单不仅证明航空运输合同的存在，而且航空运单本身就是发货人与航空运输承运人之间缔结的货物运输合同，在双方共同签署后产生效力，并在货物到达目的地交付给运单上所记载的收货人后失效。

（2）航空运单是承运人签发的已接收货物的证明。航空运单也是货物收据，在发货人将货物发运后，承运人或其代理人就会将其中一份交给发货人（即发货人联），作为已经接收货物的证明。除非另外注明，它是承运人收到货物并在良好条件下装运的证明。

（3）航空运单是承运人据以核收运费的账单。航空运单分别记载着属于收货人负担的费用，属于应支付给承运人的费用和应支付给代理人的费用，并详细列明费用的种类、金额，因此可作为运费账单和发票。承运人往往也将其中的承运人联作为记账凭证。

（4）航空运单是报关单证之一。出口时航空运单是报关单证之一。在货物到达目的地机场进行进口报关时，航空运单也通常是海关查验放行的基本单证。

（5）航空运单同时可作为保险证书。如果承运人承办保险或发货人要求承运人代办保险，则航空运单也可用来作为保险证书。

（6）航空运单是承运人内部业务的依据。航空运单随货同行，证明了货物的身份。运单上载有有关该票货物发送、转运、交付的事项，承运人会据此对货物的运输做出相应安排。

航空运单的正本一式三份，每份都印有背面条款，其中一份交发货人，是承运人或其代理人接收货物的依据；第二份由承运人留存，作为记账凭证；最后一份随货同行，在货物到达目的地，交付给收货人时作为核收货物的依据。

2. 航空运单的分类

航空运单主要分为以下两大类：

（1）航空主运单（Master Airway Bill，MAWB）。凡由航空运输公司签发的航空运单就称为主运单。它是航空运输公司据以办理货物运输和交付的依据，是航空公司和托运人订立的运输合同，每一批航空运输的货物都有自己相对应的航空主运单。

（2）航空分运单（House Airway Bill，HAWB）。集中托运人在办理集中托运业务时签发的航空运单被称作航空分运单。

在集中托运的情况下，除了航空运输公司签发主运单外，集中托运人还要签发航空分运单。此时，航空分运单作为集中托运人与托运人之间的货物运输合同，合同双方分别为各货主和集中托运人；而航空主运单作为航空运输公司与集中托运人之间的货物运输合同，当事人则为集中托运人和航空运输公司。货主与航空运输公司没有直接的契约关系。由于在起运地货物由集中托运人将货物交付航空运输公司，在目的地由集中托运人或其代理从航空运输公司处提取货物，再转交给收货人，因而货主与航空运输公司也没有直接的货物交接关系。

3. 航空运单的内容

航空运单与海运提单类似,也有正面、背面条款之分,不同的航空公司也会有自己独特的航空运单格式。所不同的是,航运公司的海运提单可能千差万别,但各航空公司所使用的航空运单则大多借鉴 IATA 所推荐的标准格式,差别并不大。这里只介绍这种标准格式(也称中性运单),下面就有关需要填写的栏目说明如下:

依《华沙公约》第八条规定,空运提单应记载下列各项:

(1) 空运提单的填写地点和日期。

(2) 起运地和目的地。

(3) 约定的经停地点(Stopping Places);但承运人保留在必要时变更经停地点的权利,承运人行使这种权利时,不应使运输由于这种变更而丧失其国际性质。

(4) 托运人的名称和地址。

(5) 第一承运人的名称和地址。

(6) 必要时应写明收货人的名称和地址。

(7) 货物的性质。

(8) 包装件数、包装方式、特殊标志或号权。

(9) 货物的重量、数量、体积或尺寸。

(10) 货物和包装的外表情况。

(11) 如果运费已经议定,应写明运费金额、付费日期和地点以及付费人。

(12) 如果是交货时付款,应写明货物的价格,必要时还应写明应付的费用。

(13) 货物价值的申报。

(14) 空运提单的份数。

(15) 随同空运提单交给承运人的文件。

(16) 如果经过约定,应写明运输期限,并概要说明经过的路线。

(17) 声明运输应受本公约所规定责任规则的约束。

在上述事项中,最重要、最基本的是第(1)~(9)项和第(17)项。《华沙公约》第 9 条规定,如果空运提单上未包括这些最基本的事项,承运人就无权引用本公约关于免除或限制承运人责任的规定。

然而,《海牙议定书》却只着重强调空运提单上应载有:① 起运地和目的地的注明;② 如起运地和目的地均在同一缔约国领土内,而在另一国有一个或数个约定的经停地点时,注明至少一个这种经停地点;③ 对声明托运人:如运输的最终目的地点或经停地点不在起运地所在国家内时,华沙公约可以适用于该项运输,且该公约规范并在一般情况下限制承运人对货物灭失或毁损所负的责任(《海牙议定书》第六条)。

以上两公约规定应记载事项,通常都在空运提单正面记载。

空运提单正本的背面,通常均附有一条关于运输受何公约责任规则限制的声明条款,即"Notice Concerning Carrier's Limitation Liability"。这个条款很重要,它声明承运人按有关公约所承担的最高赔偿责任限额。如果承运人企图在这项声明条款中免除自己的责任,或订出一个低于有关国际公约所规定责任限额的条款,则这种条款都属无效,但运输契约仍然要受有关公约的约束,契约并不因而失效。其次,在空运提单正本的背面还附有"运输条款"(Conditions of Carriage)用以规范当事人的权利和义务。此项运输条款,如承运人属 IATA 会员,则通常即为 IATA Conditions。

4.3.2　国际航空货物运费

1. 计费重量

在实际计算一笔航空货物运输费用时,要考虑货物的计费重量,有关的运价和费用以及货物声明价值。其中,计费重量是按实际重量和体积重量两者之中较高的一个计算。也就是说,在货物体积小,重量大时,以实际重量作为计费重量;在货物体积大,重量轻的情况下,就以货物的体积重量作为计费重量。

1) 实际重量

实际重量是指一批货物包括包装在内的实际总重量。凡重量大而体积相对小的货物用实际重量作为计费重量。具体计算时,重量不足 0.5 公斤的按 0.5 公斤计;0.5 公斤以上不足 1 公斤的按 1 公斤计;不足 1 磅的按 1 磅计算。

2) 体积重量

体积重量对于货物体积大而重量相对小的称为轻泡货物,其计算方法如下:

(1) 分别量出货物的最长、最宽和最高的部分,三者相乘算出体积(尾数四舍五入)。

(2) 将体积折算成公斤(或磅)。国际航空货物运输组织规定在计算体积重量时,以 7 000 立方厘米折合为 1 公斤,我国民航则规定以 6 000 立方厘米折合为 1 公斤,作为计算标准。

2. 航空货物公布直达运价

承运人为运输货物对规定的重量单位(或体积)收取的费用称为运价(RATES)。运价指机场与机场(Airport to Airport)间的空中费用,不包括承运人,代理人或机场收取的其他费用。

根据适用运价计得的发货人或收货人应当支付的每批货物的运输费用称为运费(Transportation Charges)。

1) 航空运输区划

考虑到世界上各个不同地区的社会经济、贸易等情况,国际航空运输协会将世界各地划分为三个区域,即通常所说的航协区(IATA Traffic Conference Areas)。航空公司按国际航空运输协会所制定的三个区划费率收取国际航空运费。

一区:主要指南、北美洲及格陵兰等;

二区:主要指欧洲、非洲、伊朗等;

三区:主要指亚洲、澳大利亚、新西兰等。

2) 公布直达运价

公布的直达运价指航空公司在运价本上直接注明承运人对由甲地运至乙地的货物

收取的一定金额。

公布直达运价的种类有：

（1）特种货物运价（Specific Commodity Rates,SCR）。特种货物运价通常是承运人根据在某一航线上经常运输某一种类货物的托运人的请求或为促进某地区间某一种类货物的运输,经国际航空运输协会同意所提供的优惠运价。

国际航空运输协会公布特种货物运价时将货物划分为以下类型：

0001－0999 食用动物和植物产品；

1000－1999 活动物和非食用动物及植物产品；

2000－2999 纺织品、纤维及其制品；

3000－3999 金属及其制品,但不包括机械、车辆和电器设备；

4000－4999 机械、车辆和电器设备；

5000－5999 非金属矿物质及其制品；

6000－6999 化工品及相关产品；

7000－7999 纸张、芦苇、橡胶和木材制品；

8000－8999 科学、精密仪器、器械及配件；

9000－9999 其他货物。

其中每一组又细分为10个小组,每个小组再细分,几乎所有的商品都有一个对应的组号,公布特种货物运价时只要指出本运价适用于哪一组货物就可以了。

因为承运人制定特种运价的初衷主要是使运价更具竞争力,吸引更多客户使用航空货运形式,使航空公司的运力得到更充分的利用,所以特种货物运价比普通货物运价要低。也因此适用特种运价的货物除了满足航线和货物种类的要求外,还必须达到承运人所规定的起码运量（如100公斤）。如果货量不足,而托运人又希望适用特种运价,那么货物的计费重量就要以所规定的最低运量（100公斤）为准,该批货物的运费就是计费重量（在此是最低运量）与所适用的特种货物运价的乘积。

（2）等级货物运价（Class Rates or Commodity Classification Rates,CCR）。等级货物运价指适用于指定地区内部或地区之间的少数货物运输。通常表示为在普通货物运价的基础上增加或减少一定的百分比。

适用等级货物运价的货物通常有：

① 活动物、活动物的集装箱和笼子；

② 贵重物品；

③ 尸体或骨灰；

④ 报纸、杂志、期刊、书籍、商品目录、盲人和聋哑人专用设备和书籍等出版物；

⑤ 作为货物托运的行李。

其中,①～③项通常在普通货物运价基础上增加一定百分比;④～⑤项在普通货物运价的基础上减少一定百分比。

（3）普通货物运价（General Cargo Rates,GCR）。普通货物运价是适用最为广泛的一种运价。当一批货物不能适用特种货物运价,也不属于等级货物时,就应该适用普通货物运价。

通常,各航空公司公布的普通货物运价针对所承运货物数量的不同规定几个计费重量分界点(Breakpoints)。最常见的是 45 公斤分界点,将货物分为 45 公斤以下的货物(该种运价又被称为标准普通货物运价,即 Normal General Cargo Rates 或简称 N)和 45 公斤以上(不含 45 公斤)的货物。另外,根据航线货流量的不同还可以规定 100公斤、300 公斤分界点,甚至更多。运价的数额随运输货量的增加而降低,这也是航空运价的显著特点之一。

由于对大运量货物提供较低的运价,我们很容易发现对一件 75 公斤的货物,按照45 公斤以上货物的运价计算的运费为 736.50 英磅(=9.82×75)反而高于一件 100 公斤货物所应付的运费为 714.00 英磅(=7.14×100)。显然这有些不合理。因此航空公司又规定对航空运输的货物除了要比较其实际的毛重和体积重量并以高的为计费重量以外,如果适用较高的计费重量分界点计算出的运费更低,则也可适用较高的计费重量分界点的费率,此时货物的计费重量为那个较高的计费重量分界点的最低运量。也就是说,在上边的例子中,这件 75 公斤的货物也可以适用每公斤 7.14 英镑的费率,但货物的计费重量此时应该是 100 公斤,这费额为 714 英镑。

(4) 起码运费(Minimum Charges,代号为 M)。起码运费是航空公司承运一批货物所能接受的最低运费,不论货物的重量或体积大小,在两点之间运输一批货物应收的最低金额。它是航空公司在考虑办理一批货物,即使是一笔很小的货物,所必须产生的固定费用而制定的,当货物运价少于起码运费时,就要收起码运费。

不同的国家和地区有不同的起码运费。中国民航的起码运费是按货物从始发港到目的港之间的普通货物运价 5 公斤运费为基础,或根据民航和其他国家航空公司洽谈统一的起码运费率征收的。

航空货运中除以上介绍的四种公布的直达运价外,还有一种特殊的运价,即成组货物运价(United Consignment ULD,Unit Load Devices)适用于托盘或集装箱货物。

使用公布的直达运价,应注意以下几点:

(1) 除起码运费外,公布的直达运价都以公斤或磅为单位。

(2) 航空运费计算时,应首先适用特种货物运价,其次等级货物运价,最后是普通货物运价。

(3) 如按特种货物运价或等级货物运价或普通货物运价计算的货物运费总额低于所规定的起码运费时,按起码运费计收。

(4) 承运货物的计费重量可以是货物的实际重量或者是体积重量,以高者为准;如果某一运价要求有最低运量,而无论货物的实际重量或者是体积重量都不能达到要求时,以最低运量为计费重量。

(5) 公布的直达运价是一个机场至另一个机场的运价,而且只适用于单一方向。

(6) 公布的直达运价仅指基本运费,不包含仓储等附加费。

(7) 原则上,公布的直达运价与飞机飞行的路线无关,但可能因承运人选择的航路不同而受到影响。

（8）运价的货币单位一般以起运地当地货币单位为准，费率以承运人或其授权代理人签发空运单的时间为准。

3）航空附加费

（1）声明价值费。与海运或铁路运输的承运人相似，航空承运人也要求将自己对货方的责任限制在一定的范围内，以限制经营风险。

《华沙公约》中对由于承运人自身的疏忽或故意造成的货物的灭失、损坏或延迟规定了最高赔偿责任限额，这一金额一般被理解为每公斤 20 美元或每磅 9.07 美元或其他等值货币。如果货物的价值超过了上述值，即增加了承运人的责任，承运人要收取声明价值费。否则即使出现更多的损失，承运人对超出的部分也不承担赔偿责任。

货物的声明价值是针对整件货物而言，不允许对货物的某部分声明价值。声明价值费的收取依据货物的实际毛重，计算公式为：

$$声明价值费＝（货物价值－货物毛重×20 美元/公斤）×声明价值费费率$$

声明价值费的费率通常为 0.5%。大多数的航空公司在规定声明价值费率的同时还要规定声明价值费的最低收费标准。如果根据上述公式计算出来的声明价值费低于航空公司的最低标准，则托运人要按照航空公司的最低标准缴纳声明价值费。

（2）货到付款劳务费。货到付款是由承运人接受发货人的委托，在货物到达目的地后交给收货人的同时，代为收回运单上规定的金额，承运人则按货到付款金额收取规定的劳务费用。

货到付款劳务费和其他附加费包括制单费、提货费等，一般只有在承运人或航空货运代理人或集中托运人提供服务时才收取。

4.3.3 国际航空进口货物运输的流程

国际航空货物运输的进口业务流程就其流程的环节主要包含两大部分：航空公司进港货物的操作程序和航空货物进口运输代理业务程序。

1. 航空公司进港货物的操作程序

航空公司进港货物的操作程序是指从飞机到达目的地机场，承运人把货物卸下飞机直到交给代理人的整个操作流程。该流程包括：① 进港航班预报；② 办理货物海关监管；③ 分单业务，其中，联程货运单交货物中转部门；④ 核对货运单和运输舱单；⑤ 制作国际进口货物航班交接单；⑥ 货物交接。

2. 航空货物进口运输代理业务程序

航空货物进口运输代理业务程序包括代理预报；承接运单与货物；货物仓储；整理运单；发出到货通知；进口报关；收费与发货；送货上门及货物转运等业务内容。其中，对于交接运单与货物、收费与发货等业务，航空公司有关部门业务人员应重点做好下列工作：

（1）交接运单与货物。航空公司的地面代理公司向货物代理公司交接的有：国际货物交接清单；主货运单、随机文件；货物。

（2）收取费用与发放货物。① 对于分批到达货物，待货物全部到齐后，方可通知货主提货。如果部分货物到达，货主要求提货，有关货运部门则收回原提货单，出具分批到达提货单，待后续货物到达后，再通知货主再次提取。② 属于航空公司责任的破损、短缺，应由航空公司签发商务记录。③ 属于货物运输代理公司责任的破损、短缺，应由该代理公司签发商务记录。④ 对于属于货物运输代理公司责任的货物破损事项，应尽可能协同货主、商检单位立即在仓库做商品检验，确定货损程度，避免后续运输中加剧货物损坏程度。

（3）收取费用。货物运输代理公司在发放货物前，应先将有关费用收齐。收费内容包括：① 到付运费及垫付款、垫付费；② 单证、报关费；③ 海关、动植检、卫检报验等代收代付费用；④ 仓储费等。

4.3.4　国际航空出口货物运输的流程

国际航空货物运输的出口业务流程是指从托运人委托运输货物到航空承运人将货物装上飞机的货物流、信息流的运输组织与控制管理的全过程。

一般来讲，托运人采用委托航空运输代理人运输或直接委托航空公司运输两种方式。因此，国际货物运输的出口业务流程包括航空货物出口运输代理业务程序和航空公司出港货物的业务操作程序两个环节。

1. 航空货物出口运输代理业务程序

航空货物出口运输代理业务程序由以下若干环节构成：接受托运人委托运输；审核单证；接收货物；填制货运单；拴挂标签；预配、预订舱位；出口报关；出仓单提箱、装板；签单、交接发运；航班跟踪信息服务；费用结算。

航空公司根据实际情况安排航班和舱位。航空公司舱位销售的原则：① 保证有固定舱位配额的货物；② 保证邮件、快件舱位；③ 优先预定运价较高的货物舱位；④ 保留一定的零散货物舱位；⑤ 未订舱的货物按交运时间的先后顺序安排舱位。

订舱后，航空公司签发舱位确认书（舱单），同时给予装货集装器领取凭证，以表示舱位订妥。

2. 航空公司出港货物的操作程序

航空公司出港货物的操作程序是指自代理人将货物交给航空公司，直到货物装上飞机的整个业务操作流程。航空公司出港货物的操作程序分为以下主要环节：

（1）预审（Cargo Booking Advance，CBA），CBA 即国际货物订舱单。

（2）整理货物单据，主要包括已入库的大宗货物、现场收运的货物、中转的散货等三个方面的单据。

（3）货物过磅、入库。

（4）货物出港，对于货物出港环节，重点处理好制作舱单及转运舱单的业务。

① 货运舱单（Cargo Manifest）。货运舱单是每一架飞机所装载货物、邮件的运输凭证清单，是每一航班总申报单的附件，是向出境国、入境国海关申报飞机所载货物情

况的证明文件,也是承运人之间结算航空运费的重要凭证之一。

② 货物转港舱单(Cargo Transfer Manifest,CTM)。货物转港舱单由交运承运人填写,是货物交运承运人和货物接运承运人之间交接货物的重要运输凭证,也是承运人之间结算航空运费的重要凭证之一。

4.4 国际航空货物运输组织与公约

4.4.1 国际航空运输组织

目前,与航空运输有密切关系的国际性组织机构,包括政府组织和非政府组织(即民间机构),主要形成了三大航空运输组织。

1. 国际民用航空组织

国际民用航空组织(International Civil Aviation Organization,ICAO)是政府间的国际航空机构,成立于 1947 年 4 月 4 日,总部设在加拿大的蒙特利尔。它是根据 1944 年芝加哥国际民用航空公约设立的,是联合国所属专门机构之一。1974 年我国正式加入该组织成为其成员国,也是理事国之一。

国际民用航空组织的宗旨和目的是发展国际航空的原则和技术,并促进国际航空运输的规划和发展,以保证国际民用航空的安全和秩序。主要包括以下几个方面:

(1) 保证全世界国际民用航空安全地和有秩序地发展。

(2) 鼓励为和平用途的航空器的设计和操作技术。

(3) 鼓励发展国际民用航空应用的航路、机场和航行设施。

(4) 满足世界人民对安全、正常、有效和经济的航空运输的需要。

(5) 防止因不合理的竞争造成经济上的浪费。

(6) 保证缔约各国的权利充分受到尊重,每缔约国均有经营国际空运企业的公平的机会。

(7) 避免缔约各国之间的差别待遇。

(8) 促进国际航行的飞行安全。

(9) 普遍促进国际民用航空在各方面的发展。

2. 国际航空运输协会

国际航空运输协会,(International Air Transport Association,IATA,以下简称国际航协)是各国航空运输企业之间的组织。会员必须是国际民用航空组织成员国的空运企业,包括全世界一百多个国家中经营国际、国内定期航班的航空公司。我国的中国国际航空公司、东方航空公司等多家航空公司近年来也陆续加入了国际航协,成为其正式会员。

国际航协于 1945 年 4 月 16 日在古巴哈瓦那成立,目前下设公共关系、法律、技术、运输、财务、政府和行业事务六个部门。其主要宗旨包括以下几个方面:

（1）促进安全、正常和经济的航空运输以造福于世界各族人民，培植航空商业并研究与其有关的问题。

（2）为直接或间接从事国际航空运输服务的各航空运输企业提供协作的途径。

（3）促进与国际民航组织及其他国际组织合作。

3.国际货物发运人协会

国际货物发运人协会（The International Federation of Freight Forwarders Association，FIATA）成立于 1926 年。它的会员不仅限于货代代理企业，还包括海关、船舶代理、空运代理、仓库业和汽车运输业等，因为这些部门都是国际运输的一部分。现在 FIATA 已有 50 多个正式会员和 1 000 个以上的联系会员，它的业务活动遍及世界上 125 个国家的从事运输工作的 3 500 个公司。它本身不是一个营利性质的组织，它的任务是协助各国的货运代理组织和同行业联合起来，在各种国际会议中代表货物发运人的利益。FIATA 下设十个技术委员会，其中之一为航空学会。它的主要任务是促进和维护货运代理在航空货运方面的利益以及协调在世界范围内各国货运代理协会的活动。

4.4.2　国际航空运输公约

1.《华沙公约》

《华沙公约》的全称为《统一国际航空运输若干规则公约》（*Convention for the Unification of Certain Uleselating to International Carriage by Air*）。1929 年 10 月 12 日，德国、英国、法国、瑞典、前苏联、日本等 23 个国家在华沙签订，简称《华沙公约》。该公约是国际上第一部重要的航空私法，也是目前为止世界上大多数国家接受的航空公约。它规定了以航空承运人为一方和以旅客、货物托运人、收货人为另一方的航空运输合同双方的权利义务关系，确定了国际航空运输的一些基本原则。该公约于 1933 年 2 月 13 日生效，我国于 1958 年 10 月 18 日加入了该公约。

1）公约的适用范围

《华沙公约》适用于国际航空运输，即"其出发地和目的地处在两个缔约国的领土内，或在一个缔约国的领土内，而在另一个缔约国或非缔约国的主权、宗主权、委任统治权或权力管辖下的领土内有一个约定的经停地点的任何运输"。

2）承运人的责任期间

公约规定承运人的责任期间包括行李或货物在承运人保管下的期间，不论是在航空站内、在航空器上或在航空站外降落的任何地点。航空运输的期间不包括在航空站以外的任何陆运、海运或河运。但是如果这种运输是为了履行空运的契约，是为了装货、交货或转运，任何损失应该被认为是在航空运输期间发生事故的结果，除非有相反的证据。

3）承运人的责任基础

公约规定了承运人的推定过失责任，适用举证责任倒置，同时规定在下列情况下，承运人可以免除或减轻责任:证明承运人及其代理人为了避免损失的发生,已经采取一切必要的措施,或不可能采取这种措施;证明损失的发生是由于驾驶上、航空器的操作上或领航上的过失,而在其他一切方面承运人和其代理人已经采取一切必要的措施以避免损失;证明损失的发生是由于受害人的过失所引起或造成的。

4) 承运人的赔偿责任限制

公约规定承运人对货物的责任以每公斤 250 法郎为限,除非托运人在交运时,曾特别声明货物运到后的价值,并缴付必要的附加费。"如果损失的发生是由于承运人或其代理人有意的不良行为,或由于承运人或其代理人的过失,而根据受理法院的法律,这种过失被认为等于有意的不良行为,承运人就无权引用公约关于免除或限制承运人责任的规定。"

5) 货物灭失、损坏或迟延交付的通知、诉讼时效

收货人在收受货物时没有异议,就被认为货物已经完好地交付并符合运输凭证的初步证据。如果发现货物有损失,则最迟应该在货物收到后 7 日内向承运人提出异议。如果是迟延交付,则最迟应该在货物交由收货人支配之日起 14 日内提出异议。以上任何异议应该在规定期限内写在运输凭证上或另以书面提出,否则就不能向承运人起诉,但承运人方面有欺诈行为的不在此限。诉讼应该在航空器到达目的地之日起,或应该到达之日起,或从运输停止之日起 2 年内提出,否则丧失追诉权。

6) 管辖权

公约规定,要求赔偿损失的诉讼,应由原告选择,在一个缔约国领土内,向承运人住所地或主要营业所所在地或其签订合同的机构所在地法院提出,或向目的地法院提出。

2.《海牙议定书》

《海牙议定书》全称为《修订 1929 年 10 月 12 日在华沙签订的统一国际航空运输若干规则公约的议定书》(*Protocol to Amend the Convention for the Unification of Certain Rules Relating to International Carriage by Air*, *signed at Warsaw on 12 Oct. 1929*)。本议定书在 1955 年 9 月 28 日于海牙制定,所以简称为《1955 年海牙议定书》(*The Hague Protocol*, *1955*),也有人称为《华沙公约修订本》(*The Amended Warsaw Convention*)。自 1963 年 8 月 1 日起生效,至目前已有将近 100 个国家成为会员国。随着国际航空事业的发展,人们发现华沙公约的部分内容已不能适应时代的需要,尤其是对旅客伤亡的责任限制太宽,所以各国代表于 1955 年在海牙召开会议,就责任限制、运输单证的项目、航行过失免责及索赔期限等事项,对华沙公约做了修改。内容基本如下:

(1) 修改了公约的适用范围,删去了公约中一些过时的政治用语,但实质上并没有对适用范围做出任何变动。

(2) 规定以航空货运单代替原有的航空托运单,但原公约中关于航空托运单的一切规定均适用于按本议定书所使用的航空货运单。

(3) 在承运人的责任方面,一是删除了驾驶上、航空器的操作上或领航上的过失免责条款,加大了承运人的责任;二是当损失是由于承运人代理人之一在其职务范围内所

造成时,将原公约中承运人无权援引责任限制的规定改为仍有权享受责任限制。

（4）放宽了原公约中提出异议的时间,对货物损失由 7 日延长为 14 日,对迟延交货由 14 日延长为 21 日。

3.《瓜达拉哈拉公约》

《瓜达拉哈拉公约》的全称是《统一非订约承运人所从事国际航空运输若干规则以补充华沙公约的公约》(*Convention Supplementary to the Warsaw Convention, for the Unification of Certain Rules to International Carriage by Air Performed by a Person Other Than the Contracting Carrier*)。航空事业的发展不断带来法律上的新问题,尤其是包机、租机所引起的缔约承运人非实际承运人的问题逐渐引起了人们的重视。因此,1961 年 9 月 18 日又签订了一份《统一有关非缔约承运人所办国际航空运输某些规则以补充华沙公约的公约》,又称《瓜达拉哈拉公约》。该公约于 1964 年 5 月 1 日生效,我国未参加。其内容是对《华沙公约》做出补充而非修改,主要是使缔约承运人同实际承运人一样受《华沙公约》的制约。总体来看,《华沙公约》的签订,为了适应国际航空运输的发展变化,先后七次对其进行了相应的修改和补充,形成了一个以《华沙公约》为基础的国际航空私法体系,称为华沙体系。目前,在华沙体系中已经生效的只有以上介绍的《华沙公约》、《海牙议定书》和《瓜达拉哈拉公约》,其中后两者都是对《华沙公约》的修改和补充,因此国际航空运输方面的法律在很大程度上达到了一致,但同时上述三个法律文件又是互相独立的,每个国家可以加入其中的一个公约或几个公约,这样带来的一个负面影响就是华沙体系的复杂和支离破碎,违背了制定国际航空运输公约的初衷。

4.《蒙特利尔公约》

为了解决华沙体系中存在的问题,1997 年 11 月国际民用航空组织理事会成立了专门小组,并最终于 1999 年 5 月 28 日在蒙特利尔通过了与 1929 年《华沙公约》同名的《统一国际航空运输某些规则的公约》,又称《蒙特利尔公约》。该公约最大限度地保证了运输双方当事人之间的利益平衡。该公约于 2003 年 11 月 4 日生效,目前已有 61 个成员国。我国于 2005 年 7 月 31 日加入该公约,按照公约的规定,其在适用上优先于国际航空运输的其他任何规则。公约主要内容如下:

1) 公约的适用范围

"根据当事人所订立的合同,不论在运输中有无间断或者转运,其出发地和目的地位于两缔约国内,或者在一个缔约国领土内,而在另一国领土内有一个约定的经停点的任何运输,即使该国为非当事国",均适用本公约。

2) 承运人的责任期间

承运人对货物处于其掌管之下的期间内发生的事件造成的损失承担责任,"不包括机场外履行的任何陆路、海上或者内河运输过程。但是此种运输是在履行航空运输合同时为了装载、交付或者转运而办理的,在没有相反证明的情况下,所发生的任何损失推定为在航空运输期间发生的事件造成的损失。此外,承运人未经托运人同意,以其他运输方式代替当事人各方在合同中约定采用航空运输方式的全部或者部分运输的,此项以其他方式履行的运输视为在航空运输期间"。

3)承运人的责任基础

公约规定了货物运输承运人的严格责任制。但是,对于货物的固有缺陷、包装不良、战争行为或者武装冲突、公共当局实施的与货物入境、出境或者过境有关的行为等造成的货物灭失、损坏,承运人不承担责任。对于承运人证明本人及其受雇人、代理人为了避免损失的发生,已经采取一切合理措施或者不可能采取此种措施的,承运人对因延误引起的损失也不承担责任。

4)承运人的赔偿责任限制

承运人对货物灭失、损坏或迟延的责任,以每公斤 17 特别提款权为限,除非托运人在交运货物时特别声明在目的地交付时的利益,并在必要时支付附加费。在此种情况下,除承运人证明托运人声明的金额高于在目的地交付时托运人的实际利益外,承运人在声明金额范围内承担责任。

5)货物灭失、损坏或迟延交付的通知、诉讼时效

货物发生损失的,有权提取货物的人至迟自收到货物之日起 14 日内;发生迟延的,至迟自货物交付收货人处置之日起 21 日内以书面形式提出异议,否则视为货物已在良好状况下并在与运输凭证相符的情况下交付的初步证据。除承运人一方有欺诈外,在以上规定的期间内未提出异议的,不得向承运人提起诉讼。

公约规定诉讼时效为"自航空器到达目的地之日、应当到达目的地之日或者运输终止之日起的 2 年期间"。

6)管辖权

损害赔偿诉讼必须在一个当事国的领土内,由原告选择,向承运人住所地、主要营业地或者订立合同的营业地的法院,或者向目的地的法院提起。

本章小结

1. 内容要点

航空货物运输是国际贸易货物运输的主要方式之一,本章主要从国际航空货物运输的特点、作用、航空运输设备等方面阐述了国际航空货物运输的概念;从班机运输、包机运输、集中托运、联合运输、航空快递等方面来具体说明国际航空货物运输方式;从国际航空货物运输的运单分类及运价等方面来说明国际航空货物运输的业务流程。

通过本章学习应掌握的内容具体包括:航空货物运输的发展概况及有关航空货物运输的基本知识;重点掌握航空货物运输的主要方式及各自的特点;明确航空运单的性质、作用及种类,能够利用航空货物运输公布的直达运价计算航空货物的运输费用;能够运用国际航空运输公约解决有关国际航空货物运输中的争端问题。

2. 内容结构图

国际航空货物运输

- 国际航空货物运输概述
  - 国际航空货物运输的特点
  - 国际航空货物运输的作用
  - 航空运输的设备
- 国际航空货物运输的方式
  - 班机运输
  - 包机运输
  - 集中托运
  - 联合运输
  - 航空快递
- 国际航空货物运输的业务流程
  - 国际航空货物运单
  - 国际航空货物运费

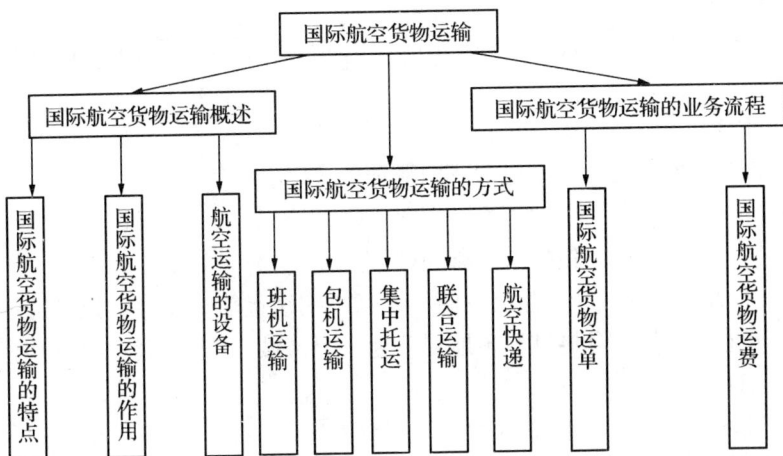

主要概念和重点实务

一、主要概念

1. 航线

2. 航空器

3. 班机运输

4. 集中托运

5. 航空运单

6. 公布直达运价

二、重点实务

1. 航空货物运输运费的核算

2. 国际航空货物运输的进出口货运程序

3. 集中托运的具体做法

4. 公布直达运价的种类和用途

5. 航空运单的填制

习题与训练

一、名词解释

1. 班机运输

2. 集中托运

3. 航空运单

4. 计费重量

5. 国际航空运输协会(IATA)

二、单选题

1. (　　)年11月2日,中国民用航空局成立,揭开了我国民航事业发展的新篇章。

    A. 1949　　　　B. 1945　　　　C. 1948　　　　D. 1951

2. 航空货物运输的设备不包括下面哪项(　　)。

    A. 航线　　　　B. 航空港　　　C. 航空器　　　D. 航空人员

3. 集中托运的特点不包括下面哪项(　　)。

    A. 节省运费　　B. 提供方便　　C. 缩短运输时间　D. 提早结汇

4. 国际航空运输协会将世界各地划分为三个区域,其中三区主要是指:亚洲、澳大利亚、(　　)等。

    A. 非洲　　　　B. 新西兰　　　C. 欧洲　　　　D. 南美洲

5. 国际民用航空组织是政府间的国际航空机构,成立于1947年4月4日,总部设在(　　)。

    A. 蒙特利尔　　B. 华盛顿　　　C. 伦敦　　　　D. 莫斯科

三、多选题

1. 国际航空货物运输的主要特征有(　　)。

    A. 运送速度快

    B. 安全、准确

    C. 可节约包装、保险、利息等费用

    D. 不受地面条件影响,可深入内陆地区

2. 国际航协于1945年4月16日在古巴哈瓦那成立,目前下设公共关系、法律、技术、(　　)等部门。

    A. 安全　　　　B. 运输　　　　C. 财务　　　　D. 政府和行业事务

    E. 税务

3. 公布直达运价的种类有:特种货物运价、(　　)、等级货物运价。

    A. 一般货物运价 B. 普通货物运价 C. 起始运价　　D. 起码运价

4. 以下运输单据不具有物权凭证性质的有(　　)。

    A. 海运提单　　B. 集装箱提单　C. 装箱单　　　D. 航空运单

    E. 承运货物收据

四、简答题

1. 简述国际航空货物运输的特点。

2. 简述国际航空货物运输的作用。

3. 简述国际航空货物运输的方式。

五、实训题

实训名称:我国航空运输业发展市场调研。

实训目标:(1) 了解我国主要国际航线的货运条件(以某空港为背景);

(2) 我国航空业发展规划及经营状况,与发达国家的差距;

(3) 航空货运目前存在的问题及解决对策;

(4) 航空运输业在国民经济的作用。

实训场所:某机场或学院模拟实验室

调研项目:(1) 货运飞机机型;

(2) 进出港作业流程;

(3) 世界主要空港设备设施及机场集疏情况;

(4) 各种国际公约;

(5) 空运保险;

(6) 运输单据;

(7) 提供主要航空线图表及运营情况表;

(8) 费率表和有关规则。

实训步骤:(1) 6~8 人为一组,选出组长一名;

(2) 准备资料,国内外具有代表性的航空货运作业流程和货运代理流程;

(3) 某货主国际航空运输背景资料和数据;

(4) 每小组根据给定资料进行分析,找出国内航空货运的差距和问题,并提出解决办法。

评分标准:(1) 航空货物运输操作流程是否完整;

(2) 单证填写是否规范;

(3) 航空运输运费计算方法和费率表应用;

(4) 保险合同、保费计算相关内容;

(5) 国际公约相关内容;

(6) 空港装卸工艺流程及集疏情况;

(7) 数据统计分析是否准确。

成果形式:写出航空运输业发展市场调研报告,题目自拟。

六、案例分析题

原告振华有限公司于 2015 年 7 月 20 日上午电话通知被告 UPS 公司揽货员,表明 7 月 21 日需快递一份文件到也门共和国参加投标。当日下午,被告交给原告一份 UPS 公司运单,让原告填写。该运单背面印有"华沙公约及其修改议定书完全适用于本运单"和"托运人同意本运单背面条款,并委托 UPS 公司为出口和清关代理"等字样。7 月 21 日上午,被告到原告处提取托运物标书,并在 UPS 公司收件代表签字处签名,表示认可。被告收到原告标书后,未在当天将标书送往上海虹桥机场报关。直至 7 月 23 日晚,被告才办完标书的出境手续。该标书 7 月 27 日到达目的地。原告得知标书未在授标截止日——7 月 26 日——前到达目的地后,于 7 月 27 日致函被告,要求查清此事并予答复。

请分析 UPS 公司是否应该负什么责任?

七、计算题

某公司出口一批货物 112 箱，每箱重 15 kg，尺寸为 40 cm×44 cm×60 cm，从上海运至墨西哥城，请计算空运运费。

M(Minimum，起码运费)：181 美元；

Q(指定运价，假定货物就是该指定商品编号的商品)：21.62 美元；

100 kg：18.82 美元；200 kg：15.35 美元；1 500 kg：15.07 美元；2 000 kg：14.60 美元。

第 5 章　国际公路、内河、管道和邮政货物运输

【知识目标】

    1. 掌握公路运输的概念、特点和作用；

    2. 掌握国际内河货物运输的特点和作用；

    3. 了解管道运输的特点；

    4. 了解国际邮政货物运输的特点。

【能力目标】

    1. 掌握国际公路货物运输的经营方式与业务流程；

    2. 熟悉《国际公路货物运输合同公约》和《国际公路车辆运输规定》的相关内容；

    3. 掌握各种运输方式所适应的地区和货物特性。

【引导案例】

集装箱公路联运案例分析

在铁路货物运输中，怎样有效地实现各集装箱办理站"门到门"运输，是实现铁路物流全过程运输的一个重要环节。德国铁路经过不断改革，探索出了一条集装箱公铁联运的运输方式。

德国铁路改革之初，已经把全德所有铁路货场出售给比利时的 ABX 公司。ABX 公司根据收购德铁货场的具体情况，对市场效益进行分析和重新商业运作，只有极少数货场仍然从事铁路业务，这标志着德国铁路货运几乎不存在与国内管理方式相同的铁路货场。个别铁路货场的公路运输业务由德铁斯廷思物流公司(Stinnes AG)的子公司辛克公司(Schenker AG)办理。德国有 4 500 条专用线和 1 600 个货运作业点，原德铁货场的货运业务现主要由这些专用线和货运点办理。为了抢占运输市场份额，失去铁路货场的德铁为专用线和货运点免费提供计算机和货运软件应用程序，免费维修与保养。

在德国，普通重载汽车空车(不含拖车)的造价是 7.5 万欧元左右，普通重载汽车拖车是 2.3 万至 3.9 万欧元，这种价格在德国也是比较贵的。所以，一家普通卡车公司拥有重载汽车数量不是很多，许多卡车公司只是拥有两三辆，和国内的个体运输户很相似。但也有较大的卡车公司，如不来梅的中立运输有限责任公司(简称 NTK)。该公司拥有 70 多辆卡车，但卡车的产权并不属于公司，公司只是将若干个拥有私人卡车的个体进行有效的整合与组织，并且购置一部分拖车，为每辆加入的卡车安装全球卫星定位系统(GPS)，以 NTK 的品牌为用户服务。这种方式可以提高品牌效应，提高竞争力。

案例思考：

从以上案例可以看出，公路运输是一种机动灵活、简捷方便的运输方式，在短途货物

集散运输上,它比铁路、航空运输具有更大的优越性,尤其在实现"门到门"的运输中,其重要性更为显著,铁路车站、水运港口码头和航空机场的货物集疏运输都离不开公路运输。

问题:如何组织公路运输? 应注意哪些问题?

(案例来源:http://info.jctrans.com/gongju/anlijingshi/2016322222219.shtml)

5.1 国际公路货物运输

公路运输(Road Transportation)是现代运输主要方式之一,同时,也是构成陆上运输的两个基本运输方式之一。

5.1.1 国际公路货物运输的概念、特点与作用

国际公路货物运输是指国际货物借助一定的运载工具,沿着公路做跨及两个或两个以上国家或地区的移动过程。

公路运输是一种机动灵活、简捷方便的运输方式,在短途货物集散运转上,它比铁路、航空运输具有更大的优越性,尤其在实现"门到门"的运输中,其重要性更为显著。尽管其他各种运输方式各有特点和优势,但或多或少都要依赖公路运输来完成最终两端的运输任务。例如,铁路车站、水运港口码头和航空机场的货物集疏运输都离不开公路运输。

但公路运输也具有一定的局限性,如载重量小,不适宜装载重件、大件货物、不适宜走长途运输;车辆运行中震动较大,易造成货损货差事故,同时,运输成本费用较水运和铁路为高。

目前,全世界机动车总数已达 4 亿多辆,全世界现代交通网中,公路线长占 2/3,约达 2 000 万公里,公路运输所完成的货运量占整个货运量的 80% 左右,货物周转量占10%。在一些工业发达国家,公路运输的货运量、周转量在各种运输方式中都名列前茅,公路运输已成为一个不可缺少的重要组成部分,它在整个运输领域中占有重要的地位,并发挥着越来越重要的作用:

(1) 公路运输的特点决定了它最适合于短途运输。它可以将两种或多种运输方式衔接起来,实现多种运输方式联合运输,做到进出口货物运输的"门到门"服务。

(2) 公路运输可以配合船舶、火车、飞机等运输工具完成运输的全过程,是港口、车站、机场集散货物的重要手段。尤其是鲜活商品、集港疏港抢运,公路运输往往能够起到其他运输方式难以起到的作用。可以说,其他运输方式往往要依赖汽车运输来最终完成两端的运输任务。

(3) 公路运输也是一种独立的运输体系,可以独立完成进出口货物运输的全过程。公路运输是欧洲大陆国家之间进出口货物运输的最重要的方式之一。我国的边境贸易运输、港澳货物运输,其中有相当一部分也是靠公路运输独立完成的。

(4) 集装箱货物通过公路运输实现国际多式联运。集装箱由交货点通过公路运到港口装船,或者相反。美国陆桥运输、我国内地通过香港的多式联运都可以通过公路运输来实现。

5.1.2　国际公路货物运输的设备

公路运输由公路和汽车两部分组成。

1. 公路

公路是指城市间、城乡间、乡村间主要供汽车行驶的公共道路,主要有路基、路面、桥梁、涵洞、隧道、公路渡口、防护及支撑工程、公路用土地及公路附属设施组成。

公路可以从不同角度进行分类。按行政等级可分为国家公路、省公路、县公路和乡公路(简称为国、省、乡道)以及专用公路五个等级。一般把国道和省道称为干线,县道和乡道称为支线。按使用任务、功能和适应的交通量分为高速公路、一级公路、二级公路、三级公路、四级公路五个等级。

2. 汽车

汽车是从事公路运输的最基本的工具。从事货物运输的车辆按用途一般可分为载货汽车、专用运输车辆、特种车、牵引车和挂车等。当前,汽车运输发展的总趋势是大型化、专门化和列车化。

5.1.3　国际公路货物运输的经营方式与业务流程

在市场经济条件下,公路运输的组织形式一般有以下几种类别。

1. 公共运输业

公共运输业(Common Carrier)的企业专业经营汽车货物运输业务并以整个社会为服务对象,其经营方式有:

(1) 定期定线。不论货载多少,在固定路线上按时间表行驶。

(2) 定线不定期。在固定路线上视货载情况,派车行驶。

(3) 定区不定期。在固定的区域内根据货载需要,派车行驶。

2. 契约运输业

契约运输业(Contract Carrier)是指按照承托双方签订的运输契约运送货物。与之签订契约的一般都是一些大的工矿企业,常年运量较大而又较稳定。契约期限一般都比较长,短的有半年、一年,长的可达数年。按契约规定,托运人保证提供一定的货运量,承运人保证提供所需的运力。

3. 自用运输业

自用运输业(Private Operator)是指工厂、企业、机关自置汽车,专为运送自己的物资和产品,一般不对外营业。

4. 汽车货运代理

汽车货运代理(Freight Forwarder)本身既不掌握货源也不掌握运输工具,以中间人身份一面向货主揽货,一面向运输公司托运,借此收取手续费用和佣金。有的汽车货运代理专门从事向货主揽取零星货载,加以归纳集中成为整车货物,然后自己以托运人名义向运输公司托运,赚取零担和整车货物运费之间的差额。

5.1.4 国际公路货物运输的公约与协定

为了统一公路运输所使用的单证和承运人的责任,联合国所属欧洲经济委员会负责草拟了《国际公路货物运输合同公约》,简称CMR,并在1956年5月19日在日内瓦欧洲17个国家参加的会议上一致通过签订。该公约共有十二章五十一条,就适用范围、承运人责任、合同的签订与履行、索赔和诉讼以及连续承运人履行合同等做了较为详细的规定。

此外,为了有利于开展集装箱联合运输,使集装箱能原封不动地通过经由国,联合国所属欧洲经济委员会成员国之间于1956年缔结了关于集装箱的关税协定。参加该协定的签字国,有欧洲21个国家和欧洲以外的7个国家。协定的宗旨是相互间允许集装箱免税过境,在这个协定的基础上,根据欧洲经济委员会倡议,还缔结了"国际公路车辆运输规定"(Transport International Routier,TIR)。根据规则规定,对集装箱的公路运输承运人,如持有TIR手册,允许由发运地到达目的地,在海关签封下,中途可不受检查、不支付关税,也可不提供押金。这种TIR手册是由有关国家政府批准的运输团体发行,这些团体大都是参加国际公路联合会的成员,它们必须保证监督其所属运输企业遵守海关法规和其他规则。协定的正式名称是"根据TIR手册进行国际货物运输的有关关税协定"(Customs Convention on the International Transport of Goods under Cover of TIR Carnets)。

该协定有欧洲23个国家参加,并已从1960年开始实施。尽管上述公约和协定有地区性限制,但它们仍不失为当前国家公路运输的重要国际公约和协定,并对今后国际公路运输的发展具有一定影响。

5.2 国际内河货物运输

内河运输是水上运输的一个组成部分。它是内陆腹地和沿海地区的纽带,也是边疆地区与邻国边境河流的连接线,在现代化的运输中起着重要的辅助作用。

5.2.1 国际内河货物运输的概念、特点与作用

国际内河货物运输(Inland Water Transportation)就是使用船舶通过国际内江湖河川等天然或人工水道,运送货物的一种运输方式。

在人类历史上,内河运输是较早采用的一种运输方式。早期的内河运输都是单一船舶运输,早期在我国南方就存在,主要用于盐、茶叶、丝绸的货物运输。

19世纪中叶,开始采用拖带方法,内河运输量成倍增长,成为内河运输发展的一个重要里程碑。至20世纪,传统的拖带运输方式逐渐退出,代之兴起的是顶推运输方式。现代内河航道水流平稳,畅通宽直,吃水较深,一些大的内河可以容纳大型船舶航行,于是逐渐出现内河集装箱运输,使内河运输与海洋运输紧密衔接,加速船货周转,降低了

运输成本。

内河运输适宜装运大宗货物,如矿砂、粮食等。虽然内河水运受天然条件的限制并且存在运输时间较长、难以实现"门到门"运输等缺点,但其具有其他运输方式难以比拟的优点。

首先是土地资源占用少。近年来,在国家加强宏观调控政策要求下,对土地资源的集约化利用和严格审批成为公路、铁路建设的主要约束因素之一。内河水运利用天然形成的河道或历史形成的运河,除必要的码头作业设施外,几乎不占用土地资源,这对于我国推进建设节约型社会的战略具有重要而现实的意义,同时也为内河水运的发展带来前所未有的机遇。

其次是能源消费少。节约能源是目前及今后我国经济社会运行的主要约束因素之一,随着未来船舶大型化、航运运营组织水平的提高,以及船舶节能技术的不断应用,内河水运仍具有巨大的节能潜力。

再次是环境影响小。虽然内河船舶主要以燃油为动力并有一定的污染物排放,单就其承担的单位运输量排放水平而言远远少于公路运输,更没有道路机动车所造成的噪声污染和高事故率危害。

5.2.2　国际内河货物运输的设备

由于内河吃水浅、河道相对狭、弯道多等特点,内河运输使用的船舶的结构和要求与海上船舶有所不同。内河运输使用的船舶主要有以下四种。

1. 内河货船

内河货船是指本身带动力,并有货舱可供装货的船舶,这是内河运输的主要工具之一。

2. 拖船和推船

拖船和推船都是动力船,本身一般不装载货物,而起拖带和推动驳船的作用。目前,推船已逐渐取代拖船,而成为内河运输的主要发展方向。这是因为顶推法比拖带法具有阻力小、推力大、操纵性强的优越性。

3. 驳船

驳船(Barge)是指没有动力推进装置,无自航能力,靠机动船带动的船,主要用于客货运输。驳船可以单只或编列成队由拖船拖带或由推船顶推航行。其特点为设备简单、吃水浅、载货量大。驳船一般为非机动船,与拖船或顶推船组成驳船船队,可航行于狭窄水道和浅水航道,并可根据货物运输要求而随时编组,适合内河各港口之间的货物运输。少数增设了推进装置的驳船称为机动驳船。机动驳船具有一定的自航能力。

4. 河/海型船

这类船既可在内河,又可在沿海航行,现已发展成为一种独立的船型。在结构上除了吃水较浅外,基本上与沿海船相似,它的好处是可以河海直达。

5.3　国际管道货物运输

5.3.1　国际管道货物运输的概念与特点

1. 管道运输的概念

管道运输(Pipeline Transportation)是利用管道输送气体、液体和粉状固体的一种运输方式。其运输形式是靠物体在管道内顺着压力方向循序移动实现的,和其他运输方式的重要区别在于,管道设备是静止不动的。

管道运输是随着石油的生产而产生和发展的。它是一种特殊的运输方式,与普通货物的运输形态完全不同。普通货物运输是货物随着运输工具的移动,货物被运送到目的地,而管道运输的运输工具本身就是管道,是固定不动的,只是货物本身在管道内移动。换言之,它是运输通道和运输工具合二为一的一种专门运输方式。

管道运输是国民经济综合运输的重要组成部分之一,也是衡量一个国家的能源与运输业是否发达的特征之一。目前,长距离、大管径的输油气管道均由独立的运营管理企业来负责经营和管理。

2. 管道运输的发展

中国是世界上最早使用管道运输流体的国家,早在公元前200多年,古人已建造了用打通的竹管连接起来的管道,用于运送卤水。这可以说是现代管道运输的雏形。

现代管道运输始于19世纪中叶。1859年美国宾夕法尼亚州建成第一条原油输送管道,它的进一步发展则是从20世纪开始的。随着二次大战后石油工业的发展,管道的建设进入了一个新的阶段,各产油国竞相开始兴建大量石油及油气管道。20世纪60年代开始,输油管道的发展趋于采用大管径、长距离,并逐渐建成成品油输送的管网系统。

3. 管道运输的特点

管道运输相比较其他运输方式,特点明显:

(1) 运量大。一条输油管线可以源源不断地完成输送任务。根据其管径的大小不同,其每年的运输量可达数百万吨到几千万吨,甚至超过亿吨。

(2) 占地少。运输管道通常埋于地下,其占用的土地很少;运输系统的建设实践证明,运输管道埋藏于地下的部分占管道总长度的95%以上,因而占地很少,分别仅为公路的3%,铁路的10%左右,在交通运输规划系统中,优先考虑管道运输方案,对于节约土地资源,意义重大。

(3) 管道运输建设周期短、费用低。国内外交通运输系统建设的大量实践证明,管道运输系统的建设周期与相同运量的铁路建设周期相比,一般来说要短1/3以上。历史上,我国建设大庆至秦皇岛全长1 152公里的输油管道,仅用了23个月的时间,而若要建设一条同样运输量的铁路,至少需要3年时间。

（4）管道运输安全可靠、连续性强。由于石油天然气易燃、易爆、易挥发、易泄露，采用管道运输方式，既安全，又可以大大减少挥发损耗，同时由于泄露导致的对空气、水和土壤污染也可大大减少。也就是说，管道运输能较好地满足运输工程的绿色化要求。此外，由于管道基本埋藏于地下，其运输过程中受恶劣多变的气候条件影响小，可以确保运输系统长期稳定地运行。

（5）管道运输耗能少、成本低、效益好。发达国家采用管道运输石油，每吨千米的能耗不足铁路的 1/7，在大量运输时的运输成本与水运接近，因此在无水条件下，采用管道运输是一种最为节能的运输方式。管道运输是一种连续工程，运输系统不存在空载行程，因而系统的运输效率高。理论分析和实践经验已证明，管道口径越大，运输距离越远，运输量越大，运输成本就越低。以运输石油为例，管道运输、水路运输、铁路运输的运输成本之比为 1∶1∶1.7。

（6）灵活性差。管道运输不如其他运输方式（如汽车运输）灵活，除承运的货物比较单一外，它也不容随便扩展管线，实现"门到门"的运输服务。对一般用户来说，管道运输常常要与铁路运输或汽车运输、水路运输配合才能完成全程输送。此外由于运输量明显不足时，运输成本会显著地增大。

5.3.2　国际管道货物运输的种类

（1）管道按货物性能可分为固体管道（固体粉碎后加水成浆状）、气体管道、液体管道；按货物种类可分为原油管道、成品油管道、天然气管道、二氧化碳气管道、液化气管道、煤浆和其他矿浆管道等。管道的直径由 273 mm、377 mm、426 mm、529 mm、720 mm 不等，管径是决定输送能力的重要因素之一。

（2）管道运输就其铺设工程可分为架空管道、地面管道和地下管道，其中以地下管道应用最为普遍。视地形情况，一条管道也可能三者兼而有之。

（3）管道运输就其地理范围可分为：油矿至聚油塔或炼油厂，称为原油管道（Crude Oil Pipeline）；从炼油厂至海港或集散中心，称为成品油管道（Product Oil Pipeline）；从海港至海上浮筒，称为系泊管道（Buoy Oil Pipeline）。

（4）管道运输就其运输对象又可分为液体管道（Fluid Pipeline）、气体管道（Gas Pipeline）、水浆管道（Scurvy Pipeline）。

此外，管道运输同铁路运输、公路运输一样，也有干线和支线之分。

5.3.3　国际管道货物运输的经营管理

在西方国家，管道运输大都为大石油公司所占有和控制。为了垄断石油的产供销，这些公司均投资建设自己专用的管道，运输自己的产品，管道运输实际上已成为石油公司内部的运输部门，成为石油垄断组织的一个不可缺少的组成部分。

二战后，铁路兼营管道运输的现象逐渐增多，这是因为随着管道运输的迅速发展，铁路油罐车运输业务受到很大影响，为了寻找出路，提高竞争能力，挽回失去的货运量，有些铁路也投资建设石油管道，兼营管道运输业务。铁路兼营管道运输较其他单独经营管道运输具有有利条件:首先,铁路可在铁路沿线原有土地上铺设管道,不必投资另找土地;其次可以利用铁路原有人员和设备;第三可以解决铁路本身所需燃料。因此,可以收到投资少、成本低的良好经济效果。

管道运输由于管道路线和运输是固定的,所以运输费用计算比较简单。按油类不同品种规格规定不同费率。其计算标准多数以桶为单位,有的以吨为单位。此外,一般均规定每批最低托运量。

5.4 国际邮政货物运输

5.4.1 国际邮政货物运输的概念、特点与作用

邮政运输(Parcel Post Transport)是指通过邮局寄交进出口货物的一种运输方式。邮政运输比较简便,只要卖方根据买卖合同中双方约定的条件和邮局的有关规定,向邮局办理寄送包裹手续,付清邮费,取得收据,就完成交货任务。

国际邮政运输分为普通邮包和航空邮包两种,对每件邮包的重量和体积都有一定的限制。例如,一般规定每件长度不得超过 1 米,重量不得超过 20 公斤,但各国规定也不完全相同,可随时向邮局查问。邮政运输一般适合于量轻体小的货物,如精密仪器、机械零配件、药品、样品和各种生产上急需的物品。

国际邮政运输(International Parcel Post Transport)是国际贸易运输不可缺少的渠道。根据它的性质和任务,概括起来主要有以下几个特点。

1. 具有广泛的国际性

国际邮政是在国与国之间进行的,在多数情况下,国际邮件需要经过一个或几个国家经转。各国相互经转对方的国际邮件,在平等互利、相互协作配合的基础上,遵照国际邮政公约和协定的规定。为确保邮政运输安全、迅速、准确地传送,在办理邮政运输时,必须熟悉并严格遵守本国和国际邮政各项规定和制度。

2. 具有国际多式联运性质

国际邮政运输过程一般需要经过两个或两个以上国家的邮政局和两种或两种以上不同的运输方式的联合作业才能完成。但从邮政托运人角度来说,它只要向邮政局照章办理一次托运,一次付清足额邮资,并取得一张包裹收据(Parcel Post Receipt),全部手续即告完备。至于邮件运送、交接、保管、传递等一切事宜均由各国邮政局负责办理。邮件运抵目的地,收件人即可凭邮政局到件通知和收据向邮政局提取邮件。所以,国际邮政运输就其性质而论,是一种国际多式联合运输性质。

3. 具有"门到门"运输的性质

各国邮政局如星斗密布于全国各地,邮件一般可在当地就近向邮政局办理,邮件到达目的地后,收件人也可在当地就近邮政局提取邮件,所以邮政运输基本上可以说是"门到门"运输,它为邮件托运人和收件人提供了极大的方便。

但国际邮政运输与其他运输方式还是有所不同。国际邮政运输主要任务是通过国际邮件的传递，沟通和加强各国人民之间的通讯联系，促进相互间的政治、经济、文化交流。这与国际贸易大量货物运输在业务性质上是存在差别的。

国际邮政运输，对邮件重量和体积均有限制，如每件包裹重量不得超额 20 公斤，长度不得超过一公尺。所以邮政运输只适宜于重量轻、体积小的小商品，如精密仪器、机器零件、金银首饰、药品以及各种样品和零星物品等。

5.4.2　国际邮政货物运输的有关规定

为了执行国家政策法令、保证邮政运输的顺利进行，邮政局对邮件的禁寄、限寄和其他要求都有明确严格的规定。

1. 禁寄限寄范围

国际邮件内容，除必须遵照国际一般禁止或限制寄递的规定外，还必须遵照本国禁止和限制出口的规定，以及寄达国禁止和限制进口、经转国禁止和限制过境的规定。

根据我国海关对进出口邮递物品监督办法和国家法令，如武器、弹药、爆炸品，受管制的无线电器材，中国货币、票据和证券，外国货币、票据和证券，黄金、白银、白金，珍贵文化古玩，内容涉及国家机密和不准出口的印刷品、手稿等，均属于禁止出口的物品。限制出口的物品是指有规章数量或经批准方可向外寄递的物品，如粮食、油料等，每次每件以一公斤为限。对商业性行为的邮件，则按进出口贸易管理条例规定的办法，如规定需要附许可证邮递的物品，寄件人必须向有关当地对外贸易管理机构申请领取许可证，以便海关凭证放行。有些物品，如肉类、种子、昆虫标本等按规定须附卫生检疫证书。

2. 有关重量、尺寸、封装和封面书写要求规定

按照国际和我国邮政规定，每件邮包重量不得超过 20 公斤，长度不得超过一公尺。之所以要有这样的规定，是因为国际邮件交换的需要，邮政业务和交通运输业的分工。如不加以限制，邮政业务就无异于货运业务。

邮件封装视邮件内所装物品性质的不同，要求亦有所不同，对封装总的要求以符合邮递方便、安全并保护邮件不受损坏丢失为原则。对封面书写，则要求清楚、正确、完整，以利准确、迅速和安全地邮递。

5.4.3　国际邮政运输组织

万国邮政联盟（Universal Postal Union），简称邮联，其宗旨是根据邮联组织法规定，组成一个国际邮政领域，以便相互交换邮件；组织和改善国际邮政业务，以利国际合作的发展；推广先进经验，给予会员国邮政技术援助。

邮联的组织机构有：① 大会，为邮联的最高权力机构，每五年举行一次；② 执行理事会，为大会休会期间的执行机构；③ 邮政研究咨询理事会，研究邮政技术和合作方面的问题，并就此问题提出改进建议以及推广邮政经济和成就；④ 国际局，为邮联的中央办事机构，设在瑞士伯尔尼，其主要任务是对各国邮政进行联络、情报和咨询，负责大会筹备工作和准备各项年度工作报告。我国于 1972 年加入邮联。

本章小结

1. 内容要点

国际货物的公路、内河、管道和邮政运输方式是海运、铁路运输及航空运输等运输方式的重要补充。本单元介绍了公路、内河、管道和邮政运输各自的特点和作用以及有关运费的规定,有关的运输公约和组织,运输过程中各当事人的责任范围。

2. 内容结构图

```
                           ┌─ 概念、特点与作用
                           │
              国际公路货物运输 ┤─ 设备
                           │
                           ├─ 经营方式与业务流程
                           │
                           └─ 公约与协定

                           ┌─ 概念、特点与作用
              国际内河货物运输 ┤
                           └─ 设备

                           ┌─ 概念与特点
                           │
              国际管道货物运输 ┤─ 种类
                           │
                           └─ 经营管理

                           ┌─ 概念、特点与作用
                           │
              国际邮政货物运输 ┤─ 有关规定
                           │
                           └─ 国际邮政运输组织
```

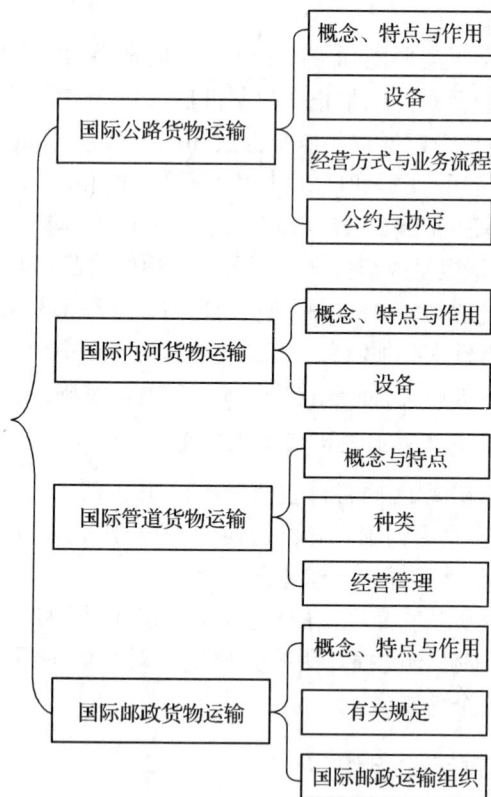

主要概念和重点实务

一、主要概念

1. 国际公路货物运输

2. 国际内河货物运输

3. 国际管道货物运输

4. 国际邮政货物运输

二、重要实务

1. 公共运输业和契约运输业
2. 汽车货运代理业务
3. 内河货船、拖船和推船业务
4. 现代管道运输业务
5. 国际邮政运输组织的作用

习题与训练

一、名词解释

1. 国际公路货物运输
2. 国际内河货物运输
3. 管道运输
4. 国际邮政运输

二、单选题

1. 国际公路货物运输的经营方式不包括(　　)。

A. 定期定线　　　B. 定线不定期　　　C. 定区不定期　　　D. 定区定线

2. 作为内陆腹地和沿海地区的纽带,也是边疆地区与邻国边境河流的连接线,在现代化的运输中起着重要的辅助作用的运输方式为(　　)。

A. 内河运输　　　B. 沿海运输　　　C. 远洋运输　　　D. 陆桥运输

3. 没有动力推进装置,无自航能力,靠机动船带动的船为(　　)

A. 内河货船　　　B. 拖船和推船　　　C. 驳船　　　D. 河/海型船

4. 管道运输不包括(　　)。

A. 液体管道　　　B. 气体管道　　　C. 水浆管道　　　D. 流体管道

5. 汽车运输发展的总趋势不包括(　　)。

A. 大型化　　　B. 专门化　　　C. 列车化　　　D. 集中化

三、多选题

1. 邮联的组织机构有(　　)。

A. 大会　　　　　　　　　　　　B. 执行理事会
C. 邮政研究咨询理事会　　　　　D. 国际局

2. 管道运输的优点有(　　)。

A. 运量大　　　　　　　　　　　B. 占地少
C. 管道运输建设周期短、费用低　D. 管道运输安全可靠、连续性强
E. 管道运输耗能少、成本低、效益好

3. 国际邮政运输的种类(　　)。

A. 普通邮包　　　B. 航空邮包　　　C. 水运邮包　　　D. 公路邮包

四、简答题

1. 简述国际邮政运输的性质、任务和特点。

2. 简述国际管道货物运输的种类。

3. 简述国际内河货物运输的特点与作用。

4. 简述国际公路货物运输的作用。

5. 简述公路运输组织形式的类别。

五、实训题

实训名称:国际公路货物运输的业务流程。

实训目的:掌握国际公路货物运输进出口业务的主要环节。

实训内容:国际公路货物运输进出口业务。

组织形式:教师收集国际公路货物运输背景资料 30 份,每个学生抽签,个人独立完成。

出题范围:

(1)车辆信息管理:① 车辆信息维护,包括新增操作、修改操作、删除操作;② 车辆信息查询。

(2)车队信息维护:① 车队信息管理,包括车队信息维护、车队信息的查询;② 车辆回队确认。

(3)运单管理:① 运单维护包括运单的新增、修改和删除;② 运单查询。

(4)货物管理:① 货物信息维护;② 货物查询。

(5)运输调度管理:① 任务单维护,包括运单选择、车辆选择、选择执行此任务单的办事处;② 任务单的查询。

(6)运量确认:① 查找运量确认的任务单和车辆;② 车辆上货物的确认,并生成送货单;③ 车辆运输任务确认。

软件示例:软件操作,学生选题。

实训成果:学生上交实习报告。

教师评分:在模拟实验室或某物流企业进行,每个学生随机抽签,根据案例背景资料,选择国际公路货物运输进出口代理业务,个人独立完成模拟操作。教师根据已制定评分标准打分。

微信扫码查看

第6章　国际现代货物运输

【知识目标】

1. 了解集装箱运输的特点；
2. 熟悉集装箱货物的交接方式；
3. 掌握构成国际多式联运必须具备的基本条件；
4. 了解大陆桥运输的概念与特点。

【能力目标】

1. 了解集装箱的标准，熟悉国际集装箱运输的关系人；
2. 掌握国际集装箱运输的装箱方式；
3. 掌握集装箱运输费用的构成和国际集装箱运输费用的核算方法；
4. 熟悉国际集装箱运输单证与进出口程序，掌握进出口货运操作；
5. 熟知国际多式联运的组织形式，掌握国际多式联运经营人的责任范围。

【引导案例】

海上集装箱运输合同责任

发货人中国 A 进出口公司委托 B 对外贸易运输公司将 750 箱海产品从上海港出口运往印度，B 对外贸易运输公司又委托其下属 S 分公司代理出口，S 分公司接受委托后，向 P 远洋运输公司申请舱位，P 远洋运输公司指派了箱号为 HTM-5005 等 3 个满载集装箱后签发了清洁提单，同时发货人在中国人民保险公司投保海上货物运输的战争险和一切险。货物运抵印度港口，收货人拆箱后发现部分海产品因箱内不清洁而腐烂变质，即向中国人民保险公司在印度的代理人申请查验。检验表明，250 箱海产品被污染。检验货物时，船方的代表也在场。为此中国人民保险公司在印度的代理人赔付了收货人的损失之后，向人民法院提起诉讼。

案例思考：

(1) 本案例中，P 远洋运输公司应负有什么义务，它是否应对损失负责？

(2) 在集装箱运输中，S 分公司应负有什么义务，它是否应对损失负责？

(3) 组织国际集装箱运输需要具备哪些知识？

（案例来源：http://fl. 100xuexi. com/SpecItem/SpecDataInfo. aspx? id = A2C53A41-9C03-4346-A9E3-62416F8FBEF1)

6.1 国际集装箱运输

6.1.1 国际集装箱运输概述

集装箱运输(Container Transport),是以集装箱为集合包装和运输单位,进行货物运输的现代化运输方式,由最初的成组运输,发展到托盘运输,最终形成集装箱运输。

国际集装箱运输是一种先进的现代化运输方式。与传统的件杂货散运方式相比,它具有运输效率高,经济效益好、服务质量优的特点。

1. 高效益的运输方式

集装箱运输经济效益高,主要体现在以下几个方面:

(1)简化包装,大量节约包装费用。为避免货物在运输途中受到损坏,必须有坚固的包装,而集装箱具有坚固、密封的特点,其本身就是一种极好的包装。使用集装箱可以简化包装,有的甚至无须包装,实现件杂货无包装运输,可大大节约包装费用。

(2)减少货损货差,提高货运质量。由于集装箱是一个坚固密封的箱体,集装箱本身就是一个坚固的包装。货物装箱并铅封后,途中无须拆箱倒载,一票到底,即使经过长途运输或多次换装,不易损坏箱内货物。集装箱运输可减少被盗、潮湿、污损等引起的货损货差,深受货主和船公司的欢迎,并且由于货损货差率的降低,减少了社会财富的浪费,也具有很大的社会效益。

(3)减少营运费用,降低运输成本。由于集装箱的装卸基本上不受恶劣天气的影响,船舶非生产性停泊时间缩短,又由于装卸效率高,装卸时间缩短,对船公司而言,可提高航行率,降低船舶运输成本;对港口而言,可以提高泊位通过能力,从而提高吞吐量,增加收入。

2. 高效率的运输方式

传统的运输方式具有装卸环节多、劳动强度大、装卸效率低、船舶周转慢等缺点。而集装箱运输完全改变了这种状况。

首先,普通货船装卸,一般每小时为 35 t 左右,而集装箱装卸,每小时可达 400 t 左右,装卸效率大幅度提高。同时,由于集装箱装卸机械化程度很高,因而每班组所需装卸工人数很少,平均每个工人的劳动生产率大大提高。

此外,由于集装箱装卸效率很高,受气候影响小,船舶在港停留时间大大缩短,因而船舶航次时间缩短,船舶周转加快,航行率大大提高,船舶生产效率随之提高,从而,提高了船舶运输能力,在不增加船舶艘数的情况,可完成更多的运量,增加船公司收入,这样,高效率导致高效益。

6.1.2　集装箱运输的概念和种类

1. 集装箱的概念

国际标准化组织(ISO)对集装箱下的定义为,集装箱是一种运输设备,应满足以下要求:

(1) 具有耐久性,其坚固强度足以反复使用;

(2) 便于商品运送而专门设计的,在一种或多种运输方式中运输时无须中途换装;

(3) 设有便于装卸和搬运的装置,特别是便于从一种运输方式转移到另一种运输方式;

(4) 设计时应注意到便于货物装满或卸空;

(5) 内容积为 1 平方米或 1 平方米以上。

目前,中国、日本、美国、法国等国家,都全面地引进了国际标准化组织的定义。除了 ISO 的定义外,还有《集装箱海关公约》(CCC)、《国际集装箱安全公约》(CSC)、英国国家标准和北美太平洋班轮公会等对集装箱下的定义,内容基本上大同小异。我国国家标准 GB 1992 - 85《集装箱名称术语》中,引用了上述定义。

2. 集装箱的标准

为了有效地开展国际集装箱多式联运,必须强化集装箱标准化,应进一步做好集装箱标准化工作。集装箱标准按使用范围分为国际标准集装箱、国家标准集装箱、地区标准集装箱和公司标准集装箱四种。

1) 国际标准集装箱

国际标准集装箱是指根据国际标准化组织(ISO)第 104 技术委员会制订的国际标准来建造和使用的国际通用的标准集装箱。

集装箱标准化历经了一个发展过程。国际标准化组织 ISO/TC 104 技术委员会自 1961 年成立以来,对集装箱国际标准作过多次补充、增减和修改,现行的国际标准为第 1 系列共 13 种,其宽度均一样(2 438 mm)、长度有四种(12 192 mm、9 125 mm、6 058 mm、2 991 mm)、高度有四种(2 896 mm、2 591 mm、2 438 mm、2 438 mm)。

2) 国家标准集装箱

各国政府参照国际标准并考虑本国的具体情况,而制订本国的集装箱标准。

我国现行国家标准《集装箱外部尺寸和额定重量》(GB 1413 - 85)规定了集装箱各种型号的外部尺寸、极限偏差及额定重量。

3) 地区标准集装箱

此类集装箱标准,是由地区组织根据该地区的特殊情况制订的,此类集装箱仅适用于该地区,如根据欧洲国际铁路联盟(VIC)所制订的集装箱标准而建造的集装箱。

4) 公司标准集装箱

某些大型集装箱船公司,根据本公司的具体情况和条件而制订的集装箱船公司标准,这类集装箱主要在该公司运输范围内使用,如美国海陆公司的 35 ft 集装箱。

此外,目前世界还有不少非标准集装箱。如非标准长度集装箱有美国海陆公司的 35 ft 集装箱、总统轮船公司的 45 ft、48 ft 集装箱;非标准高度集装箱,主要有 9 ft 和 9.5 ft 两种高度集装箱;非标准宽度集装箱有 8.2 ft 宽度集装箱等。由于经济效益的驱动,目前世界上 20 ft 集装箱总重达 24 ft 的越来越多,而且普遍受到欢迎。

6.1.3　国际集装箱运输的关系人

随着集装箱运输的逐步发展、成熟,与之相适应的,有别于传统运输方式的管理方法和工作机构也相应地发展起来,形成一套适应集装箱运输特点的运输体系,主要包括以下几方面:

(1) 经营集装箱货物运输的实际承运人,包括经营集装箱运输的船公司、联营公司、公路集装箱运输公司、航空集装箱运输公司等。

(2) 无船承运人。在集装箱运输中,经营集装箱货运的揽货、装箱、拆箱、内陆运输及经营中转站或内陆站业务,但不掌握运载工具的专业机构,称为无船承运人,在承运人与托运人之间起着中间桥梁作用。

(3) 集装箱租赁公司。这是随集装箱运输发展而兴起的一种新兴行业,专门经营集装箱的出租业务。

(4) 联运保赔协会。一种由船公司互保的保险组织,对集装箱运输中可能遭受的一切损害进行全面统一的保险。这是集装箱运输发展后所产生的新的保险组织。

(5) 集装箱码头(堆场)经营人。这是具体办理集装箱在码头的装卸、交接、保管的部门,它受托运人或其代理人以及承运人或其代理人的委托提供各种集装箱运输服务。

(6) 集装箱货运站(Container Freight Station,CFS)。在内陆交通比较便利的大中城市设立的提供集装箱交接、中转或其他运输服务的专门场所。

(7) 货主,发货人和收货人。

6.1.4　国际集装箱运输的方式

由于集装箱是一种新的现代化运输方式,它与传统的货物运输有很多不同,做法也不一样。目前,国际上对集装箱运输尚没有一个行之有效并被普遍接受的统一做法。但在处理集装箱具体业务的,各国大体上做法近似,现根据当前国际上对集装箱业务的通常做法,简介如下。

1. 集装箱货物装箱方式

根据集装箱货物装箱数量和方式不同,集装箱可分为整箱和拼箱两种。

(1) 整箱(Full Container Load,FCL),是指货方自行将货物装满整箱以后,以箱为单位托运的集装箱。这种情况通常在货主有足够货源装载一个或数个整箱时采用,除有些大的货主自己置备有集装箱外,一般都是向承运人或集装箱租赁公司租用一定的集装箱。空箱运到工厂或仓库后,在海关人员的监管下,货主把货装入箱内、加锁、铝封后交承运人并取得场站收据,最后凭收据换取提单或运单。

(2) 拼箱(Less than Container Load,LCL),是指承运人(或代理人)接受货主托运

的数量不足整箱的小票货运后,根据货类性质和目的地进行分类整理。把去同一目的地的货,集中一定数量拼装入箱。由于一个箱内有不同货主的货拼装在一起,所以叫拼箱。这种情况在货主托运数量不足装满整箱时采用。拼箱货的分类、整理、集中、装箱(拆箱)、交货等工作均在承运人码头集装箱货运站或内陆集装箱转运站进行。

2. 集装箱货物交接方式

如上所述,集装箱货运分为整箱和拼箱两种,因此在交接方式上也有所不同,纵观当前国际上的做法,大致有以下四类:

(1) 整箱交、整箱接(FCL/FCL)。货主在工厂或仓库把装满货后的整箱交给承运人,收货人在目的地以同样整箱接货,换言之,承运人以整箱为单位负责交接。货物的装箱和拆箱均由货方负责。

(2) 拼箱交、拆箱接(LCL/LCL)。货主将不足整箱的小票托运货物在集装箱货运站或内陆转运站交给承运人,由承运人负责拼箱和装箱(Stuffing,Vanning)运到目的地货站或内陆转运站,由承运人负责拆箱(Unstuffing,Devantting),拆箱后,收货人凭单接货。货物的装箱和拆箱均由承运人负责。

(3) 整箱交、拆箱接(FCL/LCL)。货主在工厂或仓库把装满货后的整箱交给承运人,在目的地的集装箱货运站或内陆转运站由承运人负责拆箱后,各收货人凭单接货。

(4) 拼箱交、整箱接(LCL/FCL)。货主将不足整箱的小票托运货物在集装箱货运站或内陆转运站交给承运人。由承运人分类调整,把同一收货人的货集中拼装成整箱,运到目的地后,承运人以整箱交,收货人以整箱接。上述各种交接方式中,以整箱交、整箱接效果最好,也最能发挥集装箱的优越性。

3. 集装箱货物交接地点

集装箱货物的交接,根据贸易条件所规定的交接地点不同,一般分为以下几类:

(1) 门到门(Door to Door):从发货人工厂或仓库至收货人工厂或仓库;

(2) 门到场(Door to CY):从发货人工厂或仓库至目的地或卸箱港的集装箱堆场;

(3) 门到站(Door to CFS):从发货人工厂或仓库至目的地或卸箱港的集装箱货运站;

(4) 场到门(CY to Door):从起运地或装箱港的集装箱堆场至收货人工厂或仓库;

(5) 场到场(CY to CY):从起运地或装箱港的堆场至目的地或卸箱港的集装箱堆场;

(6) 场到站(CY to CFS):从起运地或装箱港的集装箱堆场至目的地或卸箱港的集装箱货运站;

(7) 站到门(CFS to Door):从起运地或装箱港的集装箱货运站至收货人工厂或仓库;

(8) 站到场(CFS to CY):从起运地或装箱港的集装箱货运站至目的地或卸箱港的集装箱堆场;

(9) 站到站(CFS to CFS):从起运地或装箱港的集装箱货运站至目的地或卸箱港的集装箱货运站。

以上九种交接方式,进一步可归纳为以下四种方式:

（1）门到门：这种运输方式的特征是，在整个运输过程中，完全是集装箱运输，并无货物运输，故最适宜于整箱交、整箱接。

（2）门到场站：这种运输方式的特征是，由门到场站为集装箱运输，由场站到门是货物运输，故适宜于整箱交、拆箱接。

（3）场站到门：这种运输方式的特征是，由门至场站是货物运输，由场站至门是集装箱运输，故适宜于拼箱交、整箱接。

（4）场站到场站：这种运输方式的特征是，除中间一段为集装箱运输外、两端的内陆运输均为货物运输，故适宜于拼箱交、拆箱接。

6.1.5　国际集装箱运输费用核算

1. 基本运费

集装箱基本运费计收，采用班轮公司的运价本或船公司的运价本。目前，中国远洋运输（集团）总公司按航线、货种和箱型，定有集装箱货物运价本。对整箱货采用包箱费率的形式，即对具体航线实行分货种和箱型的包箱费率或不分货种只按箱型的包箱费率。而对拼箱货，则按货物品种及不同的计费标准计算运费。

2. 附加费

除基本运费外，集装箱货物也要加收附加费。附加费的标准根据航线、货种不同而有不同的规定。中国远洋运输（集团）总公司包箱费率表中，目前列有下列几种附加费目：① 超重、超长、超大件附加费；② 半危、全危、冷藏货附加费；③ 选择或变更目的港附加费；④ 转船附加费；⑤ 港口附加费和拥挤附加费；⑥ 其他附加费。

3. 集装箱运输费用构成

1）集装箱运输费用构成

（1）整箱/整箱：装港拖箱费＋码头操作费＋运费＋卸港码头操作费＋拖箱费。

（2）整箱/拼箱：船公司提供的拖箱费＋码头操作费＋运费＋拆箱费。

（3）拼箱/拼箱：装箱费＋运费＋拆箱费。

（4）拼箱/整箱：装箱费＋运费＋码头操作费＋船公司提供的拖箱费。

2）运输费用计算方式

（1）包箱费率：以每个集装箱为计费单位，据中国远洋运输公司使用的交通部《中国远洋货运运价本》有以下 3 种包箱费率。

① FAK 包箱费率：对每一集装箱不分货类统一收取的费率。

② FCS 包箱费率：按不同货物等级制定的包箱费率。货物等级也是 1～20 级，但级差较小。一般低价货费率高于传统运输费率，高价货则低于传统费率；同一等级货物，实重货运价高于体积货运价。

③ FCB 包箱费率：既按不同货物等级或货类，又按计算标准制定的费率。同一级费率因计算标准不同，费率也不同。例如，8～10 级，CY/CY 交接方式，20 英尺集装箱货物如按重量费为 1 500 美元，如按尺码计费则为 1 450 美元。

（2）最低运输费用方式。

① 规定最低运费等级，如中远公司规定以 7 级货为最低收费等级，低于 7 级货均按 7 级收费。

② 规定最低运费吨，如远东航运公司规定，20 英尺箱最低运费吨实重货为 17.5 吨，尺码货为 21.5 立方米，W/M 为 21.5 运费吨。

③ 规定最低箱载利用率。

（3）最高运输费用方式。

① 规定最高计费吨，如在货物体积超过集装箱通常载货容积时，仍按标准体积收费。若按等级包箱费率计费，而箱内等级不同时，则可免较低货物等级的运费。

② 规定最高计费等级，不高于该货物等级的货物，均以规定的最高计费等级收费。

6.1.6　国际集装箱运输单证与进口程序

1. 进出口货运程序

1）订舱

发货人或货物托运人根据贸易合同或信用证有关条款的规定，在货物托运前一定的时间，填制订舱单向船公司或其代理人，或其他运输经营人申请订舱。

2）接受托运申请

船公司或其代理人，或其他运输经营人在决定是否接受发货人的托运申请时，首先应考虑其航线、港口、船舶、运输条件等能否满足发货人的要求。在接收托运申请后，应着手编制订舱清单，然后分送集装箱码头堆场、集装箱货运站，据以安排空箱及办理货运交接。

3）发放空箱

通常，集装箱货运的空箱由发货人到集装箱码头堆场领取，拼箱货运的空箱则由集装箱货运站负责领取。

4）拼箱货装箱

发货人将不足一整箱的货物交集装箱货运站，由货运站根据订舱清单的资料，核对场站收据装箱。

5）整箱货交接

由发货人自行负责装箱并加海关封志的整箱货运至集装箱码头堆场，码头堆场根据订舱清单，核对场站收据及装箱单验收货物。

6）集装箱的交接签证

集装箱码头堆场在验收货物和集装箱后，即在场站收据上签字，并将签署的场站收据交还给发货人，据此换取提单。

7）换取提单

发货人凭经签署的场站收据，向负责集装箱运输的人或其代理换取提单，然后去银行结汇。

8）装船

集装箱码头根据待装的货箱情况，制订出装船计划，待船舶靠泊后即行装船。

9) 海上运输

海上承运人对装船的集装箱负有安全运输、保管、照料之责任,并依据集装箱提单条款划分与货主之间的责任、权利、义务。

10) 卸船

集装箱码头根据装船港承运人代理寄来的有关货运单证制订出卸船计划,待船舶靠泊后即卸船。

11) 整箱货交付

如内陆运输由收货人自己负责安排,集装箱码头堆场根据收货人出具的提货单将货箱交收货人。

12) 拼箱货交付

集装箱货运站在掏箱后,根据收货人出具的提货单将货物交收货人。

13) 空箱回运

收货人和集装箱货运站在掏箱完毕后,应及时将空箱回运至集装箱码头堆场。

2. 进出口主要货运单证

1) 订舱单

订舱单是承运人或其代理人在接受发货人或货物托运人的订舱时,根据发货人的口头或书面申请货物托运的情况据以安排集装箱货物运输而制订的单证。该单证一经承运人确认,便作为承、托双方订舱的凭证。

2) 装箱单

集装箱装箱单是详细记载集装箱和货物名称、数量等内容的单据,每个载货的集装箱都要制作这样的单据,它是根据已装进集装箱内的货物制作的。不论是由货主装箱,还是由集装箱货运站负责装箱,集装箱装箱单是详细记载每个集装箱内所装货物情况的唯一单据。

所以,在以集装箱为单位进行运输时,这是一张极其重要的单据。集装箱装箱单的主要作用有以下几点:

(1) 在装货地点作为向海关申报货物出口的代用单据;

(2) 作为发货人、集装箱货运站与集装箱码头堆场之间货物的交接单;

(3) 作为向承运人通知集装箱内所装货物的明细表;

(4) 在进口国、途经国家作为办理保税运输手续的单据之一;

(5) 单据上所记载的货物与集装箱的总重量是计算船舶吃水差、稳性的基本数据。

因此,装箱单内容记载准确与否,对保证集装箱货物的安全运输有着密切的关系。

3) 码头收据

码头收据(场站收据、港站收据)一般都由发货人或其代理人根据公司已制定的。

进码头堆场时,码头堆场的工作人员与用箱人、运箱人就设备收据上共同审核的内容有以下几点:

(1) 集装箱、机械设备归还时间;

(2) 集装箱、机械设备归还时外表状况;

（3）集装箱、机械设备归还人名称、地址；

（4）整箱货交箱货主名称、地址；

（5）进堆场目的；

（6）拟装船舶的船名、航次、航线、卸箱港。

4）进出口货物海关申报单

根据集装箱运输的特点，国际上有许多国家修改了本国海关法令规章和手续，使它适应集装箱成组化运输，也有不少国家共同缔结了关于集装箱货物运输的海关公约。在这些规章和公约中，海关手续被简化到最低限度，集装箱货物只要在启运国内陆地点经海关检验后，并在箱子加注海关封志就可以一直运到进口国家最终交货地点，由目的地海关检验放行。在运输过程中所经国家的海关仅对集装箱做一记录，并不检查箱子内货物的实际情况。

我国海关对进出口集装箱及所装货物的规定：凡进口的集装箱货物直接运往内地设有海关的地点，则由口岸货运代理向海关申请办理转运（转点）手续，口岸海关将有关申报单证转交承运人负责带交内陆地海关，由内陆地海关查验放行。凡出口的集装箱货物，如果是在内地设有海关地点装箱的，则由当地发货人或货运代理向海关申报，由海关将有关申报单证转交承运人负责带给出境地海关凭以监督装船。

进出口货物海关申报单的主要内容有以下几点：

（1）发货人的名称和地址；

（2）收货人的名称和地址；

（3）交货人地点、装货地点；

（4）途经中转地点；

（5）运输方式；

（6）装箱日期、箱量、填表日期、份数；

（7）单证申报人名称、地址；

（8）有关货物情况（货名、件数、标志、种类、包装、货运单位）；

（9）海关、单证申请人签署；

（10）有关备注、附件说明。

集装箱运输下，为满足其运输特点需要制定一些单证外，有些单证仍使用普通货物运输方式的单证，在此不一一说明。

6.2　国际多式联运

6.2.1　国际多式联运的概念与特点

集装箱运输在世界范围内得到了飞速发展，已成为世界各国保证国际贸易的最优运输方式。尤其是经过几十年的发展，随着集装箱运输软硬件成套技术臻于成熟，到 20 世纪 80 年代集装箱运输已进入国际多式联运时代。

　　国际多式联运(Multimodal Transport)是一种利用集装箱进行联运的新的运输组织方式。它通过采用海、陆、空等两种以上的运输手段，完成国际连贯货物运输，从而打破了过去海、铁、公、空等单一运输方式互不连贯的传统做法。如今，提供优质的国际多式联运服务已成为集装箱运输经营者增强竞争力的重要手段。

　　国际多式联运是一种以实现货物整体运输的最优化效益为目标的联运组织形式。它通常是以集装箱为运输单元，将不同的运输方式有机地组合在一起，构成连续的、综合性的一体化货物运输。通过一次托运、一次计费、一份单证、一次保险，由各运输区段的承运人共同完成货物的全程运输，即将货物的全程运输作为一个完整的单一运输过程来安排。然而，它与传统的单一运输方式又有很大的不同。根据1980年《联合国国际货物多式联运公约》(简称"多式联运公约")以及1997年我国交通部和铁道部共同颁布的《国际集装箱多式联运管理规则》的定义，国际多式联运是指"按照多式联运合同，以至少两种不同的运输方式，由多式联运经营人将货物从一国境内接管货物的地点运至另一国境内指定地点交付的货物运输"。

　　根据该定义，结合国际上的实际做法，可以得出，构成国际多式联运必须具备以下特征或称基本条件：

　　(1) 必须具有一份多式联运合同。该运输合同是多式联运经营人与托运人之间权利、义务、责任与豁免的合同关系和运输性质的确定，也是区别多式联运与一般货物运输方式的主要依据。

　　(2) 必须使用一份全程多式联运单证。该单证应满足不同运输方式的需要，并按单一运费率计收全程运费。

　　(3) 必须是至少两种不同运输方式的连续运输。

　　(4) 必须是国际货物运输。这不仅是区别于国内货物运输，主要是涉及国际运输法规的适用问题。

　　(5) 必须由一个多式联运经营人对货物运输的全程负责。该多式联运经营人不仅是订立多式联运合同的当事人，也是多式联运单证的签发人。当然，在多式联运经营人履行多式联运合同所规定的运输责任的同时，可将全部或部分运输委托他人(分承运人)完成，并订立分运合同。但分运合同的承运人与托运人之间不存在任何合同关系。

　　由此可见，国际多式联运的主要特点是，由多式联运经营人对托运人签订一个运输合同统一组织全程运输，实行运输全程一次托运、一单到底、一次收费、统一理赔和全程负责。它是一种以方便托运人和货主为目的的先进的货物运输组织形式。

6.2.2　国际多式联运经营人的责任范围

1. 多式联运经营人的定义

　　多式联运公约对多式联运经营人所下的定义是："多式联运经营人是指其本人或通过其代表订立多式联运合同的任何人，他是事主，而不是发货人的代理人或代表，或参加多式联运承运人的代理人或代表，并且负有履行合同的责任。"

　　多式联运经营人应具备的条件如下。

（1）订立多式联运合同。多式联运经营人必须与托运人订立多式联运合同，据以收取全程运费，并负责履行合同。根据多式联运的定义，在合同中应至少使用两种不同运输工具连贯地完成国际货物运输。

（2）接货后即签发多式联运单据。多式联运经营人或其代表从发货人手中接管货物时，即签发多式联运单据，并对所接管的货物开始负有责任。

（3）按合同规定将货物交指定的收货人或多式联运单据持有人。多式联运经营人应承担合同规定的与运输和其他服务有关的责任，如组织不同运输工具的运输和转运、办理过境国的海关手续，货物在运输全程中的保管、照料等，并保证将货物交多式联运单据指定的收货人或多式联运单据的持有人。

（4）有足够的赔偿能力。对多式联运全程运输中所发生的货物过失、损害或延误交付，多式联运经营人应首先负责对货主进行直接赔偿，因此多式联运经营人必须有足够的赔偿能力。当然如果货损事故为实际区段承运人的过失所致，多式联运经营人在直接赔偿后拥有向其追偿的权利。

（5）有相应的技术能力。

2. 多式联运经营人的赔偿责任

1）多式联运经营人的赔偿责任制

多式联运经营人的责任制主要有以下三种形式：

（1）统一责任制。所谓统一责任制，是指多式联运经营人在全程运输中使用统一的赔偿标准向货主负责。

（2）经修正后的统一责任制。所谓经修正后的统一责任制，是指多式联运经营人在全程运输中对货损事故按统一赔偿标准负责向货主赔偿。如果该统一赔偿标准低于实际货运事故发生区段的适用法律法规所规定的赔偿标准，按该区段高于统一赔偿标准的标准，由多式联运经营人负责向货主赔偿。

（3）网状责任制。所谓网状责任制，是指多式联运经营人对全程运输的货物责任，局限在各个运输区段的责任范围内，如果能确定货运事故区段的，则按该区段适用法律法规，由多式联运经营人负责向货主直接赔偿；如果对隐藏损害等不能确定货运事故区段的，则推定发生在海运区段，按海运区段的适用法律法规，由多式联运经营人负责向货主直接赔偿。

2）多式联运经营人的赔偿标准

目前，绝大多数国家的多式联运经营人采用网状责任制，按与网状责任制有关的各运输区段国际货运公约以及国际多式联运公约所规定的赔偿标准进行赔偿。

《维斯比规则》《汉堡规则》以及《国际多式联运公约》均规定了两种责任限额，这是因为这三个国际公约的通过均在出现集装箱运输以后，而在集装箱运输方式下，如果仍以每件或每单位责任限额，可能会对货主造成很大不利，特别是在未列出箱内货物件数的情况下，集装箱内所有的货物只视为一件，采用两种责任限额并择大赔偿，有利于在集装箱运输方式下保护货主的利益。

6.2.3 国际多式联运的组织形式

国际多式联运是采用两种或两种以上不同运输方式进行联运的运输组织形式。这里所指的至少两种运输方式可以是海陆、陆空、海空等。这与一般的海海、陆陆、空空等形式的联运有着本质的区别。后者虽也是联运,但仍是同一种运输工具之间的运输方式。众所周知,各种运输方式均有自身的优点与不足。一般来说,水路运输具有运量大,成本低的优点;公路运输则具有机动灵活,便于实现货物"门到门"运输的特点;铁路运输的主要优点是不受气候影响,可深入内陆和横贯内陆实现货物长距离的准时运输;而航空运输的主要优点是可实现货物的快速运输。由于国际多式联运严格规定必须采用两种和两种以上的运输方式进行联运,因此这种运输组织形式可综合利用各种运输方式的优点,充分体现社会化大生产大交通的特点。

由于国际多式联运具有其他运输组织形式无可比拟的优越性,因而这种国际运输新技术已在世界各主要国家和地区得到广泛的推广和应用。目前,有代表性的国家多式联运主要有远东/欧洲、远东/北美等海陆空联运,其组织形式包括以下几种。

1. 海陆联运

海陆联运是国际多式联运的主要组织形式,也是远东/欧洲多式联运的主要组织形式之一。目前组织和经营远东/欧洲海陆联运业务的主要有班轮公会的三联集团、北荷、冠航和丹麦的马士基等国际航运公司,以及非班轮公会的中国远洋运输公司、台湾长荣航运公司和德国那亚航运公司等。这种组织形式以航运公司为主体,签发联运提单,与航线两端的内陆运输部门开展联运业务,与大陆桥运输展开竞争。

2. 陆桥运输

在国际多式联运中,陆桥运输起着非常重要的作用。它是远东/欧洲国际多式联运的主要形式。所谓陆桥运输,是指采用集装箱专用列车或卡车,把横贯大陆的铁路或公路作为中间"桥梁",使大陆两端的集装箱海运航线与专用列车或卡车连接起来的一种连贯运输方式。严格地讲,陆桥运输也是一种海陆联运形式。只是因为其在国际多式联运中的独特地位,故在此将其单独作为一种运输组织形式。目前,远东/欧洲的陆桥运输线路有西伯利亚大陆桥和北美大陆桥。

3. 海空联运

海空联运又被称为空桥运输(Airbridge Service)。在运输组织方式上,空桥运输与陆桥运输有所不同:陆桥运输在整个货运过程中使用的是同一个集装箱,不用换装,而空桥运输的货物通常要在航空港换入航空集装箱。不过。两者的目标是一致的,即以低费率提供快捷、可靠的运输服务。

20世纪60年代,将远东船运至美国西海岸的货物,再通过航空运至美国内陆地区或美国东海岸,从而出现了海空联运,但到80年代才得以较大的发展。采用这种运输方式,运输时间比全程海运少,运输费用比全程空运便宜。当然,这种联运组织形式是以海运为主,只是最终交货运输区段由空运承担,1960年底,原苏联航空公司开辟了经由西伯利亚至欧洲的航空线；1968 年，加拿大航空公司参加了国际多式联运；80 年代，出现了经由香港、新加坡、泰国等至欧洲的航空线。

目前，国际海空联运线主要有：

（1）远东/欧洲：目前，远东与欧洲间的航线有以温哥华、西雅图、洛杉矶为中转地，也有以香港、曼谷、海参崴为中转地。此外还有以旧金山、新加坡为中转地。

（2）远东/中南美：近年来，远东至中南美的海空联运发展较快，因为此处港口和内陆运输不稳定，所以对海空运输的需求很大。该联运线以迈阿密、洛杉矶、温哥华为中转地。

（3）远东/中近东、非洲、澳洲：这是以香港、曼谷为中转地至中近东、非洲的运输服务。在特殊情况下，还有经马赛至非洲、经曼谷至印度、经香港至澳洲等联运线，但这些线路货运量较小。

总的来讲，运输距离越远，采用海空联运的优越性就越大，因为同完全采用海运相比，其运输时间更短；同直接采用空运相比，其费率更低。因此，从远东出发将欧洲、中南美洲以及非洲作为海空联运的主要市场是合适的。

6.2.4　我国的国际多式联运

近年来，为适用和配合我国对外贸易运输的发展需要，我国对某些国家和地区已开始采用国际多式联运方式。目前，我国已开展的国际多式联运路线主要包括我国内地经海运往返日本内地、美国内地、非洲内地、西欧内地、澳洲内地等联运线以及经蒙古或俄罗斯至伊朗和往返西、北欧各国的西伯利亚大陆桥运输线。其中，西伯利亚大陆桥集装箱运输业务发展较快，目前每年维持在 10 000 标准箱左右，我国办理西伯利亚大陆桥运输主要采用铁/铁（Transrail）、铁/海（Transea）、铁/卡（Tracons）三种方式。

除上述已开展的运输路线外，新的联运线路正不断发展，其中包括举世瞩目的新亚欧大陆桥（New Eurasia Land Bridge）。

6.3　大陆桥运输

6.3.1　大陆桥运输的概念与特点

大陆桥运输（Land Bridge Transport），是指以横贯大陆上的铁路、公路运输系统作为中间桥梁，把大陆两端的海洋连接起来形成的海陆联运的连贯运输。

大陆桥运输主要是指国际集装箱过境运输，是国际集装箱多式联运的一种特殊形式。广义的大陆桥运输还包括小路桥运输和微型路桥运输。大陆桥运输是一种主要采用集装箱技术，由海、铁、公、航组成的现代化多式联合运输方式，是一个大的系统工程

20 世纪 50 年代初，日本运输公司将集装箱经太平洋运至美国西海岸，然后再利用横贯美国东西部的铁路运至美国东海岸，然后装船继续运往欧洲。由此产生了大陆桥的雏形——美国大陆桥。

大陆桥的正式办理是在 1967 年，由于阿以战争，苏伊士运河被迫关闭，又赶上巴拿

马运河拥挤堵塞,远东与欧洲之间的海上货船不得不改道绕航非洲好望角或南美洲得雷克海峡,导致航程和运输时间大大延长。当时又逢油价猛涨,海运成本增加,加之正值集装箱运输兴起,所以大陆桥运输应运而生。

大陆桥运输的特征如下:

(1) 运输范畴采用海陆联运方式,全程有海运段和陆运段组成。

(2) 海运缩短路程,但增加了装卸次数。所以在某以地域大陆桥运输能否发展,主要取决于它与全程海运比较在运输费用,运输时间等方面的综合竞争度。

(3) 比全程海运运程短,但需增加装卸次数。在某一区域大陆桥运输能否存在和发展,主要取决于它与全程海运相比在运输费用和运输时间等方面的综合竞争力。

和其他运输方式相比,大陆桥运输的优点如下:

(1) 缩短了运输里程;

(2) 降低了运输费用;

(3) 加快了运输速度;

(4) 简化作业手续;

(5) 保证了运输安全,简化了货物的包装。

6.3.2 大陆桥运输线路

1. 西伯利亚大陆桥

西伯利亚大陆桥是利用俄罗斯的西伯利亚铁路作为陆地桥梁,把太平洋远东地区与波罗的海和黑海沿岸以及西欧大西洋口岸连起来。此条大陆桥运输线东自日本和东南亚海运至海参崴的纳霍特卡港口起,横贯欧亚大陆,至莫斯科,然后分三路,一路自莫斯科莫波罗的海沿岸的圣彼得堡港,转船往西欧北欧港口;一路从莫斯科至俄罗斯西部国境站,转欧洲其他国家铁路(公路)直运欧洲各国;另一路从莫斯科至黑海转船往中东、地中海沿岸。所以,从远东地区至欧洲,通过西伯利亚大陆桥有海—铁—海、海—铁—公路和海—铁—铁三种运送方式。

2. 北美大陆桥

北美大陆桥是指北美的加拿大和美国都有一条横贯东西的铁路公路大陆桥,它们的线路基本相似,其中美国的大陆桥的作用更为突出。

美国有两条大陆桥运输线,一条是从西部太平洋口岸至东部大西洋口岸的铁路(公路)运输系统,全长约 3 200 公里,另一条是西部太平洋口岸至南部墨西哥港口岸的铁路(公路)运输系统,长约 500～1 000 公里。

3. 新欧亚大陆桥

1990 年 9 月 12 日,随着中国兰新铁路与哈萨克斯坦土西铁路接轨,连接亚欧的第二座大陆桥正式贯通。新亚欧大陆桥东起中国连云港,西至荷兰鹿特丹,途经哈萨克斯坦、乌兹别克斯坦、吉尔吉斯斯坦、塔吉克斯坦、俄罗斯、白俄罗斯、波兰、德国和荷兰等国,全长 10 900 km。该陆桥为亚欧开展国际多式联运提供了一条便捷的国际通道。

远东至西欧,经新亚欧大陆桥比经苏伊士运河的全程海运航线,缩短运距 8 000 km;比通过巴拿马运河缩短运距 11 000 km。远东至中亚、中近东,经新亚欧大陆桥比经西伯利亚大陆桥,缩短运距 2 700～3 300 km。该陆桥运输线的开通将有助于缓解西伯利亚大陆桥运力紧张的状况。

6.3.3　大陆桥运输进出口业务流程

以货代角度看,大陆桥运输进出口业务流程主要如下:计划(提报月度要车计划)→受理(审查货物运单)→装车前准备(车流组织、接车、装车前检查)→装车作业(监装、装车后检查)→装车后处理(剩货处理、货物运单处理)→运费核收(票据交接、收款)。

(1) 计划。调查、核实货源、货流,提出次月要车计划;根据货源、货流编制直达列车、成组装车计划;接受路局下达的主、次月度要车计划。

(2) 受理。受理审查货物运单:依据路局下达的月度计划,受理审查货物运单填记内容;检查应附证明文件;确认托运人付款方式;加盖“计划专用章”及有关戳记;及时、准确答复货主巢穴的国内、外运费。安排进货、验收货物:根据货物性质、包装、状态、数量、合理安排货物进位或仓储区;按照货物运单上的指定货位或仓储区,提出货物堆码要求;检查品名、包装、件数、重量、标记、标志;检查加固材料和装备物品;在货物运单上填记货位或仓储区号码、验收日期,加盖验收货运员名章或签字。

(3) 装车前准备。车流组织:根据进货验收的货物运单和备货情况,编制日要车计划;使用微机上报路局次日请求车,填制货运工作日情况报表准备;接受路局下达的次日承认车装车命令。做好装车准备:重点和优先安排公司外贸出口的货物;统计和填制当日要车计划的完成实际量。接车:接受下达的配车计划和送车通知;检查线路安全距离,有作业车时,同时停止作业;上岗接车,联系调车组正确对货位;抄录车种,车号标重。车前会:主持车前会,向装卸工传达货物品名、性质、件数、重量、装载方法,装车时间要求及注意事项;向调度室汇报装车车号、品名、到站及开始装车作业时间。

(4) 装车作业。监装:边装车、边检查、指导作业,多车同时作业时,巡回监装;重点货物按规定会同有关人员监装;作业中发生问题及时处理;掌握作业进度,向调度室汇报预计装完时间和实际装完时间;按规定加固和施封,插放车辆称示牌。装车后检查:检查装载、捆绑加固及篷布苫盖情况;检查车辆门、窗盖、阀关闭状态和施封情况;检查与原货位及相邻货位情况;填记货物运单有关栏目和事项;检查附属作业,签证装卸作业工作单。

(5) 装车后处理。剩货处理:整理和清点件数;通知托运人更改运单、处理剩货;装车次日起三日内处理完毕。货物运单处理:登记货物承运簿;登记货运票据交接簿,将货物运单送交国际财务室核算制票。

(6) 运费核收:签收货物运单后,检查填记有关事项;计算运杂费;根据货物运单填制货票,经办人签章;发给押运人须知,并检查货票甲联上的押运人签字;在货物运单、货票和封套上加盖车站承运日期戳记;收款。

本章小结

1. 内容要点

本章阐述了集装箱的种类、规格、集装箱运输的特点和货物交接方式、流转程序等,介绍了国际多式联运的概念、特点、条件及优越性;集装箱的标准和国际集装箱运输的关系人等内容。对国际集装箱运输的装箱方式,国际集装箱运输费用构成、费用核算等内容做了重点介绍;并介绍了国际多式联运和大陆桥运输的概念、特点及作业流程。

2. 内容结构图

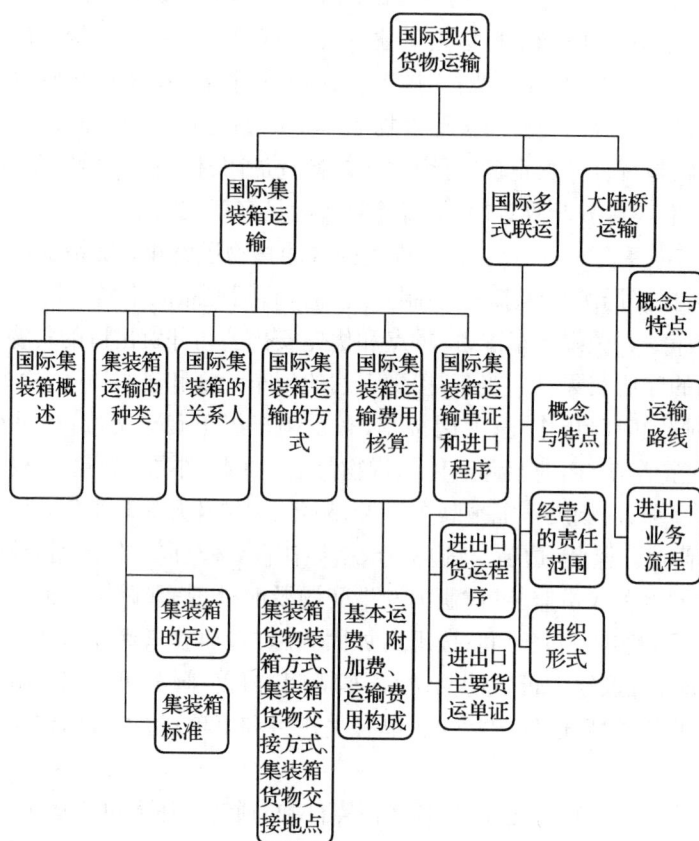

主要概念和重点实务

一、主要概念

1. 集装箱运输

2. 集装箱的定义

3. 国际多式联运的概念

4. 多式联运经营人的定义

5. 大陆桥运输的概念

6. 整箱/拼箱

二、重点实务

1. 国际集装箱运输费用核算

2. 国际集装箱运输的进出口货运程序

3. 国际多式联运的方法

4. 大陆桥运输线路

5. 大陆桥运输进出口业务流程

习题与训练

一、名词解释

1. 集装箱运输

2. 整箱交、拆箱接(FCL/LCL)

3. 站到站(CFS to CFS)

4. 大陆桥运输

5. 国际多式联运

二、单选题

1. 下列选项中,(　　)不属于集装箱货物交接方式。

 A. 整箱交、整箱接   B. 拼箱交、拆箱接

 C. 拼箱交、拼箱接   D. 整箱交、拆箱接

2. 下列对集装箱货物交接地点的定义,错误的是(　　)。

 A. 门到门:运输方式的特征是,在整个运输过程中,完全是集装箱运输,并无货物运输,故最适宜于整箱交、整箱接

 B. 门到场站:运输方式的特征是,由门到场站为集装箱运输,由场站到门是货物运输,故适宜于整箱交、拆箱接

 C. 场站到门:运输方式的特征是,由门至场站是货物运输,由场站至门是集装箱运输,故适宜于拼箱交、整箱接

 D. 场站到场站:运输方式的特征是,除中间一段为集装箱运输外、两端的内陆运输均为货物运输,故适宜于拼箱交、整箱接

3. 构成国际多式联运的特征或称基本条件中,错误的是(　　)。

 A. 必须具有一份多式联运合同

 B. 必须使用一份全程多式联运单证

 C. 必须是至少三种不同运输方式的连续运输

 D. 必须是国际货物运输

4. 多式联运经营人应具备的条件是(　　):a. 订立多式联运合同;b. 接货后即签

发多式联运单据;c. 按合同规定将货物交指定的收货人或多式联运单据持有人;d. 有足够的赔偿能力。

    A. abc   B. bcd   C. acd   D. abcd

5. (　　)不属于多式联运经营人的责任制形式。

    A. 个人承担责任制   B. 统一责任制

    C. 经修正后的统一责任制   D. 网状责任制

三、多选题

1. 集装箱是一种运输设备,应满足以下要求(　　)。

    A. 具有耐久性,其坚固强度足以反复使用

    B. 便于商品运送而专门设计的,在一种或多种运输方式中运输时无须中途换装

    C. 设有便于装卸和搬运的装置,特别是便于从一种运输方式转移到另一种运输方式

    D. 设计时应注意到便于货物装满或卸空

2. 以下哪些属于非标准集装箱(　　)。

    A. 美国海陆公司的 35 ft 集装箱

    B. 总统轮船公司的 45 ft 及 48 ft 集装箱

    C. 8.2 ft 宽度集装箱

    D. 20 ft 集装箱

3. 集装箱运输费用方式有哪些(　　)。

    A. 整箱/整箱:装港拖箱费+码头操作费+运费+卸港码头操作费+拖箱费

    B. 整箱/拼箱:船公司提供的拖箱费+码头操作费+运费+拆箱费

    C. 拼箱/拼箱:装箱费+运费+拆箱费

    D. 拼箱/整箱:装箱费+运费+码头操作费+船公司提供的拖箱费

4. 以下哪项不是大陆桥运输线路(　　)。

    A. 西伯利亚大陆桥   B. 新欧亚大陆桥

    C. 中南美大陆桥   D. 远东/欧洲大陆桥

四、简答题

1. 简述集装箱运输费用的计算方式。

2. 集装箱提单与传统班轮提单有什么异同?

3. 多式联运经营人选择主要考虑哪些方面?

4. 在国际多式联运过程中发生货运事故责任该如何赔偿?

5. 简述大陆桥运输的基本特点。

五、计算题

1. 某公司出口一批螺丝刀到韩国,共 600 件,总重量 16.2 公吨,总尺码为 23.316 立方米,由船公司装了一个 20 英尺集装箱。经查船公司运价表,该货运费计算标准为 W/M,等级为 10 级,20 英尺箱运费率是 US $870/M 和 US $850/W,装箱费是

US＄120/20。试计算该批螺丝刀的总运费。

2. 由天津新港运往莫桑比克首都马普托门锁 500 箱,每箱体积为 0.025 m³,毛重为 30 kg(去马普托每吨的运费为 650 港元,另外加收燃油附加费 20％,港口附加费 10％,计收标准为 W/M)。计算:该批门锁的运费为多少?

3. 某集装箱公司拟经营集装箱运输航线,该航线上的基本运价 600 元/TEU,据资料测算,经营该航线的固定成本为 1 350 万元,单位变动成本为 330 元/TEU,试确定该航线的保本运量为多少? 保本收入为多少?

4. 已知 20 ft 集装箱其内部尺寸为高 226 cm×宽 235 cm×长 593 cm,现要装运纸箱其尺寸高 50 cm×宽 30 cm×长 45 cm,要求集装箱富余量为 1.5％,试确定按该箱实际载重量,能装多少纸箱。

六、实训题

实训名称:港口集装箱装卸工艺调查。

实训目标:(1) 了解底盘车、跨运车、轮胎起重机、轨道式起重机和集装箱叉车的特点;

(2) 掌握集装箱装卸工艺方案优缺点和工艺流程;

(3) 集装箱装卸工艺方案的主要技术参数和对码头的要求。

实训内容:(1) 底盘车集装箱装卸工艺方案、工艺过程:船—桥吊—底盘车—堆场。

(2) 跨运车集装箱装卸工艺方案、工艺流程:船—桥吊—跨运车—堆场。

(3) 轮胎起重机集装箱装卸工艺方案、工艺流程:船—桥吊—轮胎起重机—堆场。

(4) 轨道式起重机集装箱装卸工艺方案、工艺流程:船—桥吊—轨道式起重机—堆场。

(5) 集装箱叉车装卸工艺方案工艺流程:船—桥吊—集装箱叉车—堆场。

(6) 底盘车、跨运车、轮胎起重机、轨道式起重机、集装箱叉车的主要技术参数、适用范围和工艺方案的优缺点。

实训组织:每班以小组为单位,6～8 人为一组,选一名组长,按工艺流程划分工作业务,每组所选调查项目由教师指定,每人调查环节和内容由组长安排。

评分标准:(1) 设备性能和技术参数;

(2) 工艺流程;

(3) 工作效率和设备先进性评价;

(4) 工艺流程图;

(5) 操作规程和作业区管理制度。

成果形式:上交实训报告,写一篇集装箱装卸工艺方案的论文,题目自拟。

微信扫码查看

第二篇

国际货物保险

第7章 国际货物保险总论

【知识目标】

1. 掌握风险的概念和特征；
2. 熟悉风险管理的步骤和方法；
3. 了解保险的分类；
4. 掌握保险的基本原则。

【能力目标】

1. 了解海上保险的概念和依据不同标志对保险进行分类的方法；
2. 掌握海上保险合同的特点；
3. 掌握国际海上保险合同的内容；
4. 熟悉海上保险合同的险种和签订流程；
5. 熟知海上保险合同的变更、解除和终止流程。

【引导案例】

关于货轮途中遇险致损案

昌隆号货轮满载货物驶离上海港。开航后不久,由于空气温度过高,导致老化的电线短路引发大火,将装在第一货舱的1 000条出口毛毯完全烧毁。船到新加坡港卸货时发现,装在同一货舱中的烟草和茶叶由于羊毛燃烧散发出的焦煳味而不同程度受到串味损失。其中,由于烟草包装较好,串味不是非常严重,经过特殊加工处理,仍保持了烟草的特性,但是等级已大打折扣,售价下跌三成。而茶叶则完全失去了其特有的芳香,不能当作茶叶出售了,只能按廉价的填充物处理。

船经过印度洋时,不幸与另一艘货船相撞,船舶严重受损,第二货舱破裂,舱内进入大量海水,剧烈的震动和海水浸泡导致舱内装载的精密仪器严重受损。为了救险,船长命令用亚麻临时堵住漏洞,造成大量亚麻损失。在船舶停靠泰国某港进行大修时,船方联系了岸上有关专家就精密仪器的抢修事宜进行了咨询,发现整理恢复费用十分庞大,已经超过了货物的保险价值。为了方便修理船舶,不得不将第三舱和第四舱部分纺织品货物卸下,在卸货时有一部分货物有钩损,试分析上述货物损失属于什么损失。

案例思考：

本案关于货轮途中遇险致损案,包括三个方面内容:1 000条毛毯的损失是意外事故(火灾)引起的实际全损;精密仪器的损失属于意外事故(碰撞)造成的推定全损;纺织品所遭遇的损失,是为了方便船舶修理而被迫卸下时所造成的,也属于共同海损。

(案例来源:http://www.doc88.com/p-0099087402146.html)

7.1 保险基础知识

7.1.1 风险

1. 风险的概念

"风险"一词常在保险单的"承保范围"条款中出现。一般认为,风险是损失发生的可能性以及人们对损失发生在认识上的不确定性。所谓损失发生的可能性,是指不以人们意志为转移的客观存在的损失的发生。而人们对损失发生在认识上的不确定性,是指人们对客观存在的灾害事故可能发生的时间、地点、原因及其造成的后果在主观认识上难以确定和预料。

2. 风险的特征

1) 风险具有客观性

风险的客观性是指风险是客观存在着的某种现象,是独立于人的意识之外的客观事实,不是人们头脑中的主观想象或抽象的概念。例如,客观存在着的自然现象,诸如飓风、龙卷风、地震、洪水、海啸等;社会现象,诸如战争、罢工、偷窃、海盗等。

2) 风险具有个体上的偶然性和总体上的必然性

个别风险事故的发生是偶然的,然而通过大量风险事故的观察,人们发现风险呈现出明显的规律性。可以利用概率论和数理统计方法去计算损失发生的概率和损失幅度,这是保险补偿制度得以存在的数理基础。

总体上的必然性和个体上的偶然性相统一,构成了风险的随机性。例如,海洋运输货物在每一天都有不同数量和程度的损失,但是究竟哪一批货物或哪一条货船要发生损失是无法预知的,因而存在投保的必要。

3) 风险具有损失性

只要风险存在,就一定有发生损失的可能。如果风险发生之后不会有损失,就没有研究风险的必要了。

7.1.2 风险管理与保险

风险管理是组织和个人对所面临的损失风险进行识别和评估,并选择和执行处理此风险的最合适的技术方法的一个系统过程。通过风险管理,能够达到以最小成本获得最大安全保障的目标。对于企业,减少了其长期的财务波动,提高其产品和服务的价值,使得企业更具有竞争力。对于个人,利用风险管理的防损功能,能够有效地减少伤病的发生频率和严重程度,减少工作中断,避免损失,使得被保险人更具有安全感。

1. 风险管理的步骤

(1) 目标设定。任何成功的决策都要预先确定所期待的结果或目标,一个企业更是如此。风险管理的目标包括损前目标和损后目标。

（2）识别风险。正确地识别风险有助于企业和个人做出适合的风险管理决策。潜在的损失风险包括财产损失、营业收入损失、责任损失、重要员工死亡或丧失工作能力、雇员的不忠诚、员工福利损失等。

（3）估测风险。风险估测是在风险识别的基础上对风险加以分析，以确定哪些是不能承担的风险，哪些是相对轻微的风险，以便采取相应的风险管理对策。

（4）选择风险管理的方法。通过适当的风险管理方法可以将风险成本降低到最小。风险管理的方法包括保险的方法和非保险的方法。

（5）风险管理效果评价。风险管理效果评价是指对风险管理技术适用性及其收益情况的分析和评估。评价标准有效果标准和作业标准。

（6）实施计划。

（7）检查和修正计划。

2. 风险管理的方法

1）风险规避

风险规避是指在充分认识风险的情况下，采取相应措施回避损失发生的可能性。例如，如果害怕购买房屋后会遭受火灾，那么可以不购买房产；害怕空难，可以选择不搭乘飞机。但是，风险规避有很大的缺点：第一，人们不可能回避所有的风险；第二，规避某些风险有时是不可行的；第三，规避了一种风险的同时，可能又产生了另一种风险。

2）风险自留

风险自留是指自己承担风险造成的损失，它分为以下三种情况：

（1）企业或个人在充分考虑了风险可能造成的损失后果和自身承担损失的经济能力后，经过权衡利弊，决定主动自担一部分或全部损失。这是风险管理中自留风险的含义。

（2）企业或个人在没有意识到风险存在的情况下，无意识地自担了风险。

（3）企业或个人在充分认识到风险后，由于没有能力购买保险或采取了其他措施，而不得已自担风险。

3）损失控制

损失控制是指对损失的发生频率和损失的严重程度进行有效的控制。对于不可规避的风险有必要采取损失控制的措施。损失控制措施分为损前的防灾防损措施和损后的减灾措施。

4）风险转移

风险转移是指通过一定的方式将风险从一方转移到另一方。通常采用风险转移的方法有保险转移法和非保险转移法。

（1）保险转移法是指企业或个人作为被保险人，以支付保险费的方法将自己面临的可保风险转移给保险公司，通过保险进行损失补偿。所以，保险是风险管理的一种方法。

（2）非保险转移的方法主要有以下三种：

① 通过合同条款转移风险。在不同的合同中加入转移各种类型损失责任的条款，

规定损失的承担方为合同对方。

② 担保合同。按照担保合同的规定，如果义务人不履行其向权利人承担的合同义务，作为第三方的担保人必须承担义务人的合同责任。这里，义务人通过担保合同将其向权利人承担的义务转让给了担保人。

③ 套期保值。通过签订合同把价格波动的风险转移给第三方，这是投机者的一种交易行为。

7.1.3　保险的分类

保险是一种经济补偿制度，它按照科学的方法计收保险费，集中多数单位和个人的保险费建立保险基金，利用"分散危险，分摊损失"的方法，对参加保险的少数被保险人因承保的灾害事故发生所造成的损害或责任给予经济补偿，或对人身伤亡给付保险金。保险的职能有两个：其一是分摊职能，即把参加保险的少数被保险人的保险损失分摊给大多数被保险人。所谓"以人为众，众为一人"，这是保险区别于其他保障制度的根本标志。其二是补偿功能，即把被保险人交纳的保险费建立起来的保险基金，用于补偿少数被保险人因遭遇自然灾害或意外事故所造成的损失。分摊职能是补偿职能的前提和手段，补偿职能是分摊职能的目的。

按照不同的分类方法，保险可分为以下几类。

1. 强制保险和自愿保险

按照保险的实施方式不同，保险可以分为强制保险和自愿保险。

（1）强制保险亦称法定保险，是指通过国家立法规定必须参加的保险。强制保险是政府未来解决某些社会性的危险或某个领域的特殊危险，维护公共利益和无辜受害者的利益，实现一定的政策目标而实施的。这种保险又有三种实施形式：其一是由国家立法机构通过的，由中央政府颁布实施的法律或法规规定的强制保险，比如我国2006年10月根据《中华人民共和国道路交通安全法》的规定实施的机动车交通事故责任强制保险，其他的还有失业保险、养老保险等社会保险。

（2）自愿保险又称任意保险，是指保险人和被保险人双方在自愿的基础上签订保险合同而实施的一种保险。自愿保险的办法和形式都比较灵活，易于满足各方面对保险的不同需要，是一般商业保险的主要实施形式。

2. 财产保险和人身保险

依照保险的标的不同，可分为财产保险和人身保险。

（1）财产保险包括广义和狭义两个范畴。广义的财产保险是指以各种有形的财产以及因财产而产生的利益作为保险标的的保险。狭义的财产保险仅指对有形财产的保险，不包括与之相关的利益和责任，比如海上保险、火灾保险、工程保险、农业保险和海上石油勘探开发保险等。

（2）人身保险是以人的寿命、身体和健康为保险标的的保险。当被保险人的生命或身体因意外事故发生死亡、伤残或疾病等保险事故时，由保险人给付保险金或承担赔偿责任。人身保险包括人寿保险、健康保险和意外伤害保险。

3. 商业保险和社会保险

依照保险的目的和职能不同,可分为商业保险与社会保险。

(1) 商业保险是指商业保险公司为了获取保险经营利润,按商业经营原则组织经营的保险业务,社会成员可以自愿选择是否参加商业保险。

(2) 社会保险是一国政府通过立法并采取强制手段实施的社会保障制度。

商业保险和社会保险的不同之处在于:

(1) 经营依据不同。社会保险是依法实施的政府行为;商业保险是依据合同实施的契约行为。

(2) 实施方式不同。社会保险具有强制实施的特点,法律规定范围内的社会成员必须全部参加;而商业保险则强调自愿原则,是否投保、保什么、保多少均由投保人自行决定。

(3) 被保险人的权利与义务不同。社会保险强调"社会公平"原则,因此被保险人履行的义务和享有的权利是不对等的;商务保险则强调"契约公平"原则,被保险人履行的合同义务和享受的合同权利是对等的。被保险人交纳的保险费越多,获得的保障越多。

(4) 保障目的不同。社会保险的目标是保障社会成员的基本生活需要;商业保险的目标是对保险事故进行经济补偿或对保险事件给付保险金。

(5) 功能不同。社会保险只能满足社会成员的生老病死等较低层次方面的基本需求;商业保险遵循等价交换原则,因此保险水平相对较高,保障范围也相对较广。

(6) 经营方式不同。社会保险一般由政府指定的机构经营,具有行政性和垄断性的特点,保险费一般由国家、企业和个人按比例分担;社会保险经营一般无需纳税。商业保险由商业保险公司经营,保险费由被保险人全部承担,商业保险公司必须按照规定向国家纳税。

4. 直接保险和再保险

按照保险业务发生的先后顺序,保险可以分为直接保险和再保险两类。

(1) 直接保险又称原保险,是指保险人直接应投保人的要求在平等自愿的基础上办理的保险业务,也就是我们通常所说的保险。

(2) 再保险又称分保,是保险人将自己所承保的业务中超过自己承保能力或不愿意承保的风险责任向其他保险人再进行投保的保险业务,即保险的保险。

很显然,再保险业务是以原保险业务的存在为前提的。但是再保险业务是保险人与再保险人之间的业务,再保险人与原保险的被保险人之间无直接的保险合同关系,双方都无权利向另一方提出权利和义务的要求,亦即原保险的被保险人无权在发生损失时向再保险人要求损害赔偿,再保险人也无权要求原保险的被保险人支付保险费。

7.1.4　保险的基本原则

1.　最大诚信原则

《中华人民共和国保险法》第四条规定:"从事保险活动必须遵守法律、行政法规,遵循自愿和诚实信用原则。"所谓诚实,指一方对另一方坦诚相待,没有隐瞒和欺骗行为;所谓守信,就是双方都如实全面地履行自己的义务。保险活动中的最大诚信原则的具体含义就是保险双方当事人在签订和履行保险合同的过程中,都能做到最大限度的诚实和守信,不隐瞒与保险相关的重要事实,不逃避或减少按合同规定对另一方应承担的责任。

2.　保险利益原则

保险人所承保的标的,是保险所要保障的对象。但被保险人(投保人)投保的并不是保险标的本身,而是被保险人对保险标的的所具有的利益,这个利益叫作保险利益。投保人对保险标的的不具有保险利益的,保险合同无效。

3.　近因原则

所谓近因,是指在风险和损失之间,导致损失的最直接、最有效、起决定作用的原因,而不是时间上或空间上最近的原因。认定近因的关键是确定风险因素和损失之间的因果关系。

近因原则是指在多个原因导致保险标的损失的情况下,只有导致保险标的的损失的近因在保险责任范围之内,保险人才对保险标的的损失负赔偿责任;如果导致保险标的的损失的近因在保险责任范围之外,保险人对保险标的的损失不负赔偿责任。

4.　损失赔偿原则

损失赔偿原则是指保险事故发生、被保险人遭受损失时,保险人必须在保险责任范围内对被保险人所受的损失进行补偿。这个原则是由保险的经济补偿职能决定的。

7.2　国际海上保险

7.2.1　国际海上保险的定义与特点

海上保险属于财产保险的范畴。海上保险(Marine Insurance)又称"水险",是指以海上的财产及其利益、运费和责任作为承保保险标的的一种保险。

海上保险主要承担的标的有船舶、运输货物、钻井平台、运费和保赔责任等。海上保险承担的危险主要是指因航海而发生的危险或与航海有关的危险,即海上灾害、火灾、战争、海盗、抢夺、盗窃、被捕,主权者的扣押、限制和扣留、抛弃、船员的不法行为及同类或保险单所特定的其他危险。随着贸易和运输业的发展,特别是海上资源开发的发展,作为古老的海上保险,其内容和形式有了以下几种明显的变化:① 海上保险的种类以由传统的承保船舶、货物、运输三种逐步扩展到承保建造船舶、海上作业和海上资源开发以及与之有关的财产、责任、利益等;② 海上保险所承保的危险不仅限于原先的海上固有的危险,还包括与航海贸易有关的内河、陆上以及航空运输的危险和各种联运工具引起的责任;③ 海上保险承保的标的已由物质的财产,逐步扩展到负责与之有关的非物质的利益、责任等。

现在海上保险业务主要包括货物运输保险、船舶保险、运费保险、保障赔偿责任保险、海上石油勘探开发保险等。

由于海上保险承保的空间范围广阔,承保风险复杂巨大,保险标的品种繁多且技术性强,费率因素复杂,又往往受国际法规、条约与惯例的约束。因而海上保险就具有了与其他财产保险不同的一些特征:① 海上保险承保的风险具有综合性,致损原因复杂;② 保险的标的具有流动性;③ 海上保险具有国际性;④ 海上保险具有多变性;⑤ 海上保险种类繁多,险种划分详细。

7.2.2 海上保险的种类

海上保险的种类很多,从不同的角度可以进行不同的分类:

(1) 依保险标的划分,海上保险可以分为货物保险、船舶保险、运费保险、保赔保险及海上石油勘探开发保险。

(2) 依保险价值划分,可将海上保险分为定值保险和不定值保险。

(3) 依海上保险的期间,可以分为航程保险、定期保险、混合保险、船舶停泊保险和船舶建造保险。

(4) 依承保的方式,可以划分为逐笔保险、流动保险、总括保险和预约保险。

7.3 国际海上保险合同

7.3.1 国际海上保险合同的概念与特点

1. 海上保险合同的概念

海上保险自其最初的形式发展至今,已经成为重要的险种之一,也因其特殊性质而成为保险业中相对独立的制度,其约定的形式也由简单的保险单形式完善至现今的保险合同。对于海上保险合同定义的界定,可以从相关法律条款中对海上保险合同的阐述中探究,而各国对此的界定却也不尽相同:

(1) 英国《海上保险法》第一条对海上保险合同的定义是:"海上保险合同是保险人向被保险人承诺,当被保险人受到海上损失,即海上冒险所发生的损失时,应依约定的条款和数额,赔偿被保险人损失的合同。"

(2) 美国 1920 年《海商法》对海上保险所下的定义是:"海上保险是被保险人按照约定向保险人支付保险费,保险人按照约定,当被保险人所有处在海上风险中的特定利益受到损失时承担赔偿的合同。"

（3）《中华人民共和国海商法》第二百一十六条规定："海上保险合同是指保险人按照约定,对被保险人遭受事故造成保险标的的损失和产生的责任负责赔偿,而由被保险人支付保险费的合同。"

归结上述法律界定,再按照通常认同的说法,海上保险合同是保险人和被保险人通过协商,对船舶、货物及其他海上标的所可能遭遇的风险进行约定,被保险人在交纳约定的保险费后,保险人承诺一旦上述风险在约定的时间内发生并对被保险人造成损失,保险人将按约定给予被保险人经济补偿的合同。

2. 海上保险合同的特点

合同行为是双方当事人之间明确相互权利义务关系的意思表示一致的法律行为,任何一种民事合同的成立都意味着当事人之间发生的权利义务关系。因海上保险合同所发生的权利义务关系有其特殊性,所以海上保险合同除具有一般经济合同的共同属性外,还有以下特点。

1) 海上保险合同是有条件的双务合同

海上保险合同的双务性在于就投保人或被保险人而言,是以支付保险费为义务而取得保险保障的权利;就保险人而言,是以履行损失补偿责任为义务而取得收取保险费的权利。双方的权利和义务是相互联系、互为条件的。但是在海上保险合同中,被保险人交纳保险费的义务是确定的,而保险人承担的义务是有条件的,即保险人承担的损失补偿责任是以货物在海上运输途中遭受保险事故,造成损失和产生责任为条件。

2) 海上保险合同是补偿合同

这种补偿体现在两个方面:一方面,如果标的物损坏或者灭失,保险人只会给予经济补偿,而不可能使标的复原。另一方面,如果被保险人的损失大于保险金额,保险人的补偿以保险金额为限;如果被保险人的损失小于保险金额,则保险人的补偿以被保险人的损失额为限。

3) 海上保险合同是格式合同

海上保险合同一般是由保险人事先印制好的,被保险人只能被动接受保险合同及其条款。由于海上保险的复杂性,被保险人往往不可能像保险人那样对保险合同及其条款的所有内容和含义有清晰的概念,特别是如果条款中存在可能引起争议的内容时,保险人应首先对这种争议负责。所以我国《保险法》第三十条规定:"对于保险合同条款,保险人与投保人、被保险人或受益人有争议时,人民法院或者仲裁机关应当作有利于被保险人和受益人的解释。"

4) 海上保险合同是附和合同

海上保险合同不同于一般经济合同,它不是议商合同,而是附和合同。亦即它的基础条件不是通过当事人双方协商后议定,而是由保险人根据过去承保、理赔工作的经验以及有关资料事先制订,并印成固定的条款,被保险人在投保时,只能以印就的基本条款为准,做出是否订立合同的"取与舍"的决定。即使有特别的情况需要扩大或限制基本条款的权利和义务,也只能加列保险人事先制订的附加条款,原定的基本条款原则上是不能改变的。

5）海上保险合同是最大诚信合同

最大诚信原则是保险合同的双方在签订保险合同时必须遵循的原则，海上保险合同的签订也必须遵守最大诚信原则。

7.3.2　国际海上保险合同的内容和形式

1. 国际海上保险合同的内容

根据《中华人民共和国海商法》和《中华人民共和国保险法》的有关规定，海上保险合同至少应当包含以下内容：保险人名称和住所；投保人、被保险人名称和住所；保险标的；保险价值和保险金额；保险责任和除外责任；保险期间；保险费以及支付办法；保险金赔偿或给付方法；违约责任和争议处理；合同订立的时间。投保人和保险人可以在上述内容的基础上，就与具体保险标的和保险风险的有关事项做出约定。

1）保险标的

海上保险为综合性保险，所承保的保险标的范围非常广泛，保险标的（Subject-Matter Insured）包括船舶；货物；船舶营运收入，包括运费、租金、旅客票款；货物预期利润；船员工资和其他报酬；对第三人的责任，以及由于发生保险事故可能受到损失的其他财产和产生的责任费用。可见，海上保险合同的保险标的可以是船舶、货物这些有形的物体，也可以是运费、租金、利润、费用等这些无形的东西。

2）保险价值

保险价值（Insured Value，Agreed Value）是指保险合同所指向的保险标的的价值。这一价值可以是保险合同订立当时保险标的的市场价值，也可以是保险标的的成本价值，还可以加上被保险人期得利益。一般这一价值由保险人和投保人在订立保险合同时商定，其基础是保险标的的市场价值。期得利益一般不可超过实际价值的 20%。

3）装载运输工具的名称、开航日期以及起始地和目的地

要求具体写明装货船舶的名称（Vessel's Name）、装运港（Port of Loading）、卸货港（Port of Discharge）、最终目的地（Place of Destination）的名称和船舶开航的具体日期（Sailing Date）。

4）赔款偿付地点

赔款偿付地点一般由投保人提出，偿付机构由保险人根据投保人所提出的偿付定点指定。

5）保险金额

保险金额（Sum Insured，Amount Insured）是由保险人与被保险人约定，保险金额不得超过保险价值；超过保险价值的，超过部分无效。

6）保险责任

保险责任是指保险人按照保险合同的约定，在约定的海上保险事故发生时，应当承担的赔偿保险金的责任。保险合同必须约定保险责任范围。

根据国际惯例并结合我国实际，将海上保险按承保的责任范围分为基本险和附加险两大类。

7）责任免除

责任免除是保险合同中约定的保险人不负赔偿责任的范围。保险合同通常把保险人的故意行为、战争、军事行动、保险标的的自然损耗、危险事故发生后的间接损失、欺诈、犯罪行为等列为除外责任。在保险合同中列入责任免除主要是根据法律、社会公德或防止消极因素等需要，将道德危险、不可保的风险明确列入责任除外中，从而进一步明确保险人的责任承担。

8）保险期间

约定海上保险合同的保险期间一般有如下三种方式：一是以公历年月日计算约定的期间为保险期间。二是以一次航程的始末为保险期间。三是以一定的期间和一定的航程合并计算保险期间。

依照我国的海上保险实务，海上货物运输保险的保险期间，使用"仓至仓"责任期间。海上船舶保险的保险期间，因船舶定期保险和船舶航次不同而保险有所不同，对于船舶定期保险，以保险合同约定的保险期间为准；对于船舶航次保险，以保险合同约定的航次为准。

9）保险费

保险费是保险人因承担指定的赔偿或给付责任而向投保人或被保险人收取的费用。根据我国《海商法》规定，被保险人应当在保险合同订立后立即支付保险费，在被保险人支付保险费之前，保险人可以拒绝签发保险单证。被保险人缴纳保险费的多少，主要取决于投保的实际金额和保险费率，保险费率则是保险人根据保险标的发生风险的大小、损失率的高低和自身的经营费用等因素综合制定的。同时法律规定缴纳保险费是被保险人的主要合同义务，被保险人应该按照保险合同的约定履行缴纳保险费的义务。

2. 海上保险合同的形式

《保险法》规定：投保人提出投保要求，经保险人同意承保，并就合同的条款达成协议，保险合同成立。保险人应当及时向投保人签发保险单或其他保险凭证，并在保险单或者其他保险凭证中载明当事人双方约定的合同内容。经投保人和保险人协商同意，也可以采取其他协议形式订立保险合同，由此可见，我国保险合同的形式为书面形式，主要包括投保单、保险单、暂保单和保险凭证。

1）投保单

投保单（Proposal Form）是投保人向保险人申请订立保险合同的书面要约，投保单通常由保险人事先统一印制，投保人依其所列项目逐一据实填写后交付给保险人，投保人在投保单上需要填写的主要内容有：投保人、被保险人的名称和住所；保险标的的名称及存放地点；保险险别；保险责任的起讫；保险价值和保险金额等。投保人在投保单中，必须将投保危险的程序或状态等有关事项，据实向保险人告知。

投保单本身并非正式合同文本，但一经保险人接受后，即成为保险合同的一部分。

2）保险单

保险单（Insurance Policy）简称保单，是保险人与投保人之间订立的保险合同的正式书面凭证，由保险人制作，签章并交付给投保人，一旦发生保险事故，保险单是被保险人向保险人索赔的主要凭证，也是保险人向被保险人赔偿的主要依据。

3）保险凭证

保险凭证（Insurance Certificate）也称小保单，是保险人出立给被保险人以证明保险合同已有效成立的文件，它也是一种简化的保险单，与保险单有相同的效力。若保险凭证未列明的内容均以正式保单为准。

保险凭证通常在以下几种情况下使用：① 保险人承揽团体保险业务时，一般对团体中的每个成员签发保险凭证，作为参加保险的证明；② 在货物运输保险中，保险人与投保人订立保险合同明确该保险的责任范围的时间，邂逅再对每笔运输货物单独出具保险凭证；③ 在机动车辆及第三者责任保险中，为便于被保险人随身携带，保险人通常出具保险凭证。

4）暂保单

暂保单（Temporary Cover Note）又称临时保单，是保险人或其代理人在正式保险单签发之前出具给被保险人的临时保险凭证。它表明保险人或其代理人已接受了保险，等待出立正式保险单。

暂保单的内容比较简单，只载明被保险人的姓名、承保危险的种类、保险标的等重要事项，凡未列明的，均以正式保险单的内容为准。暂保单的法律效力与正式保险单相同，但有效期较短，一般为 30 天。正式保险单发出后，暂保单失效。暂保单也可在保险单发出之前中止效力，但保险人必须提前通知投保人。

7.3.3　国际海上保险合同的订立、变更、解除与终止

1. 海上保险合同的订立

同其他经济合同一样，海运货物保险合同的订立也必须经过要约（Offer）和承诺（Acceptance）两个环节。

（1）要约即订约的建议，是指投保人或被保险人向保险人提出的订立海上保险合同的要求或建议。习惯的做法是投保人或被保险人填写并向保险人提交投保单，提出保险要求。投保单上要列明保险合同的内容和项目。投保人为要约人。

（2）承诺即接受订约建议。当保险双方就保险合同的内容达成了意思上的一致后（保险人接受了投保人的要约），可以说双方已经签订了一份有效的保险合同。保险人同意承保的方式包括以下几种书面形式：① 保险人出具暂保单、保险单或保险凭证等保险单证；② 保险人在投保单上签字盖章；③ 保险人接受保险费，出具保险费收据；④ 其他书面确认形式。

需要注意的是，保险单是保险合同的书面证明文件，保险合同的存在并不一定以保险单的存在为条件。

2. 海上保险合同的变更

海上保险合同成立后，双方当事人应该认真履行合同，如果其中一方确实需要变更保险合同，必须经过双方的同意。

海上保险合同的变更是指合同主体的变更和合同内容的变更。

1）海上保险合同主体的变更

海上保险合同的主体变更是常有的事。随着国际贸易的需要,被保险货物在转让时,可由被保险人背书转让给受让人。海上保险合同主体的变更是指被保险人的变更。

在海上保险中,保险人变更的情况并不多见。保险人变更主要是经营破产,或违法经营。根据保险监管部门的规定权利与义务转让给其他保险人。

2）海上保险合同客体的变更

海上保险合同客体变更是指保险人提供保险保障范围的变更。客体变更一般是由投保人提出变更要求,经保险人同意,并在保险单上批注方可生效。客体变更后,保险人根据变更的内容增收或退还保险费。

3）海上保险合同内容的变更

海上保险合同内容的变更是指合同中约定事项的变更,一般发生在定期船舶保险中。船舶被保险人经常会因航运或贸易的需要,要求变更船名、变更航行区域、变更承保险别等。这些内容的变更会引起承保风险的变化,加重保险人的责任,因此,保险人对此有权决定解除保险合同或增收保费,保险合同继续有效。

保险合同变更必须经过以下程序:投保人发出更改请求;保险人就更改请求进行审核;保险人通知投保人审核结果;保险人在保险合同上签发批单或加贴附加条款;投保人支付手续费,并在必要时加付保险费。

3. 海上保险合同的解除和终止

1）海上保险合同的解除

同其他合同当事人一样,海上保险人也同样依法享有在一定情形下单方解除合同的权利。尽管实践中,由于海上保险合同的射幸性,海上保险人更多寄希望于保险事故不发生,而很少主动行驶解除权,但是,解除权仍是保险人拒绝承担保险责任时最常提起的抗辩事由。所谓的海上保险合同的解除,是指海上保险合同成立后,对被保险人和保险人均有约束力,但是被保险人和保险人可以依照法律的规定或保险合同的约定解除保险合同。依照《海商法》的规定,海上保险合同的解除情形主要有:违反如实告知义务的解除、保险责任开始前的解除、保险责任开始后的解除、船舶转让时的解除、违反保险条款的解除。

2）海上保险合同的终止

海上保险合同的终止是指在保险合同的有效期内,由于一定事由的发生,而使合同的效力终止。海上保险合同的终止分为自然终止、协议终止、履约终止等。

（1）自然终止。这是海上保险合同效力终止最普遍、最基本的原因。凡是海上保险单保险期限届满时,保险合同即告终止。如果被保险人另办续保手续,则属于新合同的开始。此外,如果因为发生非保险事故导致保险标的灭失,保险标的实际上已经不存在,那么保险合同也自然终止了。

（2）协议终止。海上保险合同经双方当事人协议定明,在保险合同有效期内,如遇有些特定情况可以随时注销保险合同。在海上保险合同中。对协议终止合同都规定了注销条件,特别是明确了保险人通过注销保险合同的时限,这点非常有利于保险人。在协议终止保险合同,保险人应按日计算未到期保险费退还该被保险人。但是,在航程保险中,保险责任一经开始,除非保险合同另有规定,被保险人不能要求终止保险合同,也不能要求退还保险费。

(3)履约终止。履约终止是指在保险合同有效期内,一旦发生了保险事故,保险人在履行赔偿财产损失或给付人身伤亡保险金后,达到保险金额全数时,保险合同终止。但是在船舶保险中,若船舶发生全部损失(包括实际全损和推定全损),保险人在赔偿保险金额后,保险合同即告终止。若船舶发生数次部分损失,即使保险赔款总额累计以及达到或超过保险金额,保险人仍需要负责到该保险合同期限届满时才终止责任。

本章小结

1. 内容要点

本章介绍了风险的概念、分类及主要特征;风险因素的概念及分类,风险、风险因素、风险事件和损失之间的相互关系;主观风险因素、客观风险因素及道德风险的区别;风险管理及基本步骤,风险控制和风险融资的主要方法;保险的概念,保险基金及特点;保险的职能及保险对社会和经济发展的重要作用;保险的社会成本;可保风险及构成条件。

2. 内容结构图

```
                    ┌──────────────────┐
                    │  国际货物保险总论  │
                    └──────────────────┘
        ┌───────────────────┼───────────────────┐
   ┌─────────┐         ┌─────────────┐    ┌──────────────┐
   │  保险   │         │ 国际海上保险 │    │国际海上保险合同│
   └─────────┘         └─────────────┘    └──────────────┘
   ┌───┬───┬────┐      ┌──────┬─────┐    ┌──────┬──────┬────────┐
 ┌────┐┌────┐┌─────┐ ┌────┐┌────┐ ┌────┐┌────┐┌─────────┐
 │风险││风险││保险分│ │定义及││分类│ │概念及││内容及││合同订立、│
 │    ││管理││类及原│ │特点  ││    │ │特点  ││形式  ││变更、解除│
 │    ││    ││则   │ │      ││    │ │      ││      ││与终止   │
 └────┘└────┘└─────┘ └────┘└────┘ └────┘└────┘└─────────┘
 ┌────┐┌────┐┌──────────┐
 │概念 ││步骤││强制和自愿保险、│
 │及特 ││和方││财产和人身保险、│
 │征   ││法  ││商业和社会保险 │
 └────┘└────┘└──────────┘
```

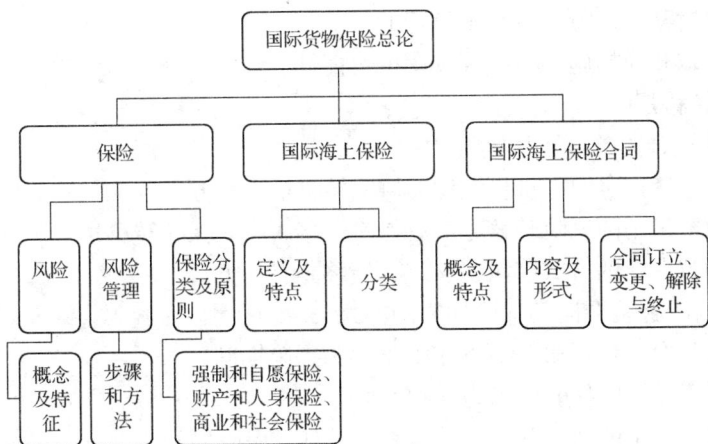

主要概念和重点实务

一、主要概念

1. 损失发生的可能性

2. 风险的客观性

3. 风险规避

4. 损失控制

二、重点实务

1. 风险管理的步骤

2. 选择风险管理的方法

3. 风险管理效果评价

4. 风险管理的方法

5. 保险合同变更程序

习题与训练

一、名词解释

1. 单独海损

2. 部分损失

3. 全部损失

4. 实际海损

5. 共同海损

二、单选题

1. 下列哪项不是风险规避的缺点（　　）。

　　A. 规避了一种风险的同时,可能又产生了另一种风险

　　B. 人们不可能回避所有的风险

　　C. 规避某些风险有时是不可行的

　　D. 采取相应措施回避损失发生的可能性

2. 风险转移是（　　）。

　　A. 通过合同条款转移风险

　　B. 通过签订合同把价格波动的风险转移给第三方

　　C. 通常采用的风险转移方法有保险转移法和非保险转移法

　　D. 通过一定的方式将风险从一方转移到另一方

3. 约定海上保险合同的保险期间的方式（　　）。

　　A. 是以公历年月日计算约定的期间为保险期间

　　B. 是以一次航程的始末为保险期间

　　C. 是以一定的期间和一定的航程合并计算保险期间

　　D. 以上都是

4. 保险凭证通常在什么情况下使用（　　）。

　　A. 保险人承揽团体保险业务时　　　B. 在货物运输保险中

　　C. 在机动车辆及第三者责任保险中　D. 以上都是

5. 以下海上保险合同终止的错误选项是（　　）。

　　A. 凡是海上保险单保险期限届满时,保险合同即告终止

　　B. 在保险合同的有效期内,由于一定事由的发生,而使合同的效力终止

  C. 在保险合同有效期内,如遇有些特定情况不可以注销保险合同

  D. 保险人在履行赔偿财产损失或给付人身伤亡保险金后,达到保险金额全数时,保险合同终止

三、多选题

1. 保险的基本原则包括(　　　)。

  A. 最大诚信原则   B. 保险利益原则

  C. 近因原则   D. 损失赔偿原则

2. 保险的分类有(　　　)。

  A. 强制保险和自愿保险   B. 财产保险和人身保险

  C. 商业保险和社会保险   D. 物品保险

3. 海上保险合同的变更有哪些(　　　)。

  A. 海上保险合同主体的变更   B. 海上保险合同客体的变更

  C. 海上保险合同内容的变更   D. 海上保险合同总体的变更

4. 财产保险包括广义和狭义两个范畴,属于财产保险的是(　　　)。

  A. 海上保险   B. 火灾保险   C. 意外伤害保险   D. 工程保险

5. 非保险转移的方法主要有(　　　)。

  A. 通过合同条款转移风险   B. 担保合同

  C. 套期保值   D. 风险转移

四、简答题

1. 简述风险管理的步骤。

2. 简述保险的基本原则。

3. 简述海上保险合同的概念和特点。

五、计算题

  1. 一批货物共 6 件,每件 500 公斤,保险金额为 30 000 美元,投保平安险附加短量险,运输途中短量 500 公斤,赔款金额应为多少?

  2. 某贸易公司出口到日本玉器 10 箱,CIF 价为 300 000 美元,投保海洋运输货物一切险加罢工险,总保险费率 4‰,买方要求按 CIF 价加二成投保,则应交多少保险费?

  3. 某公司出口一批货物,CIF 发票金额为 45 500 欧元,按合同规定加一成投保,险别为水渍险,保险费率 0.5‰,现客户要求改报 CFR 价,如我方同意,为不影响收汇,应报 CFR 价多少?

六、实训题

  实训项目:国际运输货物保险市场调查。

  实训目标:通过调查,了解国际海上保险的概念和特点;海上货物运输及保险合同订立过程。

  实训场所:外贸公司。

  组织形式:以班级为单位,6~8 人为一组,到外贸公司进行调查,组长把任务落实到人。

  实训步骤:(1)掌握我国外贸企业风险的特征和风险管理的方法;

  (2)国际海上保险合同签订的过程及除外责任;

（3）保险金额和保险费的计算方法，贸易术语的使用；

（4）五金制品、机电产品、纺织品、食品险种的选择；

（5）汇率变化对投保币种结算和理赔的影响。

评分标准:（1）调查报告格式规范、条理清楚；

（2）反映的问题要真实，有大量图表和数据；

（3）进口合同采用CFR、CPT等价格术语，由买方在国内办理保险；

（4）根据货物的特点选择相应险别和附加险；

（5）成功案例和经验。

成果形式:上交调查报告。

七、案例分析题

1. 某年2月，中国某纺织进出口公司与大连某海运公司签订了运输1 000件丝绸衬衫到马赛的协议。合同签订后，进出口公司又向保险公司就该批货物的运输投保了平安险。2月20日，该批货物装船完毕后启航，2月25日，装载该批货物的轮船在海上突遇罕见大风暴，船体严重受损，于2月26日沉没。3月20日，纺织品进出口公司向保险公司就该批货物索赔，保险公司以该批货物因自然灾害造成损失为由拒绝赔偿，于是，进出口公司向法院起诉，要求保险公司偿付保险金。

问题:本案中保险公司是否应负赔偿责任？

2. 有一贸易公司同国外买方达成一项交易，合同规定的价格条件为CIF，当时正值海湾战争期间，装有出口货物的轮船在公海上航行时，被导弹误击中沉没，由于在投保时没有加保战争险，保险公司不赔偿。

问题:买卖双方应由哪方负责？为什么？

3.   **保险条款不明确导致纠纷案**

G公司以CIF价格条件引进一套英国产检测仪器，因合同金额不大，合同采用简式标准格式，保险条款一项只简单规定"保险由卖方负责"。仪器到货后，G公司发现一部件变形影响其正常使用。G公司向外商反映要求索赔，外商答复仪器出厂经严格检验，有质量合格证书，不是他们的责任。后经商检局检验认为是运输途中部件受到震动、挤压造成的。G公司于是向保险公司索赔，保险公司认为此情况属"碰损、破碎险"承保范围，但G公司提供的保单上只保了"协会货物条款（C）"，没保"碰损、破碎险"，所以不能赔付。G公司无奈只好重新购买此部件。既浪费了金钱，又耽误了时间。

问题:分析G公司是否应得到保险公司的赔偿？为什么？

第8章　国际海运货物保险的保障范围

【知识目标】

1. 了解海上风险的种类和特点；
2. 了解一般外来风险和特殊外来风险的种类和特点；
3. 掌握全部损失和部分损失的概念；
4. 掌握施救费用和救助费用的区别。

【能力目标】

1. 了解划分实际全损和推定全损的方法；
2. 熟知共同海损的构成条件和表现形式；
3. 掌握共同海损与单独海损的内在联系和不同点；
4. 掌握保险人对施救费用赔偿的条件和赔偿的限度；
5. 了解雇佣性救助合同、"无效果、无报酬"救助合同的特点。

【引导案例】

"三善创造者"海事赔偿责任限制案

　　某年11月27日,某经济特区华海贸易公司与香港环球贸易公司签订了一份从韩国进口1 000吨铜版纸的外贸合同,价格条件为CIF汕头,每吨1 075美元,总价款为1 075 000美元。12月8日,华海贸易公司通过宁波保税区某实业有限公司向建行宁波市分行申请签发了以香港环球贸易公司为受益人的不可撤销的跟单远期90天信用证,号码为NP05LC950008,总金额为1 075 000美元。12月12日和12月15日,该批货物分别在韩国的群山港和釜山港装上韩国三善海运株式会社所属的"三善创造者"号轮,承运人签发了 SSHKP25BUS004201号提单,提单签发日为12月14日,载明数量为1 725托(999.515吨),卸货港为汕头。

　　华海就该票货物向中国太平洋保险公司某分公司投保,保险公司于12月18日向华海出具了号码为PST41/F95072(I)的保险单。保险单载明:被保险人为某经济特区华海贸易公司,保险货物为铜版纸1 000吨,保险金额为1 075 000美元,险种为平安险,装载运输工具为"三善创造者"号轮,开航日期为12月14日。保险公司收取保费6 448.94美元。

　　12月17日,"三善创造者"号轮在航行途中发生倾斜,经自救未获成功后船长命令弃船,12月19日该票货物全损。华海获悉该轮沉没后,即于12月22日向太平洋保险发出索赔通知书,要求其派员检验,并按规定赔付。而太平洋保险却以保单无效为由,拒绝赔付。此时,华海已通过开证银行取得了全套正本提单。期间因种种原因于第二年12月1日向宁波海事法院起诉。

案例思考：

该案是"海事赔偿责任限制案"的纠纷。太平洋保险却以保单无效为由，拒绝赔付，华海已通过开证银行取得了全套正本提单。海事法院会如何裁决呢？

（案例来源：http://www.doc88.com/p-872117001136.html）

8.1 国际海运货物保险保障的风险

8.1.1 海上风险

海上风险一般是指船舶或货物在海上航行中发生的或随附海上运输所发生的风险。在现代海上保险业务中，保险人所承担的海上风险是有特定范围的，一方面它并不包括一切在海上发生的风险，另一方面它又不局限于航海中所发生的风险。也就是说，海上风险是一个广义的概念，它既指海上航行中所特有的风险，也包括一些与海上运输货物有关的风险。

我国现行的海运货物条款及英国伦敦保险协会货物新条款所承保的海上风险从性质上划分，主要可分为自然灾害和意外事故。

1. 自然灾害

所谓自然灾害（Natural Calamities），就一般意义上讲，是指不以人的意志为转移的自然界力量所引起的灾害。它是客观存在、人力不可抗拒的灾害事故，是保险人承保的主要风险。在海上货物运输保险中，自然灾害并不是泛指一切由于自然力量所引起的灾害，按照我国1981年1月1日修订的《海洋运输货物保险条款》的规定，所谓自然灾害仅指恶劣气候、雷电、海啸、洪水等人力不可抗力的灾害。

1）恶劣气候

恶劣气候（Heavy Weather）一般指海上的飓风（八级以上的风）、大浪（三米以上的浪）引起的船体颠簸倾斜，并由此造成船体、船舶机器设备的损坏；或者因此引起的船上所载货物的相互挤压、碰撞所导致的货物的破碎、渗流、凹瘪等损失。

2）雷电

雷电（Lightning）常在积雨云层中产生，若云层之间、云和地面之间电位差增大到一定程度，就会发生猛烈的放电现象，这就是雷电。云层之间以及云和空气之间的放电，一般不会危及人的生命和财产；但云层和地面之间的放电，往往会危及人的生命和财产，并造成损失。

海上货运保险承保的雷电是指货物在海上或陆上运输过程中由于雷电所直接造成的，或者由于雷电引起的火灾造成的货物的灭失或损害。

3）海啸

海啸（Tsunami）是由地震或风暴而造成的海面的巨大涨落现象，按其成因可分为地震海啸和风暴海啸两种。地震海啸是伴随地震而形成的，即海底火山爆发或海岸附近地壳发生断裂，引起剧烈的震动，产生高达十余米的大浪，从而造成船货的损失。风暴海啸为强大低气压通过时,海水异常升起的现象,也会对在海上航行的船舶、货物造成损失。

4) 洪水

洪水(Flood)是指因江河泛滥、山洪暴发、湖水上岸及倒灌或暴雨积水,致使保险货物遭受泡损、淹没、冲散等损失。

5) 地震

地震(Earthquake)是指由于地壳发生急剧的自然变化,使地面发生震动、坍塌、地陷、地裂等造成的保险货物的损失。

6) 火山爆发

火山爆发(Volcanic Eruption)是指由火山爆发产生的地震及喷发出的火山岩灰造成的保险货物的损失。

根据英国伦敦保险协会 1982 年的《协会货物条款》,在保险人承保的风险中,属于自然灾害性质的风险除上述各项外,还有浪击落海(Washing Overboard)以及海水、湖水、河水进入船舶、驳船、运输工具、集装箱、大型海运箱或储存处所等。

2. 意外事故

意外事故(Accident)是指人或物体遭受到外来的、突然的、非意料中的事故,如船舶触礁、碰撞、飞机坠落、货物起火爆炸等。

但在海上保险业务中,所谓意外事故,并不是泛指海上发生的所有意外事故。按照我国 1981 年 1 月 1 日修订的《海洋货物运输保险条款》的规定,意外事故是指运输工具遭受搁浅、触礁、沉没、碰撞以及失火、爆炸等;根据英国伦敦保险协会新的《协会货物条款》,除了上述意外事故,陆上运输工具的倾覆或出轨也属意外事故的范畴。由此可见,海上货物运输保险所承保的意外事故,也不囿于在海上所发生的意外事故。

1) 火灾

火灾(Fire)是由于意外、偶然发生的燃烧失去控制,蔓延扩大而造成的船、货的损失。海上货物运输保险不论是直接被火烧毁、烧焦、烧裂,还是间接被火熏黑、灼热或为救火而至损失,均属于火灾风险。在海上货物运输中,火灾是最严重的风险之一。货物在运输过程中常因下列原因引起火灾:

(1) 由于闪电、雷击引起船货火灾。

(2) 货物受海水浸湿温热而引起火灾。

(3) 船长、船员在航行中的过失引起火灾。

(4) 船舶遭遇海难后,在避难港修理,由于工作人员操作不当引起火灾,如电焊引起火灾。

凡因上述原因及其他不明原因所致的火灾损失,保险人均负责赔偿。但是,由于货物固有瑕疵或在不适当的情况下运送引起的货物自燃,则不属保险人的承保责任范围。

2) 爆炸

爆炸(Explosion)一般是指物体内部发生急剧的分解或燃烧,迸发出大量气体和热力,致使物体本身及其周围的其他物体遭受猛烈破坏的现象。货物在海上运输过程中,因爆炸而受损的情况较多,如船舶锅炉爆炸使货物受损;货物自身因气候温度变化影响产生作用引起爆炸而受损。

3)搁浅

搁浅(Grounding)是指船舶在航行中,由于意外或异常的原因,船底与水下障碍物紧密接触牢牢地被搁住,并且保持一定时间失去进退自由的状态。

若船舶仅从障碍物上面或旁边擦过而并未受阻,或船底与水下障碍物的接触不是偶然的或异常的原因造成,如规律性的潮汐涨落而造成船舶搁浅在沙滩上,则不能以搁浅的名义向保险公司要求索赔。

4)触礁

触礁(Stranding)是指船舶在航行中触及海中岩礁或其他障碍物,如木桩、渔栅以及沉船的残骸等造成的一种意外事故。

5)沉没

沉没(Sunk)是指船舶因海水侵入,失去浮力,船体全部沉入水中,无法继续航行的状态,或虽未构成船体全部沉没,但已大大超过船舶规定的吃水标志,使应浮于水面的部分侵入水中无法继续航行。如果船体只有部分侵入水中而仍可航行,则不能视为沉没。

6)碰撞

货物运输保险承保的碰撞(Collision)风险是指载货船舶同水以外的外界物体,如码头、船舶、灯塔、流冰等,发生的猛力接触,因此造成船上货物的损失。若发生碰撞的是两艘船舶,则碰撞不仅会带来船体及货物的损失,还会产生碰撞的责任损失。碰撞是船舶在海上航行中的一项主要风险。

7)失踪

在航行中失去联系,达到一定时间仍杳无消息,可按失踪(Missing)论处,有的国家规定为 6 个月,有的国家规定为 12 个月。

8)投弃

投弃(Jettison)也称抛货,是指船舶在海中航行遭遇危难时,为了减轻船舶的载重,以避免全部损失,而将船上的货物或部分船上用具有意地抛入海中,这种行为即为投弃。因投弃带来的货物损失,属投弃责任。

按照伦敦保险协会旧协会货物条款的规定,投弃仅指共同海损行为的投弃,不包括非共同海损行为的投弃。但现行新的协会货物条款已取消了这一限制,规定凡因投弃造成的损失,保险人都予以赔偿,而不问是否为共同海损的行为所致。我国现行的海运货物保险条款同伦敦保险协会旧货物条款一样,仅指共同海损的投弃。

9)吊索损害

吊索损害(Sling Loss)是指被保险货物在起运港、卸货港或转运港进行装卸时,从吊钩上摔下来而造成的货物损失。对于此种风险,我国保险条款与伦敦保险协会条款的规定有所不同。我国条款的规定是“在装卸或转运时,由于一件或数件整件货物落海造成的全部或部分损失”。伦敦保险协会条款的规定是“货物在船舶或驳船装卸时落海或跌落造成任何整件的全损”。

10) 海盗行为

按照 1981 年《海洋法公约》的规定,海盗行为(Piracy)是指:

(1) 必须旨在扣留人或者掠夺财物的非法行为。

(2) 通过暴力或威胁手段达到目的。

(3) 并非出自某一官方或半官方的指令或默许而进行的对敌方的攻击。

(4) 必须发生在沿海国家管辖范围以外的海域或上空。

按照上述定义,海盗是船舶在公海上航行时遭遇到的海上一般风险,而非战争风险,对于这项风险,伦敦协会货物条款 A 给予承保。在我国现行的海运货物保险条款中,海盗被列入战争风险。

由此可以看出,海上货物运输保险所承保的意外事故,也不囿于在海上所发生的意外事故。

11) 船长、船员的不法行为

船长、船员的不法行为(Barratry of Master and Mariner)是指船长、船员背着船东或货主故意做出的有损于船东或货主利益的恶意行为。船长、船员的不法行为是海上货物运输过程中的较为常见的一项风险,如丢弃船舶、纵火焚烧、凿漏船体、违法走私造成船舶被扣押或没收、故意违反航行规则而遭受处罚等。但下列情况不包括在"船长、船员的不法行为"的概念之内:

(1) 船长、船员的不法行为事先为船主或货主所知悉并同意者。

(2) 船长即是船东,不法行为所致损失属被保险人的故意行为造成。

船长、船员的不法行为是 S. G. Policy 中承保的一项海上风险,英国伦敦保险协会现行的 ICC(A)险也承保该风险。在我国,此项风险属海运货物罢工险的承保范围。

8.1.2　外来风险

外来风险是指海上风险以外的其他外来原因所造成的风险。

在国际海运货物保险业务中,保险人除了承保上述各种海上风险外,还承保外来风险所造成的损失。外来风险可分为一般外来风险和特殊外来风险。

1. 一般外来风险

我国货运保险业务中承保的一般外来风险有以下几种。

1) 偷窃

偷窃(Theft,Pilferage)是指整件货物或包装内一部分货物被人暗自窃取,不包括公开的攻击性劫夺。

2) 提货不着

提货不着(Short-delivery & Non-Delivery)是指货物在运输途中由于不明原因被遗失,造成货物未能运抵目的地,或运抵目的地时发现整件短少,没有交给收货人。

3) 渗漏

渗漏(Leakage)是指流质或半流质的货物在运输途中因容器损坏而引起的损失。

4）短量

短量（Short in Weight）是指被保险货物在运输途中或货物到达目的地发现包装内货物数量短少或散装货重量短缺。

5）碰损破碎

碰损（Clashing）是指金属和金属制品等货物在运输途中因受震动、颠簸、碰撞、受压等造成的凹瘪、变形；破碎（Breakage）主要是指易碎物品在运输途中因受震动、颠簸、碰撞、受压等而造成的破碎。

6）钩损

钩损（Hook Damage）主要是指袋装、捆装货物在装卸、搬运过程中因使用手钩、吊钩操作而致货物的损坏。

7）淡水雨淋

淡水雨淋（Fresh and Rain Water Damage）是指直接由于淡水、雨水以及冰雪融化造成货物的水渍。

8）生锈

生锈（Rusting）是指金属或金属制品的一种氧化过程。海运货物保险中的生锈，是指货物在装运时无生锈现象，在保险期内发生锈损。

9）玷污

玷污（Contamination）是指货物同其他物质直接接触而受污染，如布匹、纸张、食物、服装等被油类或带色的物质污染。

10）受潮受热

受潮受热（Sweating & Heating）是指由于气温变化或船上通风设备失灵而使船舱内水蒸气凝结，造成舱内货物发潮、发热。

11）串味

串味（Taint of Odour）是指被保险货物受其他带有异味货物的影响，引起串味，失去了原味。

2. 特殊外来风险

该风险是指军事、政治、国家政策、法令以及行政措施等外来风险。常见的特殊外来风险有战争、罢工、交货不到、拒收等。

8.2 国际海运货物保险保障的损失

在海运货物保险中，保险人承保的由于上述海上风险和外来风险所造成的损失，按照损失程度划分，可分为全部损失与部分损失。

8.2.1 全部损失

全部损失（Total Loss）简称"全损"，是指被保险货物由于承保风险造成的全部损失或视同全部损失的损害。

在海上保险业务中,全部损失分为实际全损和推定全损。

1. 实际全损

实际全损(Actual Total Loss,ATL)是指保险标的发生毁损、灭失即全部损失的现实客观状态。英国 1906 年《海上保险法》第 57 条规定:如果保险标的完全灭失,或受损后不成其为原保险的一种东西,或保险标的的丧失被保险人已无法挽回,则构成实际全损,且在实际全损的情况下,不必发送委付通知。被保险货物的实际全损通常有下列四种情况:

(1) 被保险货物的实体已经完全灭失。例如,货物遭受大火被全部焚毁;船舶遇难,货物随同船舶沉入海底灭失。

(2) 被保险货物遭到严重损害,已丧失了原有的用途和价值。例如,水泥被海水浸泡成硬块;牛皮被海水侵蚀,腐烂发臭。

(3) 被保险人对保险货物的所有权已无可挽回地被完全剥夺。例如,战时货物被敌国所捕获或没收。

(4) 载货船舶失踪,达到一定时期(我国《海商法》规定为 2 个月)仍杳无音信。被保险人在货物遭受了实际全损后,可按其投保金额,获得保险人全部损失的赔偿。

2. 推定全损

推定全损(Constrctive Total Loss,CTL)是指被保险货物在海上运输中遭遇承保风险之后,虽未达到完全灭失的状态,但是可以预见到它们的全损将不可避免;或者为了避免全损,需要支付的抢救、修理费用加上继续将货物运抵目的地的费用之和将超过保险价值(英国现行保险条款规定为"将超过其到达目的地时的价值")。推定全损并非客观现实,它是根据海上出险情况对保险标的的损失状况的一种逻辑推理推定,故称推定全损。

在推定全损的情况下,被保险人获得的损失赔偿有两种情况:一种是被保险人获得全部赔偿;另一种是被保险人获得部分损失赔偿。如果被保险人想获得全损赔偿,他必须无条件地把被保险货物委付给保险公司。所谓委付(Abandonment),是指被保险人在保险标的的处于推定全损状态时,向保险人声明愿意将保险标的的一切权益,包括财产权及一切由此而产生的权利与义务转让给保险公司,而要求保险公司按全损给予赔偿的一种行为。

在具体做法上,被保险人应以书面或口头方式向保险人发出委付通知(Notice of Abandonment),一方面向保险人表示其希望转移货物所有权,以获得全损赔偿;另一方面便于保险人在必要时能及时采取措施,避免全损或尽量减少被保险货物的损失。因此,被保险人一旦得知货物受损处于推定全损状态并愿按委付方式处理时,应立即发出委付通知。委付通知不一定为保险人接受,法律也不强迫其去接受。保险人在接到被保险人的委付通知后,一般都是拒绝接受的,因为委付一经接受,便不能撤销并须承担由于所有权转移而相应产生的义务。

由于委付是海上货物运输保险中处理索赔的一种特殊做法,各国保险法都对委付

有严格规定。一般来讲,委付的构成必须符合下列条件:

(1) 委付通知必须及时发出;

(2) 委付时必须将被保险货物全部进行委付;

(3) 委付不能附带任何条件;

(4) 委付必须经过保险人的承诺才能生效。

上述实际全损和推定全损虽然都名为"全损",但两者是有区别的:实际全损时,保险标的确实已经完全丧失,被保险人自然可以向保险人要求全部赔偿,而不须办理委付手续;推定全损,则是保险标的受损后并未完全丧失,还可以修复或者可以收回,只是所支出的费用将超过保险标的物的保险价值或者收回的期望较小而已,因此被保险人可以向保险人办理委付,要求保险人按全损赔偿,也可以不办理委付而保留对残余货物的所有权,由保险人按部分损失进行赔偿。

但是,在推定全损和实际全损之间并没有绝对的界限,它们有类似的一面,所包括的具体情况也一样,都是两大类:一是"受损严重"(Destruction),二是"丧失自由使用"(Deprivation)。推定全损并不是物质上的消失,而是不值得去用超过价值的费用使其恢复原价值,所以现实生活中大部分情况是推定全损而非实际全损。但是,如果保险标的损失被认定为推定全损而非实际全损,被保险人向保险人索赔的前提条件是被保险人已将保险标的委付给了保险人;如果没有这样做,被保险人就丧失了索赔全损的权力,特别是在平安险的情况下,就意味着被保险人将得不到任何保险赔偿。事实上,在海上保险实务中,几乎在每一个全损案件中,被保险人都向保险人发出委付通知。由此可见,在海上保险中,推定全损的概念及委付问题相当重要,比实际全损更加普遍,更有实践意义。

海运货物保险业务中,全损的概念不是以一艘船上载运的全部货物的完全灭失为划分标准,保险人对货运保险中全损范围的掌握通常在条款中加以明确,国际上一般掌握的界限如下:

(1) 一张保单所保货物的完全损失;

(2) 一张保单上所保的分类货物的完全损失;

(3) 装卸过程中一个整件货物的完全损失;

(4) 在使用驳船装运货物时,一条驳船所载货物的完全灭失;

(5) 一张保险单下包括多张提单,其中一张或几张提单货物的完全灭失。

8.2.2 部分损失

部分损失(Partial Loss)是指被保险货物的损失没有达到全部损失的程度,按照损失的性质来划分,部分损失可以分为共同海损和单独海损。

1. 共同海损

1) 共同海损的定义

共同海损(General Average)是指载货运输的船舶在同一海上航程中遭遇自然灾害或意外事故或其他特殊情况,使航行中的船、货、运费收入或其他有关财产的共同安全受到威胁。为了解除共同危险,维护各方的共同利益或使航程继续完成,船方有意识地、合理地采取抢救措施所直接造成的某些特殊牺牲或支出的额外费用。

共同海损行为既然保护了船、货各方的利益,就应当由各受益方按受益财产的比例予以分摊。

2)共同海损的构成条件

(1)导致共同海损的危险必须是实际存在的、危及船舶与货物共同安全的危险。导致共同海损的危险必须是真实存在的或不可避免的(Actual Peril,Real Danager),船舶无须处于或近于因为危险而引起的灾难之中。

(2)共同海损的措施必须是为了解除船货的共同危险,人为地、有意识地采取的合理措施。所谓"有意识"(Intentional Act),是用以区别意外的损失,指船方为使船货摆脱共同危险的困境而采取的积极主动的措施。所谓"合理"(Reasonable Act),是指本着以最小的牺牲换取船、货的最大安全为原则而采取的措施,措施是有成效和节约的,因而也是符合全体利害关系方的利益的。

(3)共同海损的牺牲是特殊性质的、费用损失必须是额外支付的。

(4)共同海损的损失必须是共同海损措施的直接合理后果。

(5)造成共同海损损失的共同海损措施最终必须有效果。

3)共同海损的表现形式

共同海损的表现形式虽然数目很多,但从性质上划分,只有两大类,即共同海损牺牲和共同海损费用。

(1)共同海损牺牲(Sacrifice of Average),是指由共同海损措施所直接造成的船舶或者货物或其他财产在形态上的灭失或损坏。

(2)共同海损费用(General Average Expenditure),是指由于采取共同海损措施而产生的金钱上的额外支出。

4)共同海损的理算

船舶发生共同海损事故后,对于共同海损案件是否能成立,哪些损失或费用属于共同海损范围,哪些不属于共同海损范围,属于共同海损范围内的损失和费用,应由哪些利益方按照什么标准予以分摊等问题,是一项复杂细致的调查研究和计算工作。习惯上都由船东委托专业理算机构或人员进行理算,这种机构和人员称为共同海损理算人。他们负责办理共同海损的审核、损失估计和损失费用的补偿分摊工作。

国际上共同海损的理算一般按《约克-安特卫普规则》办理。这项规则最初是英、美和一些欧洲大陆海运国家的理算、航运和保险界等方面的代表,于 1860 年在英国格拉斯哥港召开会议共同制定的,此后又经过了多次修订。《约克-安特卫普规则》虽不是强制性的国际公约,但已为国际海运、贸易和保险界所广泛接受。现在国际上大部分租船合同、海运提单、海洋船舶和货运险的保险单上都规定按此规则理算。

在我国,中国国际贸易促进委员会在总结我国共同海损理算工作经验的基础上,参照国际做法,制定了《中国国际贸易促进委员会共同海损理算暂行规则》(简称《北京理算规则》),并于 1975 年 1 月 1 日正式公布实施。目前,我国各海运船队在提单或其他运输合同中都规定:"如发生共同海损,按《北京理算规则》办理。"

2. 单独海损

1) 单独海损的定义

单独海损(Particular Average)是指在海上运输中,由于保单承保风险直接导致的船舶或货物本身的部分损失。例如,载货船舶在海上航行中遭遇暴风巨浪,海水进入船舱致使部分货物受损,此项由承保风险造成的货物的部分损失即为货方的单独海损。单独海损是一种特定利益方的部分损失,不涉及其他货主或船方。单独海损仅指保险标的本身的损失,并不包括由此而引起的费用损失。

2) 构成单独海损的条件

(1) 必须是意外的、偶然的、承保风险直接导致的保险标的本身受损。

(2) 必须是船方、货方或者其他利益方单方面所遭受的损失,而不涉及其他方的损失。

(3) 单独海损仅指保险标的本身的损失,而不包括由此引起的费用损失。

3) 单独海损的赔偿方式

(1) 单独海损绝对不予赔偿。

(2) 除某些特定风险所造成的单独海损外,单独海损不予赔偿。我国海运货物保险的平安险条款对单独海损的赔偿规定,属于这种情况。

(3) 单独海损赔偿,但单独海损未达到约定的金额或百分比时不赔,以达到约定的金额或百分比的单独海损全部予以赔偿。

(4) 单独海损赔偿,但保险人只对超过约定的金额或百分比的那部分单独海损予以赔偿,没有超约定的金额或百分比的那部分单独海损不予赔偿。

(5) 不加任何特别限制,凡是单独海损均与赔偿。

3. 共同海损与单独海损的区别与联系

共同海损与单独海损的区别主要表现为:① 在造成损失的原因上,单独海损是由承保风险所直接造成的船、货的损失;而共同海损则是为了解除或减轻承保风险人为造成的一种损失。② 在损失的承担上,共同海损是由各受益方按获救财产价值的大小比例分摊;而单独海损由受损方自己承担。

共同海损和单独海损之间有着密切的内在联系。一般地说,单独海损发生进而引起共同海损,在采取共同海损措施之前的部分损失,一般可列为单独海损。

8.3 国际海运货物保险保障的费用

海上承保风险会造成海上保险货物的有形损失,同时为了保护保险货物并避免损失的扩大,还会引起一些费用的支出。海运货物保险人在一定条件下对这些费用支出予以赔偿。这些费用主要有施救费用和救助费用。

8.3.1　施救费用

为了防止被保险人因办理了保险而在照料和保护保险标的方面减轻责任心,海运货物保险合同规定被保险人及其代理人在一切情况下,有责任采取合理的措施,以防止或减少保险标的的损失。这种措施就是海上保险中的施救行为(Sue and Labour),该行为所产生的费用即是施救费用(Sue and Labor Charges)。

施救费用,亦称诉讼及营救费用,是指被保险货物在遭遇承保责任范围内的灾害事故时,被保险人(或其代理人、雇佣人员或受让人)为了避免或减少货物损失,采取各种抢救与防护措施所支出的合理费用。

1. 保险人对施救费用赔偿的条件

(1) 施救费用必须是合理的和必要的。如果是不合理支出的施救费用,保险人不予赔偿。

(2) 施救费用必须是为防止或减少承保风险造成的损失所采取的措施而支出的费用。如果所采取的行动是为了避免或减少不是保险单所承保的损失,其费用不得作为施救费用向保险人索赔。

(3) 施救费用是由被保险人及其代理人、雇用人采取措施而支出的费用。施救费用仅限于由被保险人支出的费用,不包括保险人支出的费用。被保险人支出的费用,包括其本人、代理人或雇用人支出的费用。

(4) 施救费用的赔偿并不考虑措施是否成功。只要措施得当,费用支出合理,即便施救措施不成功,没有达到目的,保险人对施救费用也应负责。这个规定调动了被保险人拯救保险标的的积极性,从而也保护了保险人自己的利益。

2. 保险人对施救费用赔偿的限度

1) 对施救费用的补偿是在对保险标的的损失赔偿之外另行支付的

施救费用条款是保险合同的补充性契约(Supplementary Engagement),虽然保险人可能已经赔付了全损,但被保险人仍可要求保险人赔偿其为了履行施救义务而发生的费用。保险人对保险标的损失的赔偿,是以保险金额为限,而保险人对施救费用的赔偿责任,也是以保险金额为限。故而保险人对一次保险事故的损失赔偿,可能达到两个保险金额。

2) 施救费用赔偿中免赔额的适用

如果保险单中规定了绝对免赔额(Deductible),那么免赔额适用于所有部分损失的索赔,包括单独海损、救助、共同海损和施救费用的赔偿。同一事故引起的上述各项索赔加在一起,扣除一个免赔额后,由保险人赔偿。但是,与全损有关的施救费用的赔偿并不适用该免赔额。

3) 不足额保险下施救费用的赔偿

如果保险单是不足额保险单,施救费用的赔偿要按照保险金额占保险价值的比例来赔偿。如果施救费用发生时,货物的完好市场价值大于货物的保险价值,那么,保险人不考虑货物市场价值的因素,仍然按照货物保险金额与保险价值的比例赔偿被保险人所支出的施救费用。

8.3.2 救助费用

救助费用(Salvage Charges)是指海上保险财产在遭遇承保范围内的灾害事故时,由保险人和被保险人以外的第三者采取救助措施并获成功,由被救方付给救助方的一种费用。救助费用一般都可列为共同海损的费用项目,因为通常它是在船、货各方遭遇共同危险的情况下,为了共同安全由其他船舶前来救助而支出的费用。在各国保险法或保险公司的保险条款中,一般都列有保险人对救助费用负担赔偿责任的规定。海上救助是建立在人道主义基础之上的。按照国际惯例,任何海上航行的船舶都有义务和责任援助其他遇难船舶。如果对遇难船舶见死不救,根据公认的国际法原则,轻者吊销船长、船员的资格证书,重者给予刑事处分。鉴于救助人进行救助工作时,常冒巨大风险并消耗大量人力和物力,有关救助的国际公约和各国法律都有给予救助人以报酬的明文规定。

在海上救助中,救助人与被救助人之间为了明确双方的权利与义务,一般都在救助开始之前或在救助的过程中订立救助合同(口头或书面)。救助合同有两种:一种是雇佣性救助合同,另一种是"无效果、无报酬"救助合同。

1. 雇佣性救助合同

雇佣性救助合同(Employed Salvage Service Contract)的特点是:不论救助是否有效,均按约定的标准(按固定的金额或按工作时间)付给救助费用;同时,救助工作是在遇难船舶的指挥之下进行。雇佣性救助合同在实际中应用较少,一般只适用于遇险船舶距离港口不远,只需一般拖带作业的场合。

2. "无效果、无报酬"救助合同

"无效果、无报酬"(No Cure,No Pay)救助合同的特点是,救助费用是在救助完成之后,根据救助的效果、获救财产的价值、救助工作的难度和危险程度,以及救助工作时间和耗费的费用等,通过协商后或仲裁来确定,但最多不得超过获救财产的价值,如果救助没有效果,便不给报酬。救助人为了保证其在救助之后获得报酬,一般都要求被救方提供担保,对未提供担保的被救财产,救助人享有留置权。

长期以来,在国际海上救助中普遍采用的救助合同格式是英国的以"无效果、无报酬"为原则的"劳合社救助合同标准格式"。近年来,由于海上石油运输数量不断增加,海上污染严重,为了鼓励救助人对危及环境的船、货进行施救,以保护海洋环境,防止或减轻环境污染,根据有关方面的要求,劳合社已在其 1980 年的救助合同格式中,对"无效果、无报酬"的原则做了一些例外的规定:对于遇难的油船,救助人只要没有过失,即便救助无效,也可以获得合理的报酬。在联合国国际海事组织 1989 年 4 月主持召开的外交会议上通过的《1989 年国际救助公约》中,为了鼓励救助具有污染海洋环境的船舶,公约规定了特别补偿制度,这种补偿包括两种情况:一种是救助没有效果或效果不明显,而且还未能减轻或防止环境污损时,救助方虽然得不到救助报酬,但却可以得到一笔相当于救助所花费用的特别补偿;另一种情况是虽然救助没有取得效果,但却防止或减轻了环境污损,救助方也可以得到一笔相当于救助所花费用的特别补偿,而且,法院或仲裁机构还可以根据具体情况,将特别补偿予以适当增加(增加的幅度为救助人所花费用的 30%~100%)。这里所说的特别补偿是在救助没有效果的情况下所取得的,因而不符合海难救助法中所确立的"无效果、无报酬"的原则,也与共同海损分摊条件之一(使同一海上航程中的财产得免于难)相违背,因而这种特别补偿不能要求其他各方分摊,只能由救助方向获救船舶的所有人提出请求。

8.3.3　施救费用与救助费用的区别

1. 采取行为的主体不同

施救是由被保险人及其代理人等采取的行为,而救助是保险人和被保险人以外的第三者采取的行为。

2. 给付报酬的原则不同

施救费用是施救不论有无效果,都给予赔偿,而救助则更多是"无效果、无报酬"。

3. 保险人的赔偿责任不同

施救费用可在保险货物本身的保险额以外,再赔一个保额;而保险人对救助费用的赔偿责任是以不超过获救财产的价值为限,亦即救助费用与保险货物本身损失的赔偿金额二者相加,不得超过货物的保额,而且是按保险金额与获救的保险价值比例承担责任。

4. 采取行为的性质不同

救助行为一般是与共同海损联系在一起,而施救行为则并非如此。

本章小结

1. 内容要点

本章从风险、损失和费用三方面展开,在风险分类中介绍了自然灾害和意外事故、一般外来风险和特殊外来风险的具体内容。在损失分类中介绍了全部损失、部分损失的概念,二者的区别和联系,共同海损的构成条件及理算规则。在费用分类方面介绍了施救费用的赔偿条件,施救费用与救助费用的区别与联系。

通过本章学习,要理解海上风险的概念及分类,各种海上损失的概念、特点和构成要件,海上费用的概念及特点,掌握保险公司对各种海上损失和费用的赔偿方法,并能运用这些理论分析有关的海上保险案例。

2. 内容结构图

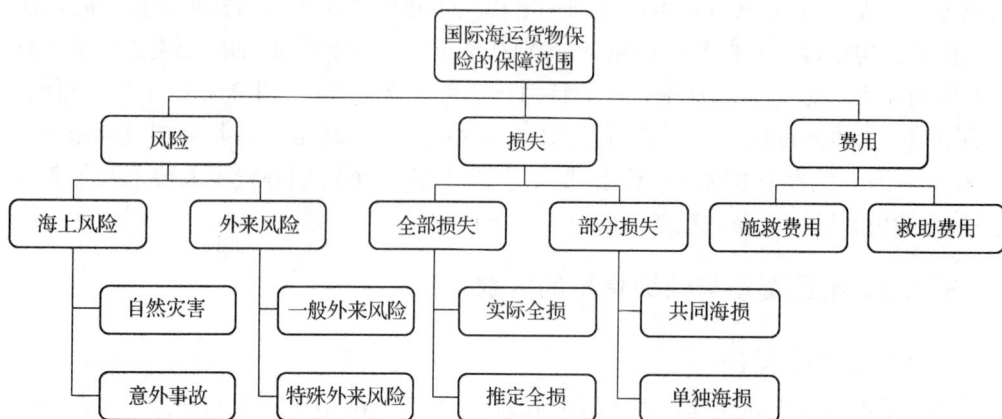

主要概念和重点实务

一、主要概念

1. 外来风险

2. 全部损失

3. 部分损失

4. 施救费用

二、重点实务

1. 推定全损的损失赔偿

2. 救助合同

3. 共同海损的理算

习题与训练

一、名词解释

1. 海上风险

2. 自然灾害

3. 意外事故

4. 特殊外来风险

5. 共同海损

二、单选题

1. 以下属于国际海运货物保险中自然灾害的是(　　　　)。

    A. 火山爆发　　　　B. 触礁　　　　　　C. 淡水雨淋险　　D. 海盗行为

2. 以下不属于船长、船员的不法行为的是(　　)。

    A. 纵火焚烧   B. 丢弃船舶

    C. 船主或货主不法行为   D. 凿漏船体

3. 属于我国货运保险业务中承保的一般外来风险的是(　　)。

    A. 沉没   B. 失踪   C. 吊索损害   D. 提货不着

4. 以下不是特殊外来风险的是(　　)。

    A. 战争   B. 罢工   C. 提货不着   D. 交货不到

5. 以下不是构成单独海损的条件的是(　　)。

    A. 必须是意外的、偶然的、承保风险直接导致的保险标的本身受损

    B. 单独海损的牺牲是特殊性质的、费用损失必须是额外支付的

    C. 必须是船方、货方或者其他利益方单方面所遭受的损失,而不涉及其他方的损失

    D. 单独海损仅指保险标的本身的损失,而不包括由此引起的费用损失

三、多选题

1. 按照 1981 年《海洋法公约》的规定,海盗行为是(　　)。

    A. 必须旨在扣留人或者掠夺财物的非法行为

    B. 通过暴力或威胁手段达到目的

    C. 并非出自某一官方或半官方的指令或默许而进行的对敌方的攻击

    D. 必须发生在沿海国家管辖范围以外的海域或上空

2. 委付的构成必须符合下列条件(　　)。

    A. 委付通知必须及时发出

    B. 委付时必须将被保险货物全部进行委付

    C. 委付能附带任何条件

    D. 委付必须经过保险人的承诺才能生效

3. 海运货物保险业务中,全损的概念不是以一艘船上载运的全部货物的完全灭失为划分标准,保险人对货运保险中全损范围的掌握通常在条款中加以明确,国际上一般掌握的界限是(　　)。

    A. 一张保单所保货物的完全损失

    B. 一张保单上所保的分类货物的完全损失

    C. 装卸过程中一个整件货物的完全损失

    D. 在使用驳船装运货物时,一条驳船所载货物的完全灭失

四、简答题

1. 共同海损的构成条件是什么?

2. 共同海损的表现形式是什么?

3. 单独海损的赔偿方式有哪些?

4. 简述共同海损与单独海损的区别与联系。

5. 简述保险人对施救费用赔偿的条件。

五、计算题

1. 一艘从纽约到上海的货船在海上航行时撞礁、船身严重倾斜,船长为了避免船只沉没,命令船员丢弃一部分货物。已知船的价值为 300 万元,承运人一次挣 10 万元运费,船上有甲、乙、丙三位货主的货物,船长抛弃的是乙方的货物,已知三位货主的货物价值分别是:甲,50 万元;乙,65 万元;丙,33 万元。试问共同海损如何分摊?

2. 一艘货船在海上航行时遭遇暴风雨,船身严重倾斜,为了避免船只沉没,船长命令船员丢弃一部分货物。已知船的价值为 250 万元,承运人一次挣 10 万元运费,船上有甲、乙两位货主的货物,船长抛弃的是甲方的货物,已知两位货主的货物价值分别是:甲,100 万元;乙,150 万元。试问共同海损如何分摊?

六、实训题

实训名称:国际海运货物保险的保障范围实训。

实训目标:(1) 掌握国际海运货物保险保障的范围;

(2) 国际海运货物保险保障的损失;

(3) 国际海运货物保险保障费用计算的相关知识;

(4) 保险单证填写和训练。

实训内容:我国某公司从美国进口一批机械,CIF 上海总价为 5 000 万美元。现有几家保险公司想争取这笔业务,纷纷制作相应的保险方案。如果你是其中一家保险公司,请根据这家公司的情况制作相应的方案(方案中至少要涉及保险范围、保险险别、保险费用、理赔方式等内容。)

实训方式:(1) 6~8 人为一组,选出组长一名;

(2) 准备资料:货运单样本,报关、报检样本和商检样本;

(3) 各小组根据以上数据提交保险预案;

(4) 提交保险方案内容包括:险别、险种、承保范围、保险金额、保险费用、理赔、纠纷的处理等。

实训步骤:(1) 分组;

(2) 各小组提交保险预案;

(3) 制作 PPT 介绍本小组的保险方案。

评分标准:(1) 保险预案内容 70%;

(2) 保险方案 PPT 展示 30%。总分为 100 分。

微信扫码查看

第9章 国际海运业务保险条款

【知识目标】

1. 掌握伦敦协会货物条款 ICC(A)、ICC(B)、ICC(C)；
2. 掌握我国《海洋运输货物保险条款》的基本险(平安险、水渍险和一切险)；
3. 掌握我国海运货物保险的一般附加险、特殊附加险和特别附加险。

【能力目标】

1. 熟知贸易术语的应用；
2. 掌握保险合同签订过程,能正确选择险种、险别和计算保险费；
3. 掌握被保险货物出险时的处理方法。

【引导案例】

华安财产保险股份有限公司货物保险合同案

某年10月27日,华联公司(原告:某市华联粮油贸易公司)与瑞士A谷物有限公司(DECOM S. A)签订买卖合同,向后者购买12 000吨(可增减10%,由卖方选择)散装黄豆粕,约定货物价格为中国蛇口或赤湾港CFR FO(成本加运费,不负责卸货)每吨280.6美元,加开立信用证期间的利息后,每吨286.6美元;装运期限为11月6日至12月6日。豆粕的蛋白质含量以45%为基准,含水量最多12%。之后,华联公司按发票单价每吨286.6美元计付了货款。

同年11月25日,华联公司为上述进口豆粕与华安公司(被告:某市华安保险公司)签订了一份货物运输保险单,该保险单正面记载:运输工具为"仁达思"轮(M. V. "RAMDAS");起运日期为11月26日,自印度至中国蛇口;保险货物为散装印度产黄豆粕12 000公吨(10%增减);根据中国人民保险公司海洋运输货物保险条款(1/1/1981)承保一切险和战争险,包括短量险;货物计重以中国蛇口码头地磅电子秤称重为准,以与提单数量差额计短重。如出现短重,则免赔数量(包括正常途耗)为0.5%;该保险单背面印备的海洋运输货物保险条款规定的"一切险"保险责任范围为"除包括上列平安险和水渍险的各项责任外,本保险还负责被保险货物在运输途中由于外来原因所致的全部或者部分损失"。背面条款还规定:"本保险负'仓至仓'责任,自被保险货物离开保险单所载明的启运地仓库或储存处所开始运输时生效,包括正常运输过程中的海上、陆地、内河和驳船运输在内,直至该项货物到达保险单所载明目的地收货人的最后仓库或储存处所或被保险人用作分配、分派或非正常运输的其他储存处所为止。如未抵达上述仓库或储存处所,则以被保险货物在最后卸载港全部卸离海轮后满六十天为止。如在上述六十天内被保险货物需转运到非保险单所载明的目的地,则以该项货物开始转运时终止。"

同年12月2日,该保险单项下豆粕在印度孟买港开始装上"仁达思"轮,12月15日装船完毕。承运人印度船务有限公司签发了清洁提单,提单记载的卸货港均为"蛇口",货物总重量为 11 917.04 公吨。装船前印度的检验公司对该批豆粕进行了检验,认为货物装船时状况良好有销售价值,无寄生虫类,没有发霉和异味,适合动物食用,蛋白质含量为45.15%,含水量为 11.94%。12 月 30 日,"仁达思"轮抵赤湾,次日开始卸货。卸货当天,华联公司以传真函通知华安公司货物已于昨天下午运抵赤湾港卸货,请速派员到港口勘查。次年 1 月 1 日,装卸工人发现第四舱内豆粕发红变质。华联公司及时通知了华安公司,次日华安公司派人到现场查看。华联公司申请深圳进出口商品检验局对货物进行检验,《检验结果单》记载:发现部分豆粕呈红色,分布不均匀,并伴有发热、霉味现象。随着卸货越往舱底处颜色越深,红褐色越明显。经向船方了解及查阅有关资料,装货期间没有异常情况发生。航行途中没有遇到恶劣天气。卸下的豆粕总净重为11 708.099 公吨,比提单记载的重量短少 208.941 吨。发红变质的货物为 4 927.389 公吨。该轮舱底及舱壁没有发现异常情况。鉴定认为上述货物发红变质系货物装船后运输过程中发生的。该批货物的蛋白质含量为 43.97%,含水量为 12.6%,不符合本案买卖合同的约定。1 月 6 日,华联公司向海事法院提出诉前财产保全申请,请求扣押"仁达思"轮,责令承运人印度船务有限公司提供 1 776 920 美元的担保。同日,海事法院裁定准许了华联公司的申请,扣押了"仁达思"轮,随后承运人提供了担保,1 月 9 日海事法院解除了船舶扣押。

发现货物出险后,华联公司与华安公司双方就残损货物的处理和赔偿问题进行了协商。1 月 13 日,华安公司通知华联公司,其初步同意将有问题的豆粕以每吨 2 000 元的价格出卖。1 月 21 日,华安公司又通知华联公司,对受损的货物,无论卖出与否、价格高低,其都将以每吨 1 600 元的价格结算。1 月 23 日,双方就该批豆粕保险赔偿事宜签订了一份协议书,约定:"甲方(华安公司)确认已收到乙方(华联公司)按照保险单规定提交的包括商检证书在内的索赔文件,在判定有关单证无异议的情况下,根据保险单有关规定做出理赔,具体理赔金额按双方达成的协议约定;甲方应在 3 月 10 日之前实现对乙方的保险赔偿,如果不在上述时间内实现对乙方的保险赔偿,乙方有权终止对承运人的诉讼,并直接诉请甲方予以赔偿,由此所引起的一切后果及费用应由甲方承担";"因甲方在乙方诉前保全必须提起诉讼的期间难以完成理赔的手续,无法取得对承运人的代位求偿权,甲方要求乙方以乙方的名义起诉承运人,乙方因起诉承运人所产生的所有风险、费用和收益由甲方承担。本条所指费用包括诉前财产保全费用、诉讼费、律师费等。"华联公司于 1 月 24 日向海事法院提起对印度船务有限公司的诉讼。其后双方又对赔付金额和赔付条件进行了协商。因协商未果,华联公司于 5 月 20 日向海事法院提出撤回对印度船务公司起诉的申请。6 月 1 日,华安公司拟就了一份赔付协议文本,并加盖了公章,写明:"甲方(华安公司)按双方已确定的赔付额在 6 月 1 日前按本协议的规定全部赔付给乙方(华联公司),并取得代位求偿权。具体赔付额为:短量,390 824 元;货损,4 289 469.40 元;商检费,70 000 元;转仓、翻堆费用,64 132.18 元;诉讼费,75 115元;诉前保全费,5 000 元,共计 4 894 540.58 元。"但因双方对该协议文本的其他条款未能协商一致,没有签订。7 月 3 日,海事法院裁定准许华联公司撤回对印度船务有限公司的起诉,并发还了担保。

残损的货物由华联公司销售,其中 1 800 吨以每吨 2 000 元的价格售出,3 127.389 吨以每吨 1 600 元的价格售出,共得价款 8 603 822.4 元。经核实,华联公司因货物短重损失 390 824 元(已扣除 0.5% 的免赔数量);因货物残损损失 4 289 469.4 元;支出商检费 71 214 元、转仓、翻堆费用 64 132.18 元;支出诉前财产保全申请费 5 000 元、起诉承运人的诉讼费用 37 557.5 元。

案例思考:

此案例是合同纠纷和保险条款综合案例,在当前错综复杂的经济环境下和海上运输风险不确定的情况下,不仅要学习国际海运保险业务条款,而且要熟知国际海运业务条款中对其他国家影响最深远的伦敦协会货物条款,并比较伦敦协会货物条款与我国货物保险条款的差异,这样才能更好地掌握国际海运保险业务。

(案例来源:http://www.doc88.com/p-210758595806.html)

9.1　伦敦协会货物条款

英国是现代海上保险的中心,它所制定的海上保险的各种规章制度,包括海上保险单格式和保险条款,应用十分广泛,对世界各国的保险业影响极大。目前,世界上许多国家在海上保险业务中直接采用了英国伦敦保险人协会制定的"协会货物条款"(Institute Cargo Clause,ICC),或者在制定本国保险条款时参考或部分地采用了上述条款。在我国的对外贸易中,进出口货物的保险一般要求采用中国保险条款,但在出口中有时应国外商人的要求,也可以采用国际保险市场上通用的伦敦保险人协会货物条款。

9.1.1　ICC(A)的主要内容

ICC(A)的内容共有 8 部分 19 个条款,另加一个附注。

1. 承保风险

这一部分共包括 3 个条款,即第 1 条风险条款(Risks Clause)、第 2 条共同海损条款(General Average Clause)和第 3 条双方有责碰撞条款(Both to Blame Collision Clause)。

1) 风险条款

ICC(A)条款采用"一切风险减去除外责任"的方式,规定保险人的承保风险,声明承保一切风险造成的保险标的的损失或损害,但不包括除外责任。也就是说,对约定和法定的除外事项,在"除外责任"部分全部予以列明,对于未列入"除外责任"项下的损失或损害,保险人均予负责。

在 ICC(A)款下,被保险人只需证明保险标的在承保期间内遭受了意外的损失或损害即可,不必去证明损失或损害的确切原因是什么。这对于被保险人来说,举证责任较轻,也较公平。而保险人若想拒赔,则必须证明损失或损害属于除外责任造成的。

2）共同海损条款

共同海损条款规定保险人负责为避免"非除外责任"而引起的共同海损牺牲、分摊和救助费用，这一规定对 ICC(B)款和 ICC(C)款尤其有意义，不限于列明的承保风险所致的共同海损。本条明确了共同海损理算或救助费用确定应该适用的法律，依次是运输合同规定的理算规则、船货分离地的法律及国际惯例。

3）双方有责碰撞条款

双方有责碰撞条款规定，对根据运输合同中"双方有责碰撞条款"所规定的应由被保险人承担的比例责任部分，保险人负责赔偿。当船东根据"双方有责碰撞条款"向被保险人提出索赔时，被保险人有义务立即通知保险人，保险人有权自负费用以被保险人的名义进行抗辩。

2. 除外责任

这一部分共包括 4 个条款，即第 4 条一般除外责任条款（General Exclusion Clause）、第 5 条不适航不适货除外责任条款（Unseaworthiness and Unfitness Exclusion Clause）、第 6 条战争除外责任条款（War Exclusion Clause）和第 7 条罢工除外责任条款（Strike Exclusion Clause）。因为 ICC(A)条款对承保风险是采用列出除外责任的方式，所以明确除外责任对 ICC(A)而言至关重要。这部分内容全面详尽、条例清晰，以显示 ICC(A)实际承保的范围。

1）一般除外责任条款

一般除外责任条款规定保险人对以下各项不予负责：

（1）可归因于被保险人的故意恶行所致的损失、损害或费用；

（2）保险标的自然渗漏、重量或体积的自然损耗或自然磨损；

（3）保险标的包装或准备不足或不当引起的损失、损害或费用；

（4）保险标的固有缺陷或性质引起的损失、损害或费用；

（5）延迟直接造成的损失、损害或费用，即使该延迟是由承保风险引起的；

（6）因船舶所有人、经理人、承租人或经营人的破产或经营困境产生的损失、损害或费用；

（7）因使用原子、核裂变和（或）聚变、其他类似反应、放射性力量或物质所制造的战争武器而产生的损失、损害或费用。

上述第(1)项除外规定，仅限于被保险人本人的故意恶行，不包括其代理人或雇员等的恶意行为所致的损失。第(3)项所指的"包装"应视为包括集装箱或托盘在内的积载，但仅适用于此种积载是在本保险责任开始前进行或是由被保险人或其雇员进行之时。第(6)项除外责任设置的目的是在于表明保险人不愿意承保因船舶所有人或经营者在航程中因经济困难而放弃航程所引起的货物损失、损害和续运费用。承运人在中途停运的情况在航运市场上并不少见。例如，在航运市场不景气时，船东无力偿还银行贷款，可能导致银行扣船，引起航程终止。第(7)项指核战争武器所致的损失后果一概除外不保，但是对于民用的核风险并没有予以除外，如民用核电站意外核泄漏造成的货物遭辐射的损失，保险人应予负责。

2) 不适航不适货除外责任条款

不适航不适货除外责任条款规定保险人对下列损失、损害或费用不负责任：

(1) 被保险人或其雇员在货物装船时已知情的船舶或驳船不适航，以及船舶、驳船、运输工具、集装箱或托盘等不适货而引起的损失、损害或费用。

(2) 保险人放弃提出关于船舶违反适航、适货默示保证的权利，除非被保险人或其雇员对此种不适航或不适货已知情。

船舶必须适航是海运货物保险合同中一项重要的默示保证，保险人可以船舶不适航为由取消保险合同。然而，船舶适航是承运货物的船东即承运人的义务，作为托运人的被保险人对船舶是否适航的情况一般是不知情的，更无法控制。因此，保险人放弃提出关于船舶违反适航适货默示保证的权利，使被保险人作为托运人在船舶不适航的情况下对承运人拥有的索赔权不受影响，但前提是被保险人必须不知情。如果被保险人是知情的，那么，保险人对货物因船舶不适航不适货而遭受的损失不负赔偿责任。规定这一点，旨在防止知情的被保险人仍把货物托付给承运人承运，乃至与承运人串通，做出有损于货物或船舶保险人利益的举动等现象出现。

3) 战争除外责任条款

战争除外责任条款规定保险人对下列原因造成的损失、损害或费用不予负责：

(1) 战争、内战、革命、造反、叛乱及由此引起的内乱或任何交战方之间的敌对行为。

(2) 捕获、扣押、扣留、拘禁或羁押（海盗行为除外）和此种行为引起的后果或进行此种行为的企图。

(3) 被遗弃的水雷、鱼雷、炸弹或其他被遗弃的战争武器。

本条将海盗风险列为战争除外责任的除外，也就是说，在 ICC(A)条件下，保险人对于海盗风险是给予承保的。这一点不同于我国现行的海运货物保险条款，我国将海盗风险仍然放在货物战争险中承保。

4) 罢工除外责任条款

罢工除外责任条款规定保险人对下列损失、损害或费用不予负责：

(1) 罢工者、被迫停工工人或参加工潮、暴动或民变的人员造成的。

(2) 罢工、停工、工潮、暴动或民变引起的。

(3) 恐怖分子或出于政治动机而行动的人员造成的。

3. 保险期限

这一部分包括 3 个条款，即第 8 条运输条款(Transit Clause)、第 9 条合同终止条款(Termination of Contract of Carriage Clause)和第 10 条航程变更条款(Change of Voyage Clause)。

1) 运输条款

运输条款规定了保险责任的开始、持续和终止的条件：

(1) 保险责任始于货物运离保险单所载起运地的仓库或储存处所开始运输之时，并在正常运输过程中继续有效，直至下列情况时终止：

① 至保险单载明目的地收货人的或其他的最后仓库或储存处所；

② 至保险单载明目的地或中途的任何其他仓库或储存处所，其由被保险人用作正常运输过程以外的储存或者分配、分派货物；

③ 至被保险货物在最后卸货港全部卸离海轮后满 60 天。

以上三种情况，以先发生者为准。

（2）如果货物在最后卸货港全部卸离海轮后，但在本保险终止前，被转运到非保险单载明的目的地时，本保险仍受前述终止规定的制约，并于此种转运开始时终止。

（3）如果发生了被保险人无法控制的延迟、绕航、被迫卸货、重装或转运，或者船东或承运人根据运输合同所赋予的权利做了任何航海上的变更，本保险仍继续有效，并且被保险人无须通知保险人，也无须另付保险费。

2）运输合同终止条款

运输合同终止条款主要是针对运输合同终止的情况。在被保险人无法控制的情况下，运输合同在载明的目的地以外的港口或在交货前终止时，只要被保险人迅速通知保险人并且提出续保要求，同时加缴保费，则本保险继续有效，直至下列情形时终止：

（1）直至货物在该港或该地出售交付时为止，或者无特别约定，直至货物到达该港或该地满 60 天为止，两者以先发生者为准。

（2）如货物在上述 60 天内（或任何约定的延展期限内）被安排继续运往保单载明的目的地或其他目的地，则本保险仍按上述运输条款规定终止。

3）航程变更条款

航程变更条款规定，在保险责任开始后，如果被保险人变更了目的地，在及时通知保险人的前提下，按有待重新商定的保险费率和条件继续承保。

本条款允许被保险人在及时通知保险人并另行缴费的前提下变更目的地。货物保险均为航程保险，保险人承担仓至仓责任，目的地变更就是承保航程的变更。在发生承保航程变更时，只有被保险人及时通知保险人并另行加费的情况下，保险才能继续有效。

须注意的是，上述运输条款规定，在发生船东或承运人有权决定的偏离航线以及航海变更的情况下，保险人继续承担责任。而本条变更航程的规定仅适用于被保险人主动地改变航程的情况。

4. 索赔

这一部分包括 4 个条款，即第 11 条保险利益条款（Insurable Interest Clause）、第 12 条续运费用条款（Forwarding Charges Clause）、第 13 条推定全损条款（Constructive Total Loss Clause）和第 14 条增值条款（Increased Value Clause）。

1）保险利益条款

保险利益条款重申了英国《1906 年海上保险法》第 6 条关于保险利益的规定：

（1）在保险标的发生损失时，被保险人必须具有保险利益才有权向保险人索赔。

（2）即使保险标的在保险合同订立之前已经发生损失，但被保险人并不知情，仍有权要求保险人对发生的损失予以赔偿。

2）续运费用条款

续运费用条款规定,由于承保风险造成运输航程在非保险单所载明的港口或地点终止时,保险人补偿被保险人卸下、储存和续运保险标的至原定目的地而产生的合理的、适当的额外费用。本条体现了英国普通法中的一个重要原则,即海运货物保险人不仅承保了货物的有形实体,还承保了所预计航程的完成。不过,对于续运引起的额外费用,必须符合以下条件才能获得补偿:

（1）航程终止的原因必须属于承保风险。

（2）发生的费用必须正当和合理。

（3）必须不是由于被保险人或其雇员的过失、疏忽、破产或经济困境而引起的。

3）推定全损条款

推定全损条款重申了推定全损的构成条件,即规定如果发生了以下两种情况,经过合理委付,被保险人可对保险标的的索赔推定全损:

（1）实际全损已不可避免。

（2）恢复、整理和续运货物至其承保目的地的费用会超过其抵达时的价值。

4）增值条款

增值条款是在货物投保增值保险的情况下对有关赔偿问题的规定。所谓增值保险,是指货物的买方估计到所购买的货物在到达目的地时,其完好价值将比卖方原投保的保险金额要高,因而两者之间的差额即增值部分按原保险条件另行投保的保险。

本条规定,若货物投保增值保险,则货物的保险价值应为原始保险的保险金额和所有增值保险的保险金额的总和,发生损失时,原始保险人和增值保险人按照各自保险金额占总保险金额的比例来支付损失赔偿,同时按照此原则享受向第三方的追偿所得。

5. 保险权益

这部分只有 1 个条款,即第 15 条不得受益条款（Not to Insure Clause）。

不得受益条款规定,承运人或其他受托人不得享受本保险的权益。这一条款是在海运货物保险中使用了多年的标准条款,目的是避免承运人或其他受托人因有本保险的存在而享有权益并因此来摆脱对货损、货差或延迟交货的责任,从而使保险人丧失代位求偿权。

6. 减少损失

这一部分包括 2 个条款,即第 16 条被保险人义务条款（Duty of Assured Clause）和第 17 条弃权条款（Waive Clause）。

1）被保险人义务条款

被保险人义务条款规定,被保险人及其雇员和代理人对于保险项下的索赔应承担下列义务:

（1）为避免或尽量减少承保损失而采取合理措施;

（2）保证保留和行使对承运人、保管人或其他第三方追偿的所有权利,即保护保险人的代位求偿权。

保险人除赔偿保险项下的各项损失外,还补偿被保险人为履行上述义务而支出的适当及合理的费用,并且保险人对施救费用的赔偿独立于对保险标的的赔偿。

2）弃权条款

弃权条款规定,被保险人或保险人采取的旨在施救、保护或恢复保险标的的措施,不得视为放弃或接受委付或影响任何一方权益。本条的含义是十分清楚的,其目的是明确任何一方的权益皆不因所采取的保护货物的措施而受损害,使被保险人和保险人可以毫无顾虑地进行施救或抢救。

7. 避免延迟

这部分只有 1 条,即第 18 条合理速办条款(Reasonable Despatch Clause)。

合理速办条款规定,被保险人在其力所能及的范围内,对于所投保货物的任何情况,必须采取合理快速的行动以避免运送延迟。

8. 法律与惯例

这部分也仅 1 条,即 19 条英国法律和惯例条款(English Law and Practive Clause)。

英国法律和惯例条款规定,本保险适用英国法律和惯例,也就是说 ICC 新条款受英国法律和惯例调整。制定本条款的意义在于,当保险双方协议采用协会保险条款并且事后发生诉讼,而英国以外的其他国家对该诉讼具有管辖权时,法庭应采用英国的法律和惯例作为准据法。

9. 附注

除了上述各项内容外,ICC 新条款的末尾还有一个附注(Note),提示被保险人续保(Held Covered)的先决条件是知情后迅速通知保险人,防止被保险人为少交或不交附加保费而在损失发生后才要求续保。

9.1.2 ICC(B)的主要内容

ICC(B)也包括 19 个名称和次序与 ICC(A)完全相同的条款,其中第 1 条风险条款、第 4 条一般除外责任条款和第 6 条战争除外责任条款在措辞上有所不同,其他条款的内容完全一致。下面仅就上述与 ICC(A)有区别的 3 个条款,对 ICC(B)的内容加以介绍。

1. 承保风险

与 ICC(A)的"一切风险减去除外责任"的方式不同,ICC(B)险对承保风险的规定是采取"列明风险"的方式。根据 ICC(B)险第 1 条风险条款的规定,保险人承保下列风险引起的保险标的的损失或损害:

（1）火灾或爆炸。

（2）船舶或驳船搁浅、触礁、沉没或倾覆。

（3）陆上运输工具倾覆或出轨。

（4）船舶、驳船或运输工具与除水以外的任何外界物体碰撞或接触。

(5) 在避难港卸货。

(6) 地震、火山爆发或雷电。

(7) 共同海损牺牲。

(8) 抛弃或浪击落海。

(9) 海水、湖水或河水进入船舶、驳船、运输工具、集装箱、托盘或储存处所。

(10) 货物在装卸时落海或跌落而造成的整件货物的全部损失。

2. 除外责任

ICC(B)险的除外责任与 ICC(A)险大致相同,只有以下两点区别:

(1) 在第 4 条一般除外责任条款中,ICC(B)险增加了一款,即"由于任何个人或数人非法行为故意损害或故意破坏保险标的或其任何部分"。此款的重点在于"任何个人或数人",而非限于 ICC(A)险下的"被保险人"。这说明 ICC(A)险对被保险人以外的其他人的故意不法行为所造成的损失或费用是负责的,ICC(B)险却将被保险人以外的任何其他人,包括船长和船员的故意行为所造成的损失,排除在承保范围之外。如果被保险人需要得到这方面的保险保障,可加恶意损害险。

(2) 在第 6 条战争除外责任条款中的第 2 款,ICC(B)险规定"捕获、扣押、扣留、拘禁或羁押和此种行为引起的后果或进行此种行为的企图"所造成的损失、损害或费用不保。ICC(A)险在相同的规定内加上了"海盗行为除外"这几个字,明确将海盗风险从除外责任中剔出,即将海盗风险作为承保风险,由于 ICC(B)险采取列明风险的方式确定承保风险,所以,ICC(B)险并不承保海盗风险。

9.1.3　ICC(C)的主要内容

ICC(C)险也包括 19 个与 ICC(B)或 ICC(A)同名的条款,ICC(C)与 ICC(B)条款的差异仅在于承保风险中的第 1 条风险条款,而包括除外责任和保险期限等在内的其他内容与 ICC(B)完全一致。

ICC(C)险对所承保的风险亦采用列明风险的方式来明确保险人的责任。ICC(C)险第 1 条风险条款规定,保险人承保下列风险引起的保险标的的损失或损害:

(1) 火灾或爆炸。

(2) 船舶或驳船搁浅、触礁、沉没或倾覆。

(3) 陆上运输工具倾覆或出轨。

(4) 船舶、驳船或运输工具与除水以外的任何外界物体碰撞或接触。

(5) 在避难港卸货。

(6) 共同海损牺牲。

(7) 抛弃。

9.1.4　协会货物战争险条款

1982 年 1 月 1 日起使用的协会货物战争险条款(Institute War Clause-Cargo)由 8 部分组成,共 14 条,具有完整的结构体系,可以单独投保。这里主要介绍承保风险、除外责任和保险期限这 3 部分的内容,其余 5 部分与 ICC(A)同名条款的内容完全相同。

1. 承保风险

这一部分包括风险条款和共同海损条款。归纳起来,协会货物战争险承保下列原因造成的保险标的的损失或损害:

(1) 战争、内战、革命、造反、叛乱或由此引起的内乱或任何交战方之间的敌对行为。

(2) 由上述承保风险引起的捕获、扣押、扣留、拘禁或羁押,以及此种行为的后果或任何进行此种行为的企图。

(3) 被遗弃的水雷、鱼雷、炸弹或其他被遗弃的战争武器。

(4) 上述承保风险所致的共同海损和救助费用。

保险人仅对战争行为及战争武器导致的保险标的的直接损失负责,不负责因此而致的费用损失。此外,海盗风险并不属于协会货物战争险的承保风险。

2. 除外责任

这一部分包括一般除外责任条款和不适航不适货除外责任条款。它与 ICC(A)同名条款的规定基本相同,只是在一般除外责任中增加了"航程挫折条款"的内容,即由于航程受阻而导致的推定全损以及因此产生的续运费,保险人不负赔偿责任。

3. 保险期限

协会货物战争险对于保险期限的规定非常详细,主要包括以下几方面:

(1) 贯彻"水上风险"原则,即保险责任自货物装上起运港海轮时开始,直至卸离目的地海轮或自海轮到达最后卸货港或地点当日午夜开始起算满 15 天终止,两者以先发生者为准。

(2) 如果货物在中途港或地点被卸下,包括运输合同在中途港或地点终止,则被保险人在必要时加缴保险费的情况下,本保险自货物装上续运海轮时恢复有效。

(3) 如果用驳船向海轮装货和卸货,本保险扩展承保货物在驳运期间遭遇水雷和被遗弃的鱼雷的风险。如果货物是通过驳船向海轮运送,该责任延展没有期限的限制。但是如果货物是从海轮通过驳船向岸上运送,保险责任延展受货物卸离海轮后 60 天的限制。

(4) 在货物运送过程中,承运人行使运输合同所赋予的权利而发生绕航或任何航海变更时,被保险人须迅速通知保险人并在必要时加付保险费,方能使保险合同继续有效。

9.1.5　协会货物罢工险条款

协会货物罢工险条款(Institute Strike Clause-Cargo)由 8 部分,共 14 个条款组成,结构完整,可以单独投保。这里仅介绍承保风险、除外责任和保险期限这 3 部分内容,其余内容与战争险条款完全相同。

1．承保风险

协会货物罢工险承保下列原因造成的保险标的的损失或损害：

（1）罢工工人、被迫停工工人或参与工潮、暴动或民变的人员。

（2）恐怖分子或出于政治动机而行为的人员。

（3）因上述风险引起的共同海损和救助费用。

保险人仅负责承保风险造成的保险标的物质上的灭失或损害，即把费用排除在外。此外，罢工险承保恐怖行为造成的损失，这类风险在货物险和战争险中都是除外的。

2．除外责任

协会货物罢工险的除外责任与战争险基本一样，只是在一般除外责任中增加了以下两点：

（1）因罢工、停工、工潮、暴动或民变造成了各种劳动力缺乏、短缺或抵制引起的损失、损害或费用。

（2）因战争、内战、革命、造反、叛乱或由此引起的内乱或交战方之间的敌对行为造成的损失、损害或费用。

可见，协会货物罢工险仅承保由于罢工引起的保险标的的直接损失，对间接损失是不负责的。另外，战争风险也是除外责任。

3．保险期限

协会货物罢工险的保险期限与 ICC(A)、ICC(B)、ICC(C)中相关条款的规定完全一致，即承保"仓至仓"责任，保险人对货物从卖方仓库到买方仓库的整个运输期间负保险责任，与战争险承保"水上风险的原则"完全不同。因而协会货物战争险与罢工险是分别来承保的。习惯的做法是，被保险货物如已投保战争险，再加保罢工险时，一般不再加收保险费。

9.1.6 协会恶意损害险条款

协会恶意损害险条款(Institute Malicious Damage Clause)于 1983 年 8 月 1 日开始使用，它是新的协会货物条款的附加险条款，作为补充性的协会条款，它没有完整的结构，不能单独投保。

恶意损害险主要是指承保被保险人以外的其他人（如船长、船员等）的故意损害、故意破坏、恶意行为所致被保险货物的损失或损害。如果恶意行为是出于政治动机，则不属于本险别的承保范围，但可以在罢工险中得到保障。

恶意损害险的内容已包括在 ICC(A)的承保范围之内，而在 ICC(B)和 ICC(C)中都是除外责任。因此，在投保 ICC(B)或 ICC(C)时，如果被保险人需要得到这方面的保险保障，就须另行加保恶意损害险。

9.2　中国海运货物基本险

海运货物保险承保风险的综合性与致损原因的复杂性相当突出,所以海运货物保险的险种最多,我国保险业习惯上将它们分为基本险、附加险和专门险三类。本节将介绍我国海运货物保险中基本险的具体内容。

基本险又称主险,是可以单独投保的险别。根据中国人民保险公司1981年1月1日修订实施的《海洋运输货物保险条款》规定,我国海运货物保险的基本险分为平安险、水渍险和一切险三种,投保人可以根据需要选择其中任何一种险别投保。《海洋运输货物保险条款》共有五部分内容,依次是:责任范围、除外责任、责任起讫、被保险人的义务和索赔期限。三种基本险的责任范围各有不同,其余四部分的内容则是完全相同的。

9.2.1　责任范围

保险人就三种基本险所承保的责任范围有一定的差异,其中平安险承保范围最窄,一切险承保范围最宽。

1. 平安险的责任范围

根据现行中国海运货物保险条款,平安险的承保责任范围具体包括以下8项内容:

(1) 被保险货物在运输途中由于恶劣气候、雷电、海啸、地震、洪水等自然灾害造成的整批货物全部损失或推定全损。

(2) 由于运输工具遭受搁浅、触礁、沉没、互撞、与流冰或其他物体碰撞以及失火、爆炸意外事故造成的货物全部或部分损失。

(3) 在运输工具已经发生搁浅、触礁、沉没、焚毁意外事故的情况下,货物在此前后又在海上遭受恶劣气候、雷电、海啸等自然灾害所造成的部分损失。

(4) 在装卸或转运时,由于一件或数件整件货物落海造成的全部或部分损失。

(5) 被保险人对遭受承保责任内危险的货物采取抢救、防止或减少货损的措施而支付的合理费用,但以不超过该批被救货物的保险金额为限。

(6) 运输工具遭遇海难后,在避难港由于卸货所引起的损失,以及在中途港、避难港由于卸货、存仓以及运送货物所产生的特别费用。

(7) 共同海损的牺牲、分摊和救助费用。

(8) 运输契约订有"船舶互撞责任"条款,根据该条款规定应由货方偿还船方的损失。

从平安险的责任范围可以看出,保险人除了对自然灾害造成的货物全损及对意外事故造成的货物部分损失予以赔偿外,对于海上意外事故发生前后,由于自然灾害所造成的货物部分损失也予以赔偿。但如果是仅因遭受恶劣气候等自然灾害而致的单独海损,保险人不负赔偿责任。平安险在三种基本险中承保责任范围最小,一般适用于低值、粗糙的大宗货物,如矿砂、废钢材、铸铁制品等。

2. 水渍险的责任范围

根据现行中国海运货物保险条款,水渍险的承保责任范围包括以下两大部分:

（1）平安险所承保的全部责任。

（2）被保险货物在运输途中，由于恶劣气候、雷电、海啸、地震和洪水等自然灾害所造成的部分损失。

水渍险负责承保自然灾害和意外事故造成的损失，但对外来原因造成的损失不予负责。因此，水渍险一般适用于不大可能由于其自身的特性或外部环境变化而造成品质变化的货物，如小五金、工具及旧设备等。

3. 一切险的责任范围

一切险是三个基本险中责任范围最大的险别。根据现行中国海运货物保险条款，一切险的承保责任范围除包括平安险和水渍险的各项责任外，还包括被保险货物在运输途中由于外来原因所致的全部或部分损失。此处的"外来原因"并非运输途中的一切外来风险，而是指一般外来风险。一切险并不负责由于特殊外来风险造成的损失。具体地说，一切险是平安险、水渍险和一般附加险的总和，而一般附加险包括偷窃、提货不着险，淡水雨淋险，短量险，混杂玷污险，渗漏险，碰损破碎险，串味险，受潮受热险，钩损险，包装破裂险和锈损险等 11 种险别。

一切险的承保责任仍然属于列明风险方式，被保险人向保险人索赔时，要负责证明损失是由承保风险造成的，才能获得保险赔偿。由于一切险提供的保障范围比较全面，所以适用于价值较高、致损因素复杂的各类货物，如纺织品、工艺品和精密仪器等。

9.2.2　除外责任

根据现行中国海运货物保险条款，三种基本险的除外责任具体包括下列 5 项内容。

1. 被保险人的故意行为或过失所造成的损失

在海运货物保险中，保险单合法持有者即为被保险人。"故意行为"是指明知自己的行为可能造成损害结果，而仍希望其结果发生或放任这种结果的发生。例如，被保险人参与海运欺诈，指使船员把完好的货物抛弃并谎称发生海难，或故意装运走私货物等。"过失"是指应当预见自己的行为可能造成损害结果，却因为疏忽大意而没有预见或者已经预见但轻信能够避免，以致发生这种损害结果。例如，被保险人未能及时提货而造成的货损或损失扩大，或被保险人租用不适航的船舶导致货物损失等。

2. 属于发货人责任所引起的损失

发货人责任是指由于发货人的故意行为或过失而引起的货损，主要包括发货人准备货物时包装不足或不当，不能经受航程中的通常风险，使货物在运输途中因此而损坏；由于标志不清或错误，使货物运到非原定目的地；发货人发错货物引起的损失等。在集装箱运输中，对于整箱发运的集装箱货，由发货人装箱所引起的短装、错装、积载不当以及因其所选用的集装箱不适于装运被保险货物所造成的货损，保险人也不予赔偿。

3. 在保险责任开始前，被保险货物已存在的品质不良或数量短差所造成的损失

海运货物保险业务中，对承保的标的在保险责任依法开始之前，就已存在由于品质不良或数量短缺所造成的损失，称为"原残"，如易生锈的钢材、二手机械设备等货物，常存在严重的原残。对货物的原残，保险人是不承担赔偿责任的。但一项损失到底是原残还是保险责任期间由承保风险引起的,常引起双方的争议,因此保险人往往规定装船前须由专业鉴定人进行检验。另外,提单上有关货物状况、数量的记载也是保险人据以判断货物损失时间的证明。

4. 被保险货物的自然损耗、本质缺陷、特性以及市价跌落、运输延迟所引起的损失或费用

自然损耗是指因货物自身特性而导致的在运输途中必然会发生的损失,如粮谷会因含水量减少而导致自然短重,袋装水泥在运输途中会因扬尘而致短量损失等。货物的本质缺陷是指货物本身固有的缺陷,或是货物在发运前已经存在的质量上的瑕疵,如有些粮谷商品在装船前已有虫卵,遇到适当温度而孵化,货物被虫蛀受损。货物特性是指在没有外来原因或事故的情况下,在运输途中货物自身性能变化引起的损坏,如水果腐烂、面粉发热发霉、煤炭自燃等。市价跌落是投机风险,非纯粹风险,不属于可保风险。运输延迟是指由于运输过程中的种种原因致使货物未能在合同约定的时间内在约定的港口交付。凡是运输延迟所引起的货物损失,均作为间接损失,保险人一概不负赔偿责任,即使引起延迟的原因是承保风险。

5. 海洋运输货物战争险条款和货物运输罢工险条款规定的责任范围和除外责任

战争险和罢工险属于特殊附加险,不在基本险的责任范围之内,需另行附加投保。战争险条款和罢工险条款规定的除外责任,当然也不应在基本险的责任范围之内。

9.2.3 责任起讫

保险的责任起讫又称保险期间或保险期限,是指保险人承担责任的起讫时限。同国际保险市场的习惯做法一样,我国海运货物基本险的保险期限一般也采用"仓到仓"(Warehouse to Warehouse,W/W)的原则。

1. 保险责任的开始

自被保险货物运离保险单所载明的起运地仓库或储存处所开始运输时,保险责任开始生效。由此可见,在起运地仓库装车过程中发生的货物损失,或在打包厂包装货物过程中发生的损失,皆不属于保险人的责任。

但是对于集装箱货物,从起运地运往集装箱货运站及在货运站装箱过程中发生的货物损失,均属于保险期间的损失,保险人应予负责。

2. 保险责任的持续

在被保险货物处于正常运输过程中,包括正常运输过程中的海上、陆上、内河和驳船运输在内,保险责任持续有效。正常的运输过程,指正常的运输路线、正常的运输方式(运输工具)和正常的速遣。

对于正常运输过程中所发生的货物保险事故损失,保险人应予赔偿。例如,一批被保险货物自发货人仓库起运,由卡车运至码头,然后装上海轮进行运输,由于该航线没有直达船,事先安排经香港中转运至目的港,在香港等待转船时,由于岸上临时仓库发生火灾而将货物焚毁,保险人对此损失将负赔偿责任,因为货物损失发生在正常运输过程中。

3. 正常运输情况下保险责任的终止

被保险货物经过正常运输,在最后卸货港卸离海轮后,保险责任在下列情况下终止:

(1) 如货物运到保险单所载明的目的地收货人的最后仓库或储存处所,保险责任于货物到达时终止。

(2) 如货物运到由被保险人选择用作分配、分派或非正常运输的其他储存处所,保险责任于货物到达时终止。

(3) 如货物须转运到非保险单载明的目的地,保险责任于货物开始转运时终止。

以上三种情况,均以被保险货物在最后卸货港全部卸离海轮后满 60 天为限,并以先发生者为准。

4. 非正常运输情况下保险责任的终止

由于被保险人无法控制的运输延迟、绕道、被迫卸货、重新装载、转载或承运人行使运输契约赋予的权力所做的任何航海上的变更或终止运输契约,致使被保险货物运到非保险单载明的目的地时,在被保险人及时将所获知的情况通知保险人,并在必要时加缴保险费的情况下,保险责任可以继续有效。保险责任在下列情况下终止:

(1) 如货物在非保险单载明的目的地出售,保险责任于交货时终止。

(2) 如货物被安排继续运往保险单所载原目的地或其他目的地,保险责任按上述"正常运输情况下"的规定终止。

以上两种情况,均以被保险货物在卸载港全部卸离海轮后满 60 天为限。如果超过60 天期限未完成交货或开始续运,保险责任终止,保险人对其后货物的风险不再负责。

9.2.4　被保险人的义务

我国现行海运货物保险条款规定,被保险人应尽的义务共有以下 5 项,在被保险人未履行规定的义务而影响保险人利益时,保险人有权对有关损失拒绝赔偿。

1. 及时提货的义务

当被保险货物运抵目的地后,被保险人应及时提货。如发现被保险货物遭受任何损失,应立即向保险单上载明的检验、理赔代理人申请检验,并向有关方索取货损货差证明;如涉及第三者责任,应以书面方式向其提出索赔,必要时还须取得延长时效的证明。

2. 合理施救的义务

对遭受承保责任内危险的货物,被保险人应迅速采取合理的抢救措施,防止或减少货物的损失。

3. 维护保险单效力的义务

如遇航程变更或发现保险单所载明的货物、船名或航程等内容有遗漏或错误时,被保险人应在获悉这种情况后立即通知保险人进行更正,并在必要时加缴保险费,以使该保险继续有效。

4. 提供索赔单证的义务

被保险人在向保险人索赔时,必须提供保险单正本、提单、发票、装箱单、磅码单、货损货差证明、检验报告及索赔清单等。如涉及第三者责任,还需提供向责任方追偿的有关函电及其他必要单证或文件。

5. 对船舶互撞责任的通知义务

被保险人在获悉有关运输契约中"船舶互撞责任"条款的实际责任后,应及时通知保险人。

9.2.5 索赔期限

索赔期限亦称索赔时效,是被保险货物发生保险责任范围内的风险与损失时,被保险人提出索赔的有效期限,我国保险公司的《海洋运输货物保险条款》规定索赔期限为2年,自被保险货物运抵目的港全部卸离轮之日起计算。我国《海商法》规定,从保险事故发生起算不超过2年。

9.3 中国海运货物附加险

附加险是基本险的扩大和补充,不能单独投保,只能在投保了一种基本险之后才能加保。加保的附加险可以是一种或几种,由被保险人根据需要选择确定。由于附加险所承保的是外来风险所致的损失,而外来风险多种多样,所以附加险的险别也有很多。我国保险业习惯将附加险分为一般附加险、特别附加险和特殊附加险。

9.3.1 一般附加险

一般附加险负责赔偿一般外来风险所致的损失。目前我国海运货物保险的一般附加险有11种,其条款内容简单清晰,一般只规定承保的责任范围。由于一般附加险已包括在一切险中,所以若已投保一切险,则无需加保。

1. 偷窃、提货不着险

偷窃、提货不着险(Theft,Pilferage and Non-delivery,TPND)主要承保在保险有效期内,被保险货物被偷走或窃取以及货物抵达目的地后整件未交的损失。"偷"一般是指货物整件被偷走,"窃"一般是指货物中的一部分被窃取。偷窃是指暗中进行的偷摸、窃取行为,不包括使用暴力手段的公开抢劫。"提货不着"一般是指在运输途中货物的全部或整件被遗失,致使未能运达目的地交付给收货人。

被保险人必须及时提货,如货物遭受偷窃造成损失,则须在提货后10天内申请检验;如遇整件提货不着,则须向责任方、海关或有关当局取得证明。保险人有权收回被保险人向船东或其他责任方追偿到的货损赔款,但其金额以不超过保险人支付的赔款为限。

2. 淡水雨淋险

淡水雨淋险(Fresh Water and/or Rain Damage,FWRD)承保被保险货物在运输途中直接因淡水或雨淋所致的损失。淡水所致损失包括船上淡水舱或水管漏水、船舱内水汽凝集而成的舱汗造成货物的损失;雨淋则包括雨水、冰雪融化造成货物的损失。淡水是与海水相对而言的,由于平安险、水渍险只负责海水所致的货损,因此,本附加险是在平安险和水渍险基础上的扩展。

被保险人索赔时应注意货物包装外部应有雨水或淡水痕迹或其他适当证明;同时,被保险人也须及时提货,并在提货后 10 天内申请检验,否则保险人不负赔偿责任。

3. 短量险

短量险(Risk of Shortage)承保被保险货物运输途中发生的数量短少和重量短缺的损失。对于包装货物的短少,必须有外包装发生破袋、裂口、扯缝或脱线等异常现象,以鉴别是由于外来风险引起的还是原来的短少。对于散装货物的重量短缺,一般以装船重量和卸船重量间的差额作为计算短量的依据,但要扣除货物的正常途耗。对某些大量的不合理的短少现象,被保险人必须提供被保险货物装船前的重量证明。

4. 混杂玷污险

混杂玷污险(Risk of Intermixture and Contamination)承保被保险货物在运输途中因混杂、玷污所致的损失。混杂是指货物在运输途中因混进了杂质致损,如散装的粮谷、矿砂中混进了泥土、草屑等致使货物质量受到影响。玷污是指货物在运输途中因和其他的物质接触而被玷污致损,如布匹、纸张、服装、食品等被油脂、颜料等沾染而引起的损失。实际业务中,干货舱不清洁以及油舱的附着物是造成大宗散货混杂或玷污的主要原因之一。

5. 渗漏险

渗漏险(Risk of Leakage)主要承保流质、半流质及油类货物在运输途中因容器损坏而引起的渗漏损失;或用液体储藏的货物因液体的渗漏而引起的货物腐烂、变质等损失。例如,装在油桶中的汽油由于铁桶破裂而漏出桶外造成的损失,或是装在坛中的酱菜由于坛子破裂,酱菜汁的渗漏而变质导致的损失。

6. 碰损破碎险

碰损破碎险(Risk of Clash and Breakage)承保被保险货物在运输途中因震动、碰撞、受压造成的货物本身碰损或破碎损失。碰损主要针对金属制品和漆木制品而言,如机器、仪表、搪瓷器皿和漆木家具等。这些货物受到震动、颠簸、挤压易造成凹陷、脱瓷、脱漆、划痕等损失。破碎主要针对易碎品而言,如玻璃、玻璃制品、陶瓷制品、大理石、玉制工艺品和贝壳制品等。这些货物在运输途中由于粗鲁装卸、运输工具的震颤等易造成货物本身的破裂、断碎损失。

被保险货物在运输途中因遭遇自然灾害或意外事故而造成的碰损、破碎损失,已经包括在平安险和水渍险的责任范围之内,碰损破碎险则扩展承保由于一般外来风险所造成的碰损、破碎损失。

7. 串味险

串味险(Risk of Odour)承保被保险货物在运输途中,因受其他带异味货物的影响造成串味的损失。例如,食品、饮料、香料、中药材、化妆品原料等在运输过程中与樟脑堆放在一起,樟脑味串及上述货物造成损失。但这种串味损失如果是与配载不当直接有关,则船方负有责任,应向其追偿。

8. 受潮受热险

受潮受热险(Damage Caused by Sweating and Heating)承保被保险货物在运输途中,由于气温变化或船上通风设备失灵,使船舱内的水汽凝结而引起货物受潮或由于温度骤然升高致使货物发生变质的损失。袋装、捆装以及易于吸收水分的货物容易遭受此类损失,如黄豆极易因船舱水汽过大而受潮发霉变质。

9. 钩损险

钩损险(Hook Damage)承保袋装、捆装货物在装卸或搬运过程中,由于装卸或搬运人员操作不当,使用钩子将外包装钩坏或直接钩及货物而造成的损失。装卸不限于起装和最后卸货,中途转载、转运的装卸也包括在内,只要保险期间未终止,发生的损失承保人都应负责。

此外,本险别还对必要的包装修补或调换所支付的费用负责赔偿。在实际业务中,袋装水泥、粮食及捆装棉布、纸张等货物发生钩损的情况较为常见,一般应加保钩损险。

10. 包装破裂险

包装破裂险(Breakage of Packing)承保被保险货物在装卸、搬运过程中因包装破裂造成货物内容的损失,以及为继续运输需要对包装进行修补或调换所支付的费用。由于包装破裂造成货物的损失,在其他附加险责任中可以得到保障,因此,这一险别主要是补偿由于修补或调换包装所支付的费用。

11. 锈损险

锈损险(Risk of Rust)承保金属或金属制品一类的货物在运输途中因各种外来原因所造成的生锈损失。只要货物的锈损发生在保险期限内,保险人均予以负责。但是,裸装的金属板、块、条、管等货物以及习惯装在舱面的体积庞大的钢铁制品等在运输途中必然会生锈,而且与装运前的锈损难以分开,因而保险人对此类货物一般不愿接受锈损险的投保。

9.3.2 特别附加险

特别附加险所承保的风险大多与国家行政管理、政策措施以及航运贸易习惯等因素有关,它并不包括在一切险的责任范围内,必须另行加保才能获得保障。目前我国海运货物保险的特别附加险有以下6种。

1. 交货不到险

交货不到险(Failure to Deliver)的承保责任是从被保险货物装上船开始,如果在预定抵达日期起满6个月仍不能运到原定的目的地交货,则不论任何原因,保险人均按全部损失赔付。"交货不到"与一般附加险中的"提货不着"不同,它并不是运输上的原因,而往往是某些政治因素引起的。例如,由于禁运,被保险货物被迫在中途卸货导致货主收不到货造成损失。

由于本险别对"不论任何原因"所致的交货不到均予负责,因而一般都要求被保险人保证已获得一切进口许可证件,避免日后因无进口许可证而造成交货不到。另外,这个险别对承保责任在某些方面与偷窃提货不着险和战争险存在着重复,凡偷窃提货不着险和战争险应该负责的损失,本险不予负责。由于交货不到时被保险货物很可能并未实际全损,因此,保险人在按全损赔付以后,有权取得对该项货物的全部权益。

2. 进口关税险

各国政府对在运输途中受到损失的进口货物在征收进口税时的政策并不相同。有些国家和地区规定不论货物抵达目的港时是否完好,一律按发票上载明的货物价值或海关估价征收进口关税,进口关税险(Import Duty Risk)即是针对这种情况而设立的。在这一险别下,如果被保险货物发生保险责任范围内的损失,而被保险人仍须按完好货物完税时,保险人对受损货物所缴纳的关税负赔偿责任。

进口关税险的保险金额应为货主须缴纳的关税,通常是由被保险人根据进口国的关税税率确定,因此,应与货物本身的保险金额分开,一般是按照发票金额的若干加成投保。这个保险金额应在保险单上另行载明,将来发生损失时,在该保险金额限度内赔偿,不能和基本险的保险金额互相串用。被保险人索赔关税损失时,必须提交完税证明。

3. 舱面险

舱面险(On Deck Risk)又称甲板险,即对装载于舱面的货物,除按主险条款负责以外,还承保因被抛弃或被风浪冲击落水所造成的损失。海运货物一般都装于船舱内,保险人在制定海运货物保险的责任范围和费率也是以此为基础的,故对非习惯性甲板货的损失,保险人不负赔偿责任。但是,有些货物因为体积大、有毒性、有污染或属于易燃易爆品,根据航运习惯必须装载于舱面,舱面险就是为了对这类货物的损失进行补偿而设立的附加险别。

货物装载舱面极易受损,遭受水湿雨淋更是司空见惯,保险人为了避免承保责任过大,通常只接受在平安险的基础上加保舱面险,而不愿意接受在一切险的基础上加保本险。

随着现代航运技术的发展,海运货物越来越多地使用集装箱和集装箱船装运。由于专用集装箱船舶一般都设备优良,抗击海浪袭击的能力强,集装箱货物装于舱面与舱内的区别不大,因而订有"货物可能装于舱面"的集装箱货物提单已在目前国际贸易中被普遍接受。银行在办理结汇时,也把这种提单视为清洁提单予以接受。在目前保险业务中,保险人也已把集装箱舱面货物视同舱内货物承保。

4. 拒收险

拒收险(Rejection Risk)承保被保险货物在进口港被进口国的政府或有关当局(如海关、动植物检验检疫局)拒绝进口或没收所造成的损失。其前提条件是,被保险人保证货物备有一切必需的、有效的进口许可文件,而且货物的生产、质量、包装和商品检验符合产地国和进口国的有关规定。

如果货物起运后但尚未抵达目的港时进口国宣布任何禁运或禁止,保险人仅负责赔偿货物运回出口国或转运到其他目的地而增加的运费,且最多不超过该批货物的保险价值。如果货物在起运前进口国即已宣布禁运或禁止,保险人不负任何赔偿责任。

另外,由于市价跌落、货物不符合买卖合同的规定或违反产地国政府关于货物出口的有关规定等造成的损失,皆不属于本附加险承保的风险。

5. 黄曲霉素险

黄曲霉素是一种致癌毒素,发霉的花生、油菜籽、大米等往往含有这种毒素。各国卫生当局对这种毒素的含量都有严格的限制标准。如果某种进口粮食作物的黄曲霉素含量超过限制标准,就会被拒绝进口,或被没收,或被强制改变用途。黄曲霉素险(Aflatoxin Risk)就是承保此种损失的险别,因此,本险实际上是专门承保一种风险的拒收险。

对于被拒绝进口或被强制改变用途的货物,经保险人要求,被保险人有义务尽力协助处理或申请仲裁。

6. 出口货物到香港(包括九龙在内)或澳门存仓火险责任扩展条款

出口港澳货物存仓火险责任扩展条款(Fire Risk Extension Clause for Storage of Cargo at Destination Hongkong, Including Kowloon, or Macao)专门适用于出口到港澳特别行政区且向港澳的银行办理押汇的出口运输货物。它承保货物抵达香港或澳门卸离运输工具后,直接存放于保险单载明的过户银行所指定的仓库时发生火险造成的损失。

中国内地出口到港澳地区的货物,有些是向港澳的银行办理押汇的。在货主向银行还清贷款之前,货物的权益属于银行,因而在这些货物的保险单上注明过户给放款银行。如被保险货物抵达目的地后,货主尚未还款,往往就将其存放在过户银行指定的仓库中,而此时基本险的责任已经终止。为了使货物在存仓期间发生的火灾损失能得到赔偿,就需要加保本附加险。

本险别的保险期限,是从货物运入过户银行指定的仓库时开始,保险责任的终止则有两种情形:一是过户银行收回押汇款项解除对货物的权益为止;二是自基本险责任终止时起计满30天为止。两种情形以先发生者为准。

9.3.3 特殊附加险

特殊附加险也不包括在一切险中,须另行加保才能获得保障。目前我国海运货物保险的特殊附加险主要指的是战争险和罢工险。

1. 海运货物战争险

1)责任范围

海运货物战争险(Ocean Marine Cargo War Risk)的承保责任范围包括以下几个方面:

(1)直接由于战争、类似战争行为和敌对行为、武装冲突或海盗行为所造成的运输货物的损失。

(2)由于上述原因所引起的捕获、拘留、扣留、禁止和扣押所造成的运输货物的损失。

(3)各种常规武器,包括水雷、鱼雷和炸弹所造成的运输货物的损失。

(4) 由本险责任范围所引起的共同海损牺牲、分摊和救助费用。

"战争"是指主权国家或事实上有主权国家特征的政治实体间动用武力的行为。"类似战争行为"是指一种实际的或已有企图的交战行为,以此来限制战争一词的外延。须注意的是,"海盗行为"仍是我国现行海运货物战争险的承保责任,而不是一切险的承保责任。

2) 除外责任

海运货物战争险对下列各项不负赔偿责任:

(1) 由于敌对行为使用原子或热核制造的武器导致被保险货物的损失和费用。

(2) 根据执政者、当权者或其他武装集团的扣押、扣留引起的承保航程的丧失和挫折而提出的任何索赔。

3) 责任起讫

与海运货物基本险不同,海运货物战争险的责任起讫不是"仓至仓",而是适用"水上风险"(Water Torn)的原则,具体规定如下:

(1) 保险人的责任自被保险货物装上保险单所载明的起运港的海轮或驳船时开始,到卸离保险单所载明的目的港的海轮或驳船时止。如果被保险货物不卸离海轮或驳船,保险责任以海轮到达目的港的当日午夜起算满 15 天为限。

(2) 如货物在中途港转船,不论货物在当地卸载与否,保险责任以海轮到达该港或卸货地点的当日午夜起算满 15 天为止,一旦再装上续运海轮时恢复有效。

(3) 如运输契约在保险单所载明目的地以外的地点终止,则该地即视为本保险目的地,保险责任仍按前述规定在货物卸离货轮时终止,但以货轮到达该地点 15 天为限。如货物还须运往原目的地或其他目的地时,在被保险人于续运前通知保险人并加缴保险费的情况下,保险责任可自装上续运的海轮时重新有效。

(4) 如运输发生绕道、被保险人变更航程或承运人运用运输契约赋予的权限做任何航海上的改变,只要被保险人及时将获知情况通知保险人,并在必要时加缴保险费,则本保险仍然继续有效。

海运货物战争险只承保被保险货物由于战争风险造成的直接损失,对由于战争风险所致的附加费用并不予以承保。例如,因战争而致航程中断,引起卸货、存仓或转运等额外支出的费用,并不属于战争险的承保责任。如果被保险人希望保险人对这些附加费用也予以负责,可再加保战争附加费用险(Additional Expenses Ocean Marine Cargo War Risks),它实际上是对战争险责任范围的扩展。

2. 货物运输罢工险

货物运输罢工险(Cargo Strike Risk)条款与上述一般附加险条款及特别附加险条款一样,适用于海运、陆运、空运和邮包各种运输方式。罢工险的承保责任范围包括:

(1) 被保险货物由于罢工者、被迫停工工人或参加工潮、暴动和民众斗争的人员的行动,或任何人的恶意行为所造成的直接损失。

(2) 上述行动或行为所引起的共同海损牺牲、分摊和救助费用。

罢工险只承保被保险货物由于罢工风险造成的直接损失。与罢工风险有关的间接损失,如在罢工期间由于劳动力短缺或不能正常履行职责所致的货物的损失,包括因此而引起的动力或燃料缺乏使冷藏机停止工作所致的冷藏货物的损失,保险人一概不予负责。

罢工险的责任起讫与海运货物基本险相同,采用"仓至仓"原则,即保险人对货物从卖方仓库到买方仓库的整个运输期间负责。

我国也采用了国际保险市场的习惯做法,被保险货物如已投保战争险,再加保罢工险时,一般不再加收保险费。若仅要求加保罢工险,则按战争险费率缴付保险费。

9.4　中国海运货物专门险

海运货物专门险又称特种货物保险,是根据海运货物特性而设立的专门险种,可以单独投保。目前我国海运货物保险的专门险主要有海洋运输冷藏货物保险和海洋运输散装桐油保险。

9.4.1　海洋运输冷藏货物保险

一些新鲜的货物,如蔬菜、水果,以及已经冷冻处理的鱼、虾、肉等货物,为保持新鲜程度,运输时须置于专门的冷藏容器或冷藏舱内,并根据其特性保持一定的冷藏温度。这些冷藏货物在运输途中,除和一般货物一样,可能会遭遇各种海上灾害事故而受损,还可能因冷藏设备失灵而致货物腐烂变质,海运冷藏货物保险(Ocean Marine Insurance Frozen Products)即是为此开办的。

1. 险别与责任范围

海运冷藏货物保险分为冷藏险和冷藏一切险两个险别。

1) 冷藏险

冷藏险(Risks for Frozen Products)的责任范围与海运货物水渍险的责任范围基本相同,即承保冷藏货物在运输途中由于海上自然灾害或意外事故造成的腐烂或损失。在此基础上,增加承保货物"由于冷藏机器停止工作连续达 24 h 以上所造成的腐烂或损失"。这里所说的冷藏机器包括载运货物的冷藏车、冷藏集装箱及冷藏船上的制冷设备。

2) 冷藏一切险

冷藏一切险(All Risks for Frozen Products)的责任范围是在冷藏险的责任范围基础上,增加承保被保险冷藏货物在运输途中"由于一般外来风险所致的腐烂或损失",这与海运货物一切险的责任范围区别不大。

冷藏险要求冷藏机器停止工作连续 24 h 以上,而且被保险人负有举证责任,对被保险人不利。故对温度变化要求苛刻的货物,宜投保冷藏一切险。

2. 除外责任

海运冷藏货物保险的除外责任包括前述海运货物基本险的除外责任,此外,还针对冷藏货物的固有特点,增加了以下两项除外规定:

(1) 被保险货物在运输过程中的任何阶段,因未存放在有冷藏设备的仓库或运输工具中,或辅助工具没有隔温设备所造成的货物腐烂和损失。

（2）被保险货物在保险责任开始时,因未保持良好状态,包括整理加工和包扎不妥,冷冻上的不合规定及因变质所引起的货物腐烂和损失。

3. 责任起讫

海运冷藏货物保险的责任起讫与海运货物基本险的责任起讫大致相同,但也根据冷藏货物的特点做了一定变化,具体如下:

（1）保险责任自被保险货物运离保险单所载明的起运地冷藏仓库装入运输工具开始运输时生效,包括正常运输过程中的海上、陆上、内河和驳船运输在内,直至该项货物运到保险单所载明的目的港 30 天内全部卸离海轮并转入岸上冷藏仓库,从货物卸离海轮时起算满 10 天终止,须注意以下几点:

① 在上述期限内,货物一经移出冷藏仓库,保险责任即行终止。

② 货物卸离海轮后不存入冷藏仓库,保险责任至卸离海轮时立即终止。

③ 保险责任终止地点是在最后卸货港,不延伸到内地。

（2）由于被保险人无法控制的运输迟延、绕道、被迫卸货、重新装载、转运或承运人行使运输契约赋予的权限所做的任何航海上的变更或终止运输契约,致使被保险货物运到非保险单载明的目的地时,在被保险人及时通知保险人,并在必要时加缴保险费的情况下,本保险继续有效。保险责任终止按下列情况办理:

① 在货物抵达卸载港 30 天内卸离海轮并将货物存入岸上冷藏仓库后继续有效,但以货物全部卸离海轮时起算满 10 天终止。

② 在上述期限内,被保险货物如在非保险单载明的目的地出售,保险责任至交货时终止。

③ 被保险货物如在上述 10 天期限内继续运往保险单所载明原目的地或其他目的地,保险责任在续运期间继续有效,其终止依照上述正常运输情况下的有关规定。

海运冷藏货物保险的被保险人义务与索赔时效,与前述海运货物基本险的有关规定相同。

9.4.2　海洋运输散装桐油保险

桐油作为油漆的重要原料,是我国大宗出口商品之一。桐油因自身特性,在运输过程中容易遭受污染、短量、渗漏和变质等损失,它需要不同于一般货物保险的特殊保障,海运散装桐油保险（Ocean Marine Insurance Woodoil Bulk）即是为此开办的。

1. 责任范围

海运散装桐油保险只有一个险别,除了承保海运货物一切险的各项责任外,还针对散装桐油的特点,增加承保以下两项:

（1）不论何种原因所致被保险桐油的短量、渗漏超过免赔率部分的损失。

（2）不论何种原因所致被保险桐油的沾污和变质损失。

2. 责任起讫

与海运货物基本险中关于责任起讫的规定一样,海运散装桐油保险的责任起讫也采取"仓至仓"的原则,具体如下:

(1) 保险责任自被保险桐油远离保险单所载明的起运港的岸上油库或盛装容器开始运输时生效,在整个运输过程中继续有效,直至安全交至保险单所载明的目的港的岸上油库时为止。但如果桐油不能及时卸离海轮或未交至岸上油库,则保险责任以海轮抵达目的港后 15 天为限。

(2) 由于非正常运输致使被保险桐油运到非保险单所载明的目的港时,在被保险人及时通知保险人,并在必要时加缴保险费的情况下,本保险继续有效。被保险桐油应在到达该港口 15 天内卸离海轮,保险责任从桐油卸离海轮之日起算满 15 天终止。在上述期限内,如果桐油在该地出售,保险责任至交货时终止。被保险桐油如在上述 15 天期限内继续运往保险单所载明原目的地或其他目的地,保险责任在续运期间继续有效,其终止依照上述正常运输情况下的有关规定。

3. 特别约定

海运散装桐油保险针对保险标的的特性,向被保险人提出了一些特别约定:

(1) 散装桐油在装运港装船前须经过抽样化验,被保险人必须取得下列检验证书:检验人出具的表明油仓清洁的合格证书、检验人对桐油装船后的容量或重量以及温度进行详细检验并出具的证书、检验人对装船桐油的品质进行抽样化验,证明在装运时确无玷污、变质等现象后出具的合格证书。

(2) 被保险桐油如因非正常运输情况而必须在非目的港卸船,在卸船前必须对其品质进行鉴定并取得证书;对接受所卸桐油的油驳、岸上油库或其他盛装容器以及重新装载桐油的船舶油舱,也都须由当地合格检验人进行检验并取得相应的证书。

(3) 被保险桐油运抵保险单所载明的目的港后,被保险人必须在卸船前通知保险单所指定的检验、理赔代理人,由该代理人指定的检验人进行检验,以确定卸船时油舱中的温度、容量、重量等,并由该代理人指定的合格化验师一次或数次抽样检验,出具确定当时品质状况的证书。若抵达港口后由驳船驳运,那么油驳在装油前也必须经检验人检验出证。

4. 赔偿处理

针对桐油的特性,海运散装桐油保险对赔偿处理做了如下规定:

(1) 如被保险桐油经检验和化验证明已发生短少或损失时,必须同装船时的检验和化验报告相比较,估计损失数额。如发生全损,则以装船后由商品检验局出具的装船重量报告中的装运量作为计算标准。

(2) 如根据化验报告中的鉴定,确认被保险桐油品质有变异时,按照实际所需的提炼费用(包括提炼后的短量、贬值、运输、人工、存仓和保险等各项费用)减去通常所需的提炼费用后的差额赔付。

(3) 一切检验和化验费用均由被保险人负担,但为了决定赔款数额而支付的必要检验和化验费用,可由保险人负担。

　　除上述规定外,海运散装桐油保险的除外责任、被保险人义务和索赔时效等与前述海运货物基本险的有关规定相同。

本章小结

1. 内容要点

　　本章介绍了货物运输保险各险别的概念及含义,中国海洋货物运输保险条款及协会货物条款中的各项条款;中国条款与协会货物条款的区别,各险别条款之间的不同之处。我国海运货物保险的一般附加险、特别附加险和特殊附加险。

2. 内容结构图

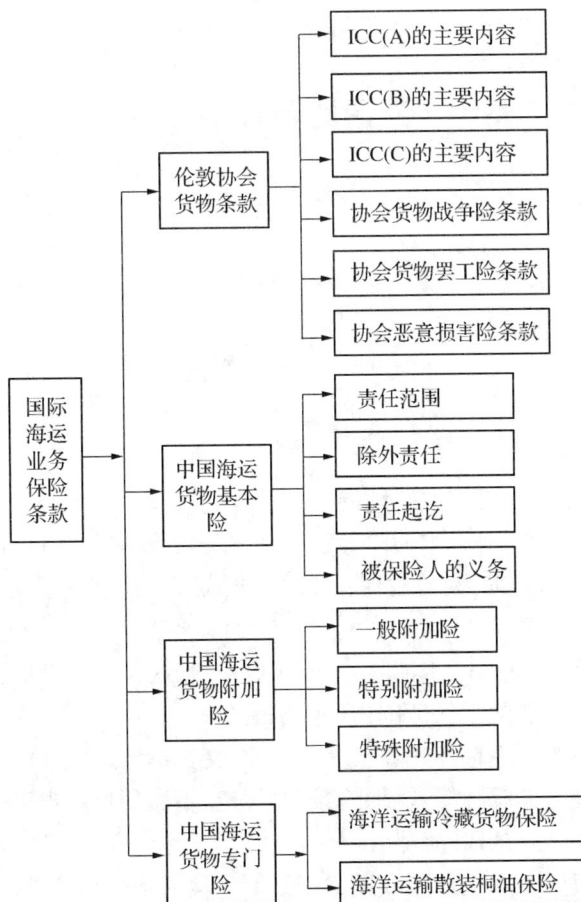

主要概念和重点实务

一、本文主要概念

1. 平安险
2. 水渍险
3. 一切险
4. 一般附加险
5. 特别附加险

二、重点实务

1. 伦敦协会货物条款、ICC(A)国际海运保险实务
2. 中国海运货物基本险、附加险保险业务实务
3. 中国海运冷藏货物保险、散装桐油保险业务实务

习题与训练

一、名词解释

1. ICC
2. 偷窃、提货不着险
3. 钩损险
4. 舱面险
5. 冷藏险

二、单选题

1. ICC(A)的承保风险类似我国的( )。

   A. 平安险　　　　B. 水渍险　　　　C. 一切险　　　　D. 附加险

2. 根据我国《海洋货物运输保险条款》的规定,承保范围最小的基本险别是( )。

   A. 平安险　　　　B. 水渍险　　　　C. 一切险　　　　D. 罢工险

3. 下列不属于一切险承保范围内的险别是( )。

   A. 偷窃、提货不着险 渗漏险　　　　C. 交货不到险　　　　D. 包装破裂险

4. 根据我国现行的《海洋运输保险条款》规定,不属于自然灾害得是( )。

   A. 地震　　　　B. 海啸　　　　C. 失火　　　　D. 雷电

5. 保险期限仅限于水上危险或运输工具上危险的是( )。

   A. 短量险　　　　B. 舱面险　　　　C. 战争险　　　　D. 罢工险

三、多选题

1. 我国海运货物保险的主险包括( )。

　　A. 平安险　　　　B. 水渍险　　　　C. 一切险　　　　D. 一般附加险

2. 在海上保险业务中,属于意外事故的有(　　　)。

　　A. 爆炸　　　　　B. 触礁　　　　　C. 搁浅　　　　　D. 碰撞

3.《海洋运输货物保险条款》的主要内容有(　　　)。

　　A. 除外责任　　　　　　　　　　　B. 责任起讫

　　C. 索赔期限　　　　　　　　　　　D. 保险人承保责任范围

　　E. 保险人的义务

四、简答题

1. 简述不适航不适货除外责任条款规定。

2. 简述罢工除外责任条款。

3. 被保险人的义务有哪些?

4. 特别附加险和特殊附加险有哪些?

5. 简述海运货物战争险的责任范围。

五、案例分析题

船舶沉没,保险人拒赔

　　被告中国人民保险公司某市分公司(以下简称人保)就 A 轮的保险向原告 B 轮船公司(以下简称 B 轮船)开具定期"沿海内河船舶保险单",载明:被保险人为 B 轮船,险别为一切险。保单"一切险"条款约定,保险人承保因碰撞、触礁等事故引起船舶倾覆、沉没,造成的船舶全损或部分损失,但对于船舶不适航造成的损失不赔偿;被保险人应当确保船舶的适航性,否则保险人有权终止合同或拒绝赔偿。B 轮船是 A 轮的船舶经营人。A 轮载重量 1 300 吨,核定舱载量为前货舱 655 吨,后货舱 645 吨。

　　A 轮装载 1 260 吨货物(前货舱约 510 吨,后货舱约 750 吨)从宁波北仑港出发驶往上海港,宁波海事局签发了出港签证。次日,该轮行至乌龟岛附近水域时沉没。其船舶国籍证书、船舶检验证书、船舶营运证书均在有效期内。吴淞海事处的"水上交通事故责任认定书"认定,"由于瞭望疏忽,对流压估计不足及操纵不当,船舶右舷中后部触碰水下障碍物,导致二舱破损进水,致使船舶沉没。"但人保认为,A 轮后货舱超载约 105 吨,船舶沉没是其本身不适航所致,且 B 轮船不是 A 轮所有人无可保利益。双方争执因而诉讼。

　　请评析案例。

六、实训题

实训名称:国际海运业务保险条款基础知识实训

实训目标:(1)学习有关国际运输保险的理论知识;

(2)熟悉国际海运保险业务的实际操作。

实训场所:某港口货运站或模拟实验室

实训步骤:(1)教师设置海运货物保险条款和伦敦保险人协会制定的"协会货物条款"模拟题 30 份,包括单选题、多选题、问答题、情景模拟操作题或视频模拟题;

(2)6～8 人为一组,选出组长一名,随机抽题,以小组为单位答题;

(3)准备资料:海运货运单样本,报关、报检和保险单样本;

（4）某货主国际海运背景资料和数据。

评分标准：（1）海运操作流程是否完整；

（2）单据填写是否规范；

（3）运费计算方法和港口费率表应用；

（4）保险合同签订和保险费计算相关内容；

（5）国际公约相关内容；

（6）承保金额和除外责任；

（7）索赔与理赔操作程序。

成果形式：模拟题答卷和实训报告。

微信扫码查看

第10章　海运进出口货物保险实务

【知识目标】

1. 了解选择保险险种时需考虑的因素；
2. 熟悉贸易合同中的保险条款；
3. 掌握投保手续和注意事项。

【能力目标】

1. 了解核保货物的性质和特点；
2. 熟悉保险金额的确定和保险费的计算，掌握常用的保险单据；
3. 了解损失检验的作用、申请损失检验的时间和检验的地点；
4. 熟知如何确定损失责任，学会撰写损失检验报告；
5. 了解通知损失，申请检验和提出索赔的过程，注意索赔时效的问题；
6. 掌握理赔的程序和原则，掌握计算赔偿金额的方法。

【引导案例】

中国抽纱公司某进出口公司与中国太平洋保险公司某分公司的保险纠纷

中国抽纱公司某进出口公司（简称抽纱公司）与中国太平洋保险公司某分公司（简称保险公司）于2014年7月4日签订了海上货物运输保险合同2份，约定被保险人抽纱公司，保险标的物9 127箱玩具，保险金额计550 508美元，险别为中国人民保险公司海上货物运输保险条款及海上货物运输战争险条款规定的一切险和战争险，保险费按1.01％计共为5 560.13美元；开航日期根据提单，航程为上海至圣彼得堡，责任起讫期间为"仓至仓"，即自被保险货物运离保险单所载明的起运地仓库或储存处所开始运输时生效，包括正常运输过程中海上、陆上、内河和驳船运输在内，直至货物到达保险单所载明目的地收货人的最后仓库或储存处所或被保险人用作分配、分派或非正常运输的其他储存处所为止；如未抵达上述仓库或储存处所，则以货物在最后卸载港全部卸离海轮后满60天为止。保险公司据此签发了保险单，抽纱公司按约定支付了保险费。

本案货物于7月15日装船，某船务有限公司作为承运人银风公司（Silver Wind Corporation）的代理，为原告抽纱公司签发了上海至圣彼得堡的全程提单（Through Bill of Lading）。提单载明：托运人抽纱公司，收货人凭指示，通知人为与抽纱公司签订贸易合同的LINSTEK公司（以下简称买方）。货物由上海运至韩国釜山，后转装二程船运至俄罗斯东方港，再由东方港改由铁路运输，9月初运抵目的地圣彼得堡。9月13—14日，买方持二程海运提单（釜山—东方港）和铁路运单（东方港—圣彼得堡）要求提货。因买方是这两个单证上的收货人，承运人便在未收回全程正本提单的情况下放货,买方办理完清关手续后将货物提走。

原告抽纱公司在贸易合同中与买方的约定付款方式是付款寄单(T/T AT SIGHT;PAID BEFORE SENDING THE SHIPPING DOCUMENTS),因见买方迟迟没有支付货款,遂派人持正本提单至圣彼得堡提货。抽纱公司因提不着货物,于2015年8月10日向被告保险公司提交了索赔单据和涉案货物在圣彼得堡报关的材料,要求赔偿。此后双方经多次协商不成,抽纱公司提起诉讼。现抽纱公司尚持有本案货物的全套单证,包括正本全程提单、装箱单、商业发票。

案例思考:

该案涉及诸多国际海运货物保险的知识,法院会如何裁决呢?

（案例来源:http://www.110.com/panli/panli_61454.html）

10.1 海运货物保险的投保

国际货物运输保险的投保,是指投保人向保险人提出申请,表达订立保险合同的意愿,并将自己所面临的风险和投保的要求告知保险人。投保是拟订保险合同的开始,是整个承保工作的基础,做好这项基础工作,对保证承保质量很重要。

进出口货物运输保险应由卖方还是买方负责办理投保手续,主要取决于贸易合同中采用的贸易术语。若采用 FOB、FCA、FAS 或 CFR、CPT 以及 EXW、DAF 术语时,投保手续由买方办理;若采用 CIF、CIP 或 DES、DEQ、DDU、DDP 术语时,则由卖方办理投保手续。

10.1.1 选择保险险种需考虑的因素

在不同的险别下,保险人承保的责任范围各不相同,其保险费率也不相同。例如,在我国海运货物基本险中,平安险的责任范围最小,水渍险次之,一切险的责任范围最大。与此相对应,平安险的费率最低,水渍险次之,一切险费率最高。因此投保人在选择险别时,应该根据货物运输的实际情况予以全面衡量,既要考虑使货物得到充分保障,又要尽量节约保险费的支出。在国际货运保险业务中,选择何种险别,一般应考虑下列因素。

1. 货物的性质和特点

不同种类的货物,由于其性质和特点不同,在运输时即使遭遇同一风险事故,所致的损失后果往往也并不相同。因此,投保人在投保时应充分考虑货物的性质和特点,选择适当的险别。

1) 粮谷类

粮谷类主要包括粮食、籽仁、豆类、花生仁、饲料等商品。这类商品均含有一定有水分,经过长途运输水分会蒸发,导致短量,也会吸收空中的水分使水分的含量超过限额而引起霉烂,还会因海水浸入、淡水侵入、水管漏水等造成霉烂损失。这种商品在运输途中由于船舶遭遇恶劣气候时封闭通风舱,或者因为气候骤变温度突然上升和下降都会造成发汗、发热的损失。

这类商品的运输包装通常有两种：一种是袋装，另一种是散装。袋装的商品因为水分的自然发挥会短重，散装的商品，像饲料、大豆，等除了商品本身水分挥发短重外，还可能因装卸洒漏、散失等造成短重。按照运输习惯都有一定数量的运输损耗。因此，在保险时都规定有免赔率。在规定贸易合同的保险条款时，要注意加上免赔率的相应条件。如果投保人要求取消免赔率，保险公司也可同意，但保险费率要相应提高。在选择这种商品的险别时，可以保一切险，也可以在水渍险的基础上加保短量险和受潮受热险。

2）冻品类

冻品类主要是指冷冻的肉禽，如冻猪肉、冻牛羊肉、冻鸡鸭、冻兔肉等；有冷冻水产品，如冻鱼、冻虾蟹等；还有速冻食品，如冻饺子、冻包子等。这些商品的运输都是由设有冷藏设备的运输工具承载的，最容易遭受的损失是冷藏机器发生故障使冷冻商品化冻变质或腐烂。对于这类商品一定要投保冷藏货物险才能获得充分的保障。

3）玻璃制品类

玻璃制品类主要有玻璃瓶、玻璃板、窗玻璃、玻璃仪器、热水瓶、灯泡、灯管等。这类商品的损失比较单纯，主要是破碎。因此，宜在平安险、水渍险的基础上加保破碎险。

4）仪器、仪表类

这类商品包括精密仪器，由于它们的精密程度高，遭遇剧烈震动等情况极易受损。在选择险别时，一般可投保水渍险附加碰损，破碎险和偷窃、提货不着险。

5）轻工品杂货类

这类商品的品种比较杂，如文体用品、金属餐具和各种鞋子等，价值也不一。在选择险别时，可投保水渍险附加淡水雨淋险和偷窃、提货不着险等。

6）土产畜产类

麻类商品受潮后会发热而引起变质、自燃等损失。在选择险别时，可以在平安险或水渍险的基础上加保受潮受热险。

鱼粉类商品在到达一定的温度与湿度时，因受潮和受热会引起变质等损失。在选择险别时，可以在平安或水渍险的基础上，加保受潮受热险。此外对自燃损失需另行加保自燃险。

毛绒类商品主要有羊毛、羽毛、羊绒等，这些商品玷污后会影响质量。在选择险别时，可以在平安险、水渍险的基础上加保混杂玷污险。

皮张类商品主要包括山羊板皮、猪皮、牛皮、兔皮、黄狼皮等。这类商品最容易遭受的损失为玷污、受潮、受热引起的变质。特别是玷污以后的加工整理费用比较高，一般以平安险、水渍险加保受潮受热、玷污险为妥。由于皮张的价值较大，遭受偷窃的可能性较大，还应加保偷窃、提货不着险。

7）工艺品类

首饰类商品，如金、银、钻石、珠宝等首饰，价值高，偷窃的危险性很大，一定要加保偷窃提货不着险，以取得长足的保障。至于假首饰则可以视作一般商品处理。

雕刻品类,包括玉、石、木、竹器雕刻,以及贝壳制品、盆景等。这类商品遭受破碎、碰损的可能性很大,还容易被窃。在选择险别时,可在平安、水渍险的基础上加保破碎、碰损和偷窃、提货不着险。

8）化工类

化工类的液体商品主要包括原油、成品油等,如石油、汽油、柴油。这些商品都是散装运输的,容易发生短量和玷污。玷污有多种原因,如舱壁不净、输油管不洁等,油被玷污后往往会引起精炼等费用损失。为取得上述损失的保障,应投保散舱油类险,投保这种险保险公司都规定有免赔率。此外,铁桶、铁听、塑料桶和玻璃装的液体化工品,容易发生渗漏损失,应在投保平安险的基础上加保渗漏险。

粉粒状化工产品包括化肥、滑石粉、石墨粉、粉状农药等。这些商品分桶装和袋装,主要的危险是包括破裂造成外漏短少。在选择险别时,可在平安险的基础上加保包装破裂险。

2. 货物的包装

货物的包装对货物的安全运输具有重要作用,货物的包装方式会直接影响到货物的完好情况。散装货物,如大宗的矿石、矿砂,在装卸时容易发生短量损失,散装的豆类等还可能因混入杂质而受损;裸装货物,如卡车等,一般是停放于甲板上并采取固定、防滑措施后进行运输,容易因碰撞或挤擦而出现表面凹瘪、油漆掉落等;包装货物,会因包装材料的不同而可能产生不同的损失,如袋装大米可能因在装卸时使用吊钩而使外包装破裂,大米漏出而致损。因此,投保人应根据不同包装方式的特点选择适当的险别。

必须注意的是,对于因货物包装不良或不当,以致不能适应国际货物运输的一般要求而使货物遭受损失,属于发货人责任,保险人一般不予负责。例如,保险公司对雕刻品的包装条件很重视,当发生损失后如查明系包装不当,不适合运输需要,则归因于发货人责任,按保险条款规定属于除外责任,保险公司不予赔偿。

3. 货物的用途与价值

货物的用途与投保险别的选择有密切关系。一般而言,食品、化妆品及药品等与人的身体、生命息息相关的商品,由于其用途的特殊性,一旦发生污染或变质损失,就会全部丧失使用价值。因此,在投保时应尽量考虑能得到充分全面的保障。例如,茶叶在运输途中一旦被海水浸湿或吸收异味即无法饮用,失去使用价值,故应当投保一切险。又如花生、油菜籽、大米等食品,一旦受潮、受热发霉往往产生黄曲霉素,如超过进口国对该霉素的限制标准就会被拒绝进口或被没收或强制改变用途,从而造成损失,故应在投保一切险的基础上加保黄曲霉素险。

4. 运输路线及停靠港口

一般运输路线越长,所需运输时间越长,货物在运输途中可能遭遇的风险越多;反之运输路线越短,货物可能遭受的风险越少。例如,从上海港海运一批大米到日本,由于航程较短,大米在途中发霉的可能性很小,但如果目的地为法国马赛,由于航程较长,大米在运输途中很可能因气候变化、船舱通风设备不畅等原因导致受潮受热而发霉。另外,运输途中经过区域的地理位置、气候状况及政治形势等也会对货物的安全运输产生影响。例如,某些航线途经气候炎热的地区,如果载货船舶通风不良,就会增大货损。而在政局动荡不定,或在已经发生战争的海域航行,货物遭受意外损失的可能性自然增大。

货物在运输途中停靠的港口不同,所带来的货物风险也不同。由于不同停靠港口在装卸设备、安全设施、管理水平及治安状况等方面有很大差异,进出口货物在装卸时发生货损货差的情况也就不同。投保人在投保时,应事先了解装卸地及中转地港口的情况,根据需要决定是否加保必要的险别。在世界的某些港口,偷窃现象十分严重,当货物卸离海轮后堆放在码头等待运送到其他地方仓库时,货物被偷窃的危险增大,这就应该加保偷窃提货不着险。当货物出口到经常下雨的地区,就应加保淡水雨淋险。

5. 运输季节

货物运输季节不同,也会对运输货物带来不同的风险和损失。例如,载货船舶冬季在北纬六十度以上航行,极易发生与流动冰山碰撞的风险;夏季装运粮食、果品极易出现发霉腐烂或生虫的现象;而冬季运送橡胶制品,货物可能出现冻裂损坏等。故投保人应根据不同季节的气候特点选择险别。

10.1.2　贸易合同中的保险条款

货物运输保险是为国际贸易提供服务的,保险条款是贸易合同中的一个重要组成部分,必须订得明确、合理。

1. 投保人的约定

一笔交易的货运保险究竟由谁来办理,主要看交易双方采取的是什么贸易术语,如果是 CIF 或 CIP,由卖方负责办理保险;如果是 FOB、CFR 或 FCA、CPT 条件成交,则由买方负责办理保险;如果是 DES 或 DEQ 术语,则保险由卖方自理。

2. 保险公司和保险条款的约定

一笔交易约定由哪一方办理保险时,一般就在哪一方所在地的保险公司办理,并选择相应的保险条款。在采用 CIF 或 CIP 术语时,卖方办理投保,保险公司和保险条款的选择对卖方来说关系不大,但是,买方却很注意。因为货物遇险后卖将保单背书给买方,由买方向保险公司索赔。所以,采用 CIF 或 CIP 术语时,买方有时不单纯听凭卖方的选择,而是由他们自己选择一个他的信任的保险公司和熟悉的保险条款,让卖方去办理保险。

3. 保险险别的约定

保险险别规定了保险公司的承保责任范围,确定了投保人的保险费用的支出。因此,选择险别时,既要注意所选险别能够提供足够的保险保障,又要顾及保险费的节省。

4. 订立保险条款需要注意的问题

1）应尊重对方的意见和要求

某些国家进口货物有时要求在其本国保险，这些国家有朝鲜、缅甸、印度尼西亚、伊拉克、巴基斯坦、加纳、也门、苏丹、叙利亚、伊朗、墨西哥、阿根廷、巴西、秘鲁、索马里、利比亚、约旦、阿尔及利亚、刚果民主共和国、尼日利亚、埃塞俄比亚、肯尼亚、冈比亚、蒙古、卢旺达等。对这些国家的出口，不宜按 CIF 价格报价成交。

2）保险条款的选用

国外客户有要求按英国伦敦协会货物条款投保时，我们可以不使用中国保险条款，接受并订在合同条款中。

3）免赔率的问题

免赔率是保险公司对所保货物发生损失时，免除一部分赔偿责任的百分比。免赔率有绝对免赔率和相对免赔率。绝对免赔率是指货物受损后，按整批货价计算其受损价值必须超过免赔率额度，对超过的价值部分，保险公司给予赔付。相对免赔率是指发生货损达到或超过免赔额度时，保险公司对受损金额全部予以赔付。

目前，国际上一般都使用绝对免赔率，出口方在签约时注意免赔率的选择。如果进口方要求增减计或不计免赔率，在相应增减费率的基础上可以接受。

4）加保拒收险

加保拒收险的保险加成不得超过发票金额的 10%，投保该险时被保险人要保证对所保货物具有进口所需的一切许可证件，否则不能加保此险。

5）保险单的出具

一般卖方投保时，买方都要求卖方出具货物运输保险单据，比如保险单、保险凭证、联合凭证、预约保险单、暂保单等，我国一般由保险公司出具正式保险单。保险单俗称大保单，是一种正规的保险合同，在 CIF 条件下是卖方必须提交的结汇单据之一，是保险人对被保险人的承保证明。在发生保险范围内的损失或灭失时，投保人可凭保险单向保险人要求赔偿。所以，在签约时，要订明出具保险单的种类和份数。

5. 保险条款示例

以 FOB、CFR 或 FCA、CPT 条件成交的合同，保险条款可订为：Insurance：to be covered by the buyer（即保险由买方负责）。

如买方委托卖方代办保险，则应明确规定保险金额、投保险别、按什么保险条款保险以及保险费由买方负担。同时规定保险费的支付时间和方法。

以 CIF 或 CIP 条件成交的合同，条款内容须明确规定由谁办理保险、投保险别、保险金额的确定方法以及按什么保险条款保险，并注明该条款的生效日期。应注意避免使用"通常险"（Usual Risks）、"惯常险"（Customary Risks）或"海运保险"（Marine Clause）等笼统的规定方法。保险条款的具体订法举例如下：

【示例 1】

Insurance：To be covered by the Seller for 120％ of total invoice value against All Risks as per and subject to the relevant ocean marine cargo clauses of the People's Insurance Company of China dated 1/1/1981.

保险由卖方按发票金额的 120％投保一切险,以中国人民保险公司 1981 年 1 月 1 日的有关海洋运输货物保险条款为准。

【示例 2】

Insurance：To be covered by the Seller for 110％ of total invoice value against ICC (A) as per Institute Cargo Clauses dated 1/1/1982.

保险由卖方按发票金额的 110％投保 ICC(A)险按伦敦保险业协会 1982 年 1 月 1 日货物(A)险条款办理。

10.1.3　投保手续和注意事项

在投保人选择了保险公司及保险险别后,接下来要办理的就是具体的投保手续。

1. 投保单的填写

从保险合同成立的法律来看,投保人填写的投保单构成了保险合同的要约。保险公司的承保人员是根据投保人填写的投保单签发正式的保险单。投保单的法律效力表现在,保险合同生效后,投保单将作为保险合同的一项不可分割的组成部分。鉴于投保单在保险合同中的重要性,投保人在填写投保单内的下列项目时,必须填写明确。

1) 被保险人名称

这一项要根据对货物具有可保利益的实际有关人填写。货运保险单是否有效,同被保险人对货物具有的可保利益有关。如由买方或卖方投保的,则分别写上其名称。

保险单是可以转让的,一经保单上的被保险人在保单上背书,保险单的权益就转让给被转让人或保单持有人。

2) 标记

这一项应与发票或提单上所载的标记符号相一致,特别要同刷在货物外包装上的实际标记符号相同,以免在发生赔付时,引起检验、核赔、确定责任上的混乱。

3) 包装及数量

对货物的包装方式,如捆(Bundles)、箱(Cases)、袋(Bags)、桶(Drums)等,以及包装的数量,均应书写清楚。如果一次投保有数种不同包装时,可以以件(Packages)为单位。散装货物应填写散装重量(...M/T in Bulk)。如果采用集装箱运输,应予注明(in Container)。

4) 货物名称

对货物名称的填写必须具体明确,以便保险人确定适用的保险费率。例如,棉布、袜子、玻璃器皿等,一般不要笼统地写纺织品、百货、杂货等大类。

5) 保险价值

货物运输保险单一般为定值保险单,保险价值为多少应由投保人与保险人共同商定。

6）保险金额

货物运输保险的保险金额一般是按照发票的 CIF 价格加上一定的成数计算，加成率一般为 10%，也可以根据实际情况加两成（20%）或三成（30%）不等。如果发票价格为 FOB 或 CFR，应将运费、保险费加上后，再加成计算保险金额。保险金额的货币名称要与发票一致。

7）船名或装运工具

海运时应写明船名航次，如果中途须转船，已知第二程船时应打上船名，若第二程船名未知，则只需打上转船字样（With Transshipment）。集装箱运输应打明（Container Shipment），采用集装箱运输，保险费率低于一般的杂货船运输。如果采用火车或航空运输，最好注明火车班次和班机航次。如采用多式联运，应写明联运方式，如空陆联运、海空联运等。

8）开航日期

有确切日期的，填上×月×日；无确切日期的，可填写"约于×月×日"。

9）提单或运单号码

提单或运单号码要填写清楚，以备保险公司核对。

10）运输路线

填写起始地和目的地名称。中途如需转运，则应注明转运地。若到目的地后须转运内陆，应注明内陆地名称。如到达目的地的路线不止一条，要填写经过的中途港（站）的名称。

11）发票号码和合同号码

此项确定保险保障的贸易货物的具体批号，主要是便于发生索赔时进行核对。按我国目前的外贸实践，出口货物一般只需填写该批货物的发票号码，进口货物则应填写贸易合同号码。

12）承保险别

投保人需要投保哪种险别应填写明确，包括主险和附加险，还应注明采用何种保险条款。如果对保险条款有特别要求的，也要在这一栏内注明，以便保险人考虑接受与否。

13）赔付地点

一般都是在保险目的地支付赔款。如果被保险人要求在目的地以外的地方给付赔款，应予注明。

14）投保日期

出口商投保时，投保日期应在船舶开航日期或货物起运日期之前。根据 UCP 60 的规定，银行有权拒收签发日期迟于货物装船或发运日期的保险单。

进口方投保时，由于买卖双方距离遥远，有可能出现信息传递失误，买方投保的日期可能在货物装船以后或货交承运人接管以后，甚至可能出现投保时货物已经在运输途中发生损失的情形。按照国际货运保险的习惯，如果投保时货物已经发生损失，只要进口方的投保是善意的，事先并不知情，保险仍然有效。反之，如果进口方在投保时已经知道货损事件,则该投保行为属于保险欺诈,保险无效。

15) 投保人签章及企业名称、地址、电话

此项填写投保人的名称、地址、电话等具体信息。

2. 投保时须注意的事项

投保人在办理投保手续时,应注意以下几点。

1) 投保时所申报的情况必须属实

保险是建立在最大诚信原则基础之上的合同关系,保险人对投保人的投保是否接受,按什么费率承保,主要是以投保人所申报的情况为依据来确定的。因此,投保人在办理投保时,应当将有关被保险货物的具体事项(包括货物的名称、装载工具以及包装的性质等)向保险人做真实的申报和正确的陈述。如果申报情节不实或隐瞒真实情况,保险人有权解除合同或不负赔偿责任,且不必退还保险费。如果投保人因过失而未如实申报重要事实,保险人也可以酌情解除保险合同或加收保险费。

2) 投保单的内容必须与贸易合同及信用证的有关规定相一致

由于保险单是以投保单为依据填制的,如果投保人不按贸易合同的规定填写投保单,保险人据此出立的保险单就会与贸易合同的规定不符,收货人也就可以拒绝接受这种保险单。另外,在信用证支付方式下,投保单的内容还应符合信用证的有关规定,否则保险人所签发的保险单就会与信用证的规定不相符合,银行会因"单证不符"而拒绝议付。因此,投保单的内容必须同时与贸易合同及信用证的规定一致。

3) 要注意尽可能投保到内陆目的地

国际贸易中收货人的收货地点往往是在内陆,但是常用的 CIF 贸易术语却只规定将货物装上运往目的港的船舶。如果同贸易术语一样,投保人只将货运保险保到目的港,则货物从目的港运输到内陆的收货人仓库这一段发生的损失就得不到保险赔偿。实际业务中,有很多损失在港口是无法发现的,只有在货物运达收货人的内陆目的地仓库经检验后才能确定,如只保到目的港,就会对损失责任的确定造成困难。因此,为解决收货人的实际需要并避免纠纷,以保到内陆目的地为宜。目前在保险实务中,我国保险公司对于国内的投保人一般都同意将货运保险保到国外内陆目的地,并根据情况酌情加收一定费用。

4) 错误与遗漏

投保后如果发现有错误和遗漏,要及时向保险公司申请批改,特别是涉及保险金额的增减、保险目的地变更、船名错报等,都应立即通知保险公司,否则可能导致保险合同失效。

10.1.4　投保方式

1. 进口货物的投保方式

按 FOB、FCA 或 CFR、CPT 价格成交的进口货物,货物的运输保险由国内买方办理投保,投保的方式有两种。

1）订立预约保险合同

对一定期间内分批装运进口的货物，为了简化保险手续，并防止进口货物在国外装运后因信息转送不及时而发生的漏保或来不及办理投保等情况，经营进口业务的公司可与保险公司签订海运进口货物运输预约保险合同，并由保险人签发预约保险单证。预约保险合同明确规定，凡属该合同规定范围的海运进口货物，保险人负责自动承保。进口公司对每批进口货物无须填制投保单，只需在获悉所投保的货物在国外某港口装运时，将装运情况通知保险人。通知的内容应包括装运货物的船名、货物名称和数量、货物价值和保险金额等。

2）逐笔办理投保

不经常有货物进口的单位一般采用逐笔办理投保的方式。采用这种投保方式时，货主必须在接到国外出口商的发货通知后，立即向保险公司申请办理海运货物保险的手续，填写投保单，并交纳保险费。保险人根据投保单签发保险单。

2. 出口货物的投保方式

按 CIF、CIP 价格成交的出口货物，货运保险由国内卖方办理投保。按我国保险公司的有关规定，出口货物的投保一般应逐笔填写投保单，向保险公司提出书面投保申请；投保单经保险公司接受后，由保险公司签发保险单。理论上，出口货物的投保方式也可采用订立预约保险合同的方式，但在实际操作中并不经常采用，因为国际贸易常采用信用证付款方式，银行在付款时要求卖方提供保险单，因而在实际业务中出口货物的投保大多是逐笔出单。

10.2　海运货物保险的承保

承保是指保险人与被保险人签订保险合同的过程。保险人根据投保人的投保意向，对投保申请进行严格的审核并提出相应的保险条件，经保险双方协商取得一致意见后，签订保险合同。承保工作质量的好坏，不仅关系到保险合同能否顺利履行，而且关系到保险公司能否正常经营。一般来讲，承保工作包括核保、保险金额的确定和保险费的计算、保险合同签订等。

10.2.1　核保

保险公司接到投保人的货运保险投保申请后要进行选择，即利用已掌握的信息和资料，对保险标的的风险因素进行分析和评估，以使保险费收入和承担的风险达到平衡。对于货运保险的承保，保险公司考虑的风险因素主要有下述几个方面。

1. 货物的性质和特点

不同性质和特点的货物，在运输途中可能遭遇的风险和发生的损失往往有很大的不同，因此，在核保时必须充分考虑货物本身的性质和特点，据以确定适当的风险等级和承保标准。例如，对一些容易丢失或损坏的货物，以及冷藏货物、危险品等特种货物，保险人制订的保险费率肯定要高于一般货物。

2. 货物的包装

货物的包装对货物的安全运输具有重要作用,在核保时,货物包装对运输途中的货物可能发生的损失及对货物损失的严重性的影响应加以考虑。例如,采用集装箱运输服装和采用纸箱包装运输服装,服装在运输途中发生的损失的概率有很大的不同。

3. 货物的重量、体积和价值

沉重和大体积的货物对于窃贼来说难于搬运,而体积较小、价值较高的货物,如珠宝,就容易成为盗窃对象,因而须安排更严密的看管。但是,从另一个角度看,笨重的货物往往需要特殊的装卸设备,如果目的港没有这种设备,就有可能导致意外事故而造成损失。

4. 运输方式

被保险货物的运输方式有海运、陆运和空运等,不同运输方式下,货物在运输途中可能遭遇的风险和发生损失的程度就会不同。即使是同一种运输方式,也会由于采用直达、转船或联运等不同的货运组织方式而使货物遭受的风险损失情况不一。这些都会导致不同的保险费率。

5. 运输工具

货物在运输途中面临的风险程度大小,同运输工具本身的性能有密切的关系。例如,在海运货物保险中,运输船舶的建造年份、吨位、船上设备等对船舶的适航性有重要影响,因此,载货船舶的情况是货物保险人考虑的一项重要的风险因素。一般的惯例是,船龄在 15 年以上的为老船,用这样的船运输货物,保险人要适当加收保险费;对于船舶的载重吨在 1 000 吨以下的小型船运输货物,保险人也要适当加收保险费。

6. 运输路线及停靠的港口

在海运货物保险中,航程的远近以及承保期限的长短,与保险费率的高低密切相关。此外,装卸港口的设备条件、安全管理状况也是影响保险费率的因素。

7. 投保险别

保险人对货物承担的责任大小是由投保人选择的保险险别决定的,投保人选择不同的保险险别,保险人对货物承担的风险是不同的。投保人选择的保障范围越大,保险人承担的风险责任越大。当保险人认为在某一时期或某一地区某一类风险的发生概率很高时,为保障自己的利益,保险人会拒绝承保某些风险。

8. 无形风险因素

除上述各项核保因素外,货运保险中还存在着无形的风险因素,如投保人的道德风险和行为风险、被保险人以往的索赔记录、被保险人的经济能力、被保险人及其代理人的经营管理能力等。此外,货物运输承运人或船东的信誉及经营管理水平等因素都直接影响承保风险发生的概率,都是保险人进行核保应考虑的因素。

10.2.2 保险金额的确定和保险费的计算

1. 保险金额的确定

保险金额(Insured Amount)是指保险人承担赔偿或者给付保险金的最高限额,也是保险人计算保险费的基础。投保人在投保货物运输保险时应向保险人申报保险金额。保险金额是根据保险价值确定的。保险价值一般包括货价、运费、保险费以及预期利润等。如保险人与被保险人未约定保险价值的,根据我国《海商法》第 219 条(2)规定:"货物的保险价值是保险责任开始时货物在起运地的发票价格或者非贸易商品在起运地的实际价格以及运费和保险费的总和。"即相当于 CIF 价格,不包括预期利润。我国《海商法》第 220 条又规定:"保险金额由保险人与被保险人约定。保险金额不得超过保险价值;超过保险价值的,超过部分无效。"

在国际货物买卖中,凡按 CIF 或 CIP 条件达成的合同一般均规定保险金额,而且,保险金额通常还须在发票金额的基础上增加一定的百分率,即所谓"保险加成",这是由国际贸易的特定需要决定的。如合同对此未做规定,按《2000 年通则》和《跟单信用证统一惯例》(国际商会第 600 号出版物)规定,卖方有义务按 CIF 或 CIP 价格的总值另加 10% 作为保险金额。这部分增加的保险金额就是买方进行这笔交易所支付的费用和预期利润。如买方要求按较高的金额投保,而保险公司也愿意承保,卖方亦可接受,但由此而增加的保险费在原则上应由买方承担。

保险金额的计算公式为:

$$保险金额 = CIF(或 CIP)价 \times (1 + 保险加成)$$

由于保险金额一般是以 CIF 或 CIP 价格为基础加成确定的,因此,在仅有货价与运费(即已确定 CFR 或 CPT 价)的情况下,CIF 或 CIP 价可按下列公式计算:

$$CIF(或 CIP)价 = \frac{CFR(或 CPT)价}{1 - 保险费率 \times (1 + 保险加成)}$$

为简化计算程序,中国人民保险公司制定了一份保险费率常用表。将 CFR(或 CPT)价格直接乘以表内所列常数,便可算出 CIF 或 CIP 价格。

我国进口货物的保险金额,在原则上虽也按进口货物的 CIF 或 CIP 货值计算,但在目前我国进口合同较多采用 FOB(或 FCA)贸易条件,为简化手续,方便计算,一些企业与保险公司签订预约保险合同,共同议订平均运费率(也可按实际运费计算)和平均保险费率。其计算保险金额的公式如下:

$$保险金额 = FOB(或 FCA)价 \times (1 + 平均运费率 + 平均保险费率)$$

这里的保险金额即估算的 CIF(或 CIP)价而不另加成。如投保人要求在 CIF(或 CIP)价基础上加成投保,保险公司也可接受。

2. 保险费的计算

投保人交付保险费,是保险合同生效的前提条件。在被保险人支付保险费前,保险人可以拒绝签发保险单据。保险费是保险人经营业务的基本收入,也是保险人所掌握的保险基金(即损失赔偿的基金)的主要来源。

保险费率是计算保险费的依据。我国进出口货物保险费率是我国保险公司在货物损失率和赔付率的基础上,参照国际保险费率水平,并根据我国对外贸易发展的实践需要而制定的。

目前,我国的出口货物保险费率按照不同商品、不同目的地、不同运输工具和不同险别分别有"一般货物费率"和"指明货物加费费率"两大类。前者适用于所有的货物,后者仅指特别订明的货物。凡未列入"指明货物加费费率"中的货物,统属"一般货物费率"的范围。保险费率表中还有"货物运输战争险、罢工险费率"和"其他规定","其他规定"是解决上述三项费率表中所不能解决的问题,如一般附加险和特殊附加险的收费标准、转运及联运货物计费方法、内陆运输和保险责任扩展加费等。

凡属"指明货物加费费率"表中所列的货物,如投保一切险,则在计算费率时,应先查出"一般货物费率",然后再加上"指明货物加费费率"。例如,从上海通过海运运往某港某货物投保一切险,一般货物费率为 0.6%,指明货物加费费率为 1.5%,则应收费率为 2.1%。

保险公司收取保险费的计算方法是:

$$保险费＝保险金额×保险费率$$

如系按 CIF 或 CIP 加成投保,上述公司可改为:

$$保险费＝CIF(或 CIP)价×(1＋保险加成)×保险费率$$

进口货物保险费率有"进口货物保险费率"和"特约费率"两种。"进口货物保险费率"分"一般货物费率"和"指明货物加费费率"两项。"一般货物费率"按不同运输方式,分险别和地区制定,但不分商品,除"指明货物加费费率"中列出的商品以外,还适用于其他一切货物。至于"指明货物加费费率",是对一些指定的商品投保一切险时采用。"特约费率"是各保险公司在进口货物保险费率的基础上,与有关企业协商拟订的,是一种优惠的费率,主要适用于预约保险合同项下的进口货物。

10.2.3　取得保险单据

保险单据是保险人与被保险人之间订立保险合同的证明文件,它反映了保险人与被保险人之间的权利和义务关系,也是保险人承保证明。当发生保险责任范围内的损失时,它又是保险索赔和理赔的主要依据。

1. 保险单

保险单(Insurance Policy)俗称大保单,是使用最广的一种保险单据。货运保险单是承保一个指定航程内某一批货物的运输保险。它具有法律上的效力,对双方当事人均有约束力。保险单上一般须载明当事人的名称和地址;保险标的的名称、数量或重量、唛头;运输工具;保险险别;保险责任起讫时间和地点及保险期限;保险币别和金额;

保险费;出立保险单的日期和地点;保险人签章;赔款偿付地点以及经保险人与被保险人双方约定的其他事项等内容。保险单背面载明的保险人与被保险人之间权利和义务等方面的保险条款,也是保险单的重要内容。

2. 保险凭证

保险凭证(Insurance Certificate)俗称小保单,是一种简化的保险单据。这种凭证除背面不载明保险人与被保险人双方的权利和义务等保险条款外,其余内容均与保险单相同。保险凭证与上述保险单具有同等法律效力。但近年来,为实现单据规范化,不少保险公司已废弃此类保险凭证。

3. 联合凭证

联合凭证(Combined Certificate)是一种将发票和保险单相结合的,比保险凭证更为简化的保险单据。保险公司将承保的险别、保险金额以及保险编号加注在投保人的发票上,并加盖印戳,其他项目均以发票上列明的为准。这种凭证曾在我国对某些特定地区的出口业务中使用,现已很少使用。

4. 预约保单

预约保单(Open Policy)又称预约保险合同(Open Cover),它是被保险人(一般为进口人)与保险人之间订立的总合同。订立这种合同的目的是简化保险手续,又可使货物一经装运即可取得保障。合同中规定承保货物的范围、险别、费率、责任、赔款处理等条款,凡属合同约定的运输货物,在合同有效期内自动承保。在实际业务中,预约保单适用于我自国外进口的货物。凡属预约保单规定范围内的进口货物,一经起运,我国保险公司即自动按预约保单所订立的条件承保。但被保险人在获悉每批货物装运时,应及时将装运通知书(包括货物名称、数量、保险金额、船名或其他运输工具名称、航程起讫地点、开航或起运日期等内容)送交保险公司,并按约定办法缴纳保险费,即完成了投保手续。事先订立预保合同,可以防止因漏保或迟保而造成的无法弥补的损失,因为货物在未投保前出险,再向保险公司投保,照例不能被接受,当发生损失时,就得不到保险赔款。

5. 批单

保险单出立后,投保人如需要补充或变更其内容,可根据保险公司的规定,向保险公司提出申请,经同意后即另出一种凭证,注明更改或补充的内容,这种凭证被称为批单(Endorsement)。保险单一经批改,保险公司即按批改后的内容承担责任。其批改内容如涉及保险金额增加和保险责任范围扩大,保险公司只有在证实货物未发生出险事故的情况下才同意办理。批单原则上须粘贴在保险单上,并加盖骑缝章,作为保险单不可分割的一部分。

10.3　海运货物保险的损失检验

货物投保后一旦发生损失,被保险人必须通过损失检验这一环节,确定损失责任和损失程度,取得损失检验报告,才能向有关责任方提出索赔要求。保险人承保后,货物一旦发生损失,也必须经过损失检验这一环节,确定损失原因,划分损失责任,了解损失程度,取得损失检验报告,这样才能据以进行理赔或拒赔。因此,损失检验工作无论对被保险人还是对保险人来说都是至关重要的,损失检验出具的检验证明是保险索赔和理赔的重要依据。

10.3.1　损失检验的作用

对保险货物的损失进行检验具有以下几方面的作用:

(1) 确定造成保险货物损失的原因及其责任归属;

(2) 鉴定货物损失的性质、范围和程度;

(3) 及时对受损货物采取抢救措施,防止损失的扩大;

(4) 通过检验发现损失属于发货人、承运人或第三者的责任时,可以及时向有关责任方追偿;

(5) 通过检验发现货物在运输、中转、装卸、储存等各个环节中存在的问题,并及时将问题反馈给有关方面,以利今后采取有效的防损措施,改进工作,加强管理。

由于保险货物损失检验是整个索赔和理赔工作中的重要环节,原则上,所有保险货物的损失都必须申请进行损失检验,并取得检验报告,保险公司才接受对损失的索赔申请,予以理赔。但在实际业务中,属于以下两种情况的货物损失,可以不申请检验。

(1) 如果货物在目的港卸离海轮后,发现整件短少,对此损失,收货人已取得由船长签字认可的"货物短卸证明单"。货主可凭此证明直接向保险公司提出索赔。保险公司赔付后再依据此证明向承运人追偿。如果货物在卸离海轮后,交给收货人之前发生了整件短少,对此损失收货人取得了港务局或装卸人签字认可的短交证明,对这种损失收货人也不必申请检验,收货人可凭此证明向保险人申请索赔。

(2) 对损失金额很小的损失,为节省时间和简化手续,保险公司可根据实际情况,不要求被保险人申请检验,而按照实际损失予以赔偿。

10.3.2　申请损失检验的时间

收货人申请损失检验应当及时。从理论上来讲,对受损货物及时进行检验有下述几个原因:

(1) 及时申请货损检验是被保险人的一项义务,被保险人只有履行了义务才能取得保单权利。因此是否及时申请检验,直接关系到被保险人能否获得损失补偿。

(2) 及时申请检验还是保险人控制标的损失扩大的一种手段,被保险人只有及时申请检验,才能避免因延迟检验而造成损失的扩大。

(3) 申请检验的时间只规定应及时、立即,但对具体时间没有做出明确规定。因此,申请检验是否及时属于事实问题,而不是法律问题,要实事求是地分析损失案例的具体情况,来决定被保险人是否及时申请了检验。

中国人民保险公司的海洋运输货物保险条款中的被保险人义务条款规定,当被保险货物运抵保单载明的目的港以后,被保险人或其代理人如发现被保险货物发生了任何损失,应立即向保单上载明的检验、理赔代理人申请检验。

在我国的货运保险实践中,对不同货物的损失,保险人掌握的是否及时检验的时间不完全一致,一般期限为收货人提货后或货物运抵收货人仓库后 7～10 天。

10.3.3　申请损失检验的地点

原则上讲,货物一经运抵目的地港口,收货人应立即提取货物,并将货物及时运送到收货人仓库。根据海洋货运保险条款中"仓至仓"条款的规定,货物一经进入收货人仓库,保险责任即告终止。按照惯例,货物一经进入仓库后,收货人应对货物进行开箱验货,检验货物是否与合同的规定相符,是否发生了损失。在开箱验货时,一旦发现货物已经受损,收货人应立即申请对受损货物进行损失检验。在我国,对受损货物进行损失检验一般采用联合检验的方式。所谓联合检验,是指由与受损货物有关的各方面的人员,包括收货人、货物的保险人、承运人或其代理人及商品检验部门等等,共同对货物的损失进行检验和鉴定。联合检验出具的检验报告为联检报告。

在实际的损失检验工作中,应该在什么地点对受损货物进行损失检验,应根据保险责任终止地点并视收到货物时的不同情况而做出相应的调整。一般来说,由我国保险公司承保的进口货物大部分是转运到内陆收货人仓库后保险责任终止,由国外保险公司承保的进口货物大部分是在货物运抵目的港后保险责任在目的港终止。

申请检验的地点在实际工作中一般按以下几种情况掌握:

(1) 若保险责任在目的港终止,收货人提货后发现货物残损,应首先取得有关责任人的签证和记录,同时立即通知保险公司,会同有关各方在港口区的收货人首次验收的仓库进行联合检验,并由保险公司编制联合检验报告。

(2) 若保险责任在内地终止,但收货人或其代理人在港口提货时发现货物已经有明显残损,尤其是对外包装有严重残损或污损的货物,收货人应立即通知保险公司及有关各方共同进行检验,并及时将检验情况通知内地有关保险公司。

(3) 保险责任在内地终止,虽然货物包装外表有损坏,但估计内部的货物损失不大,或开箱检验反而有增加损失的可能,或即使开箱检验,由于受技术和工具的限制无法鉴定损失时,可以暂时不开箱检验,但必须办妥异地检验手续。

为了防止残损的货物在转运期间损失扩大,收货人必须在转运前对残损进行足够的修补、整理或做其他必要的处理。

(4) 保险责任在内地终止,进口货物从目的港卸离海轮后,至运抵内地收货人仓库后外包装完好无损,一般由收货人自行开箱检验即可,不必通知保险公司,若打开外包装后,发现货物受损,应尽量保持货物原状,并立即通知保险公司到现场检验。

10.3.4　确定损失责任

保险货物从保单上载明的起运地发货人仓库,经过多个环节的长途运输,最终到达目的地港口或收货人仓库,在整个运输过程中货物可能发生各种损失,货物发生的损失按其责任归属有以下几种情况。

1. 货物的"原残"损失

由发货人责任造成的货物残损称为"原残",原残是指以下几种货物的损失情况:

(1) 货物的残损是在生产、制造、装配、整理、加工或包装过程中造成的;

(2) 货物的包装不适航或货物的品质和装运标记不符合合同规定或国际惯例造成的;

(3) 虽然提单为清洁提单,但发货人已给船方出具保函,声明货物的残损、短少与承运人无关的这部分损失;

(4) 发货人没能取得清洁提单的货物。如果货物的损失属于"原残",收货人或其代理人应及时向检验机构申请检验,以获得检验结果,作为向卖方提出索赔的依据。

根据我国海洋货运保险条款及协会货物条款的规定,由发货人责任造成的货物损失是货运保险的除外责任,保险人不负赔偿责任。

2. 货物的"船残"与"短卸"损失

由于船方的责任造成的货物损失属于"船残"。货物在目的港卸货时整件短少称为"短卸"。

1)"船残"损失

"船残"损失一般包括以下几种:

(1) 载货船舶不适航不适货或船舶设备不良等直接造成的货损;

(2) 船方对运载的货物未能恪尽职责进行合理的配载、积载、捆绑、隔垫而导致的货损;

(3) 船方已签发清洁提单,但在卸货港理货公司的"货物残损单"上签字认可的属于船方责任造成的损失,这种情况下不需申请检验。

对于货物发生的"船残"损失,收货人应针对不同情况采取不同的处理措施:

(1) 如果货物损失严重,金额较大,收货人应向船方取得银行担保或船方保赔协会的担保函,船方不提供担保的,收货人可向法院起诉。

(2) 如果货物的"船残"损失是由于船舶不适航,或船方未恪尽职责保管货物造成的,而船方已签发清洁提单,但理货公司出示货物残损证明的损失,收货人应及时向保险公司或检验机构申请检验,并取得残损鉴定证明,向船方申请索赔。

2)"短卸"损失

"短卸"是指船方已签发清洁提单,但在卸货港理货公司"短卸单"上签字认可的属于船方责任造成的货物的整件短少,这种情况不需申请检验。

对于"船残"与"短卸",收货人应向船方提出索赔申请,若"船残"与"短卸"又属于保险责任范围内的损失时,收货人可向保险人索赔损失,在取得保险赔偿后,将向船方索赔的权益转让给保险公司。

3. 货物的"工残"损失

由港务局或其他第三方的责任造成的货物残损,称为"工残","工残"包括以下几种:

（1）货物在卸货港由于卸货操作违章、搬运装卸不慎、使用卸货工具不当造成的损失；

（2）在码头、仓库、货场由于运输、堆存、保管不善等造成的货损。凡属港务局或其他第三方责任造成的"工残"损失，必须取得有关责任方出具的货运记录，作为向责任方索赔的依据。

上述"原残"、"船残"、"短卸"、"工残"的各种货物损失，除属发货人责任的"原残"同保险责任无关以外，"船残"、"短卸"、"工残"及其他外来原因造成的货物损失，只要在保险责任期限内发生，一般均属保险责任。经过货物损失检验后，对确认属保险单承保责任范围内的损失，被保险人应根据"联合检验报告"，在保险索赔时效内向保险人提出索赔。

被保险人或其代理人在提取货物时，如果发现被保险货物的包装有明显的受损痕迹，或者整件短少，或者散装货物已经残损等情况，除须通知保险公司，向保险公司报损之外，还应立即向承运人、受托人以及海关、港务局等索取货损货差证明。特别是这些货损货差涉及承运人、港务局、装卸公司等方面的责任时，还应立即以书面形式向其提出索赔，保留追偿权利，有时还要申请延长索赔时效。因为按照运输合同及有关运输部门的规定，如果收货人不在当时提出异议索赔，即视为所交货物完好，事后就不能再行提赔。

10.3.5 损失检验报告

检验人对受损货物进行检验后，应出具检验报告。这种检验报告只是第三者以公正的态度对损失情况做出的客观的证明，并不意味着损失必须由保险公司负完全赔偿责任。它是索赔人向保险人索赔的一种必备文件，而保险人是否对这种损失负责及负责损失的多少，要根据保险条款的规定来决定。保险人收到检验报告后，应对其内容进行认真的审核，同时应要求被保险人提交有关保险标的的一切单证。

对于货物损失的检验报告，世界各国保险公司在劳合社检验报告标准格式"C"的基础上都有各自的固定格式，以供检验机构和国外代理人使用。

10.4 海运货物保险的索赔

保险索赔就是具有索赔请求权的人（一般为被保险人）根据保险合同的有关规定向保险公司正式提出赔偿损失的申请。海上货运保险项下的货物遭受损失后，收货人（被保险人）应按下列程序向保险人提出索赔。

10.4.1 通知损失，申请检验

被保险人一经获悉或发现保险标的遭受损失，应立即通知保险公司。损失通知的重要性表现在它的法律效力上。损失通知一经发出，索赔立即生效并且不再受索赔时效的限制。海上货运保险单一般都注明了保险公司在目的港或目的地的检验代理人的

名称和地址。被保险人应采取就近原则，及时通知保险人或其在当地的检验代理人，申请对损失进行检验，保险人在接到损失通知后，就可以对损失进行检验，并采取相应的措施控制损失等等。若被保险人延迟通知，则会耽误保险公司办理有关工作，影响索赔甚至引起争议。

10.4.2　提出索赔

保险标的遭受的损失经过检验确认是由保单承保风险造成的，则被保险人应根据保险合同的有关规定向保险公司提出索赔申请。按照海上保险的惯例，被保险人向保险公司索赔时，必须提供如下单证。

1. 保险单正本

保险单是保险合同的书面证明，因而是被保险人向保险人索赔的最基本的凭证。保险单中规定的保险人的责任范围及保险金额等内容是确定保险人赔偿与否及赔偿金额的直接依据。

2. 运输凭证

海运的运输凭证以提单为主。运输凭证是证明被保险货物交付承运人进行运输时状况的依据。由于运输凭证是承运人在接收货物后出立的，其中关于货物的数量及交运时是否外表质量完好等内容的记载，对保险人确定货物损失是否发生在保险期内有很重要的参考价值。

3. 发票

发票是保险人计算保险赔款金额的依据。保险人还可以通过核对发票与保险单及提单的内容是否相符，来审核保险利益的限额。

4. 装箱单、磅码单

证明保险货物装运时的件数、重量、标志及日期，是保险人核对损失数量的依据。

5. 货损货差证明

保险货物交由承运人运输时是完好的，由承运人签发清洁提单或者无批注的运单。当货物运抵目的港或目的地卸下船舶或其他运输工具时发现残损或短少时，要由承运人出具货损货差证明，包括承运人或其他责任方签字认可的货物残损单、货物溢短单和货运记录等。货损货差证明既是被保险人向保险人索赔的证据，当货损货差是由于承运人等责任方所致时，它又是被保险人和保险人据以向责任方追偿的重要依据。

6. 检验报告

检验报告是检验机构出具的货物质量和数量的检验单据，是保险人据以核定保险责任及确定保险赔款金额的重要文件。检验报告的内容包括对受损货物的损失原因、损失程度、损失金额、损余价值和处理货损经过等的记录。

7. 海事报告

海事报告是船舶在运输途中遭遇海事之后，为了说明事故发生的经过、原因和损害情况,由船长据实记录并经有关当局签证的书面报告。海事报告记录了船舶在遭遇海上危险时发生的各种损失及承运人采取的各种措施,对于确定货物的损失原因和保险责任具有重要参考作用。在处理一些与海难有关的损失较严重的赔案时,保险人会要求被保险人提供海事报告。

8. 索赔清单

索赔清单是被保险人提交的要求保险人赔偿的详细清单,主要列明索赔的金额和计算依据,以及有关费用的项目和用途等。

9. 向责任方追偿的有关函电及其他必要单证或文件

当货损货差的发生与承运人或其他第三方的责任有关时,被保险人还应提交向责任方索赔的函电等文件的留底或复印件。被保险人将这些单证提交给保险人,表明其已向责任方追偿,维护了保险人的代位求偿权。至于责任方在收到了被保险人的索赔函电后是否负责赔偿或者出现虽然愿意对货损承担责任却赔偿不足的情况,对此被保险人是无法决定的,应由保险人与责任方交涉。

10.4.3　保险索赔必备的条件和应注意的问题

在保险实际业务中,保险索赔往往是在保险合同在履行过程中的一个焦点。投保人参加保险后,总是希望在损失发生后能够得到保险赔偿。但是,从理论上来讲保险对损失的赔偿是有严格的限制的,获得保险赔偿必须符合规定的条件。被保险人向保险公司提出索赔必须具备下列条件:

(1) 提出索赔的人必须是在保险标的发生损失时,对保险标的具有可保利益的人。根据可保利益原则,损失发生时,只有对保险标的具有可保利益的人才能向保险公司提出索赔请求。因此,损失发生时对保险标的不具有可保利益的人提出索赔无效。

(2) 保险标的的损失必须是保单承保风险造成的保险责任范围内的损失,保险公司才履行损失赔偿责任。这一规定是根据近因原则确定的,若保险标的的损失不是保险承保风险为近因造成的,保险公司拒绝赔偿。

在保险索赔中,仅仅具备以上两个条件还不够,被保险人还必须根据保险合同的规定履行了应尽的合同义务,才能获得保险赔偿。此外无论是在出口或进口的索赔工作中,被保险人必须特别注意下列问题:

(1) 被保险货物受损后,作为货方的被保险人,除了应及时通知保险公司或保险公司的代理人请求对受损货物进行联合检验之外,还应会同保险公司或其代理人对受损的货物采取必要的施救和整理措施,以防止损失的扩大,不能因为货物已经投保了便"袖手旁观"。根据各国保险法或保险条款的规定,如果被保险人没有采取必要的措施,以防止损失扩大,则对继续扩大的损失部分,保险人不负赔偿的责任。

(2) 如果涉及第三方责任,赔款虽然先由保险人赔付,但被保险人应首先向责任方提出赔偿请求,以保留保险人的追偿权利。保险公司为了维护自身的得益,对于已丧失追偿权的损失,是可以拒绝赔偿的。

10.4.4　索赔时效

向保险人就保单项下的损失提出索赔时，必须在保险单规定的索赔时效内提出索赔要求。我国现行的海洋运输货物保险条款规定的索赔时效是，从被保险货物在最后的卸载港完全卸离海轮时起算两年之内向保险人索赔有效。

10.5　海运货物保险的理赔

保险理赔是指保险人根据保险合同或有关的法律法规，受理被保险人提出的赔偿损失的请求，对损失进行查勘、检验、定损、理算、赔偿等业务活动，若损失赔偿涉及第三方的责任，保险人还应进行追偿工作。保险货物发生损失后，作为被保险人不仅要依据保险合同的规定积极做好索赔工作，还应对保险理赔工作有个全面的了解。这样便于保险公司理赔人员开展工作，被保险人减少对保险的误解，并配合保险理赔人员做好理赔工作。

10.5.1　理赔工作的基本原则

保险人在进行保险理赔的工作中，应遵循下列基本原则。

1. 以保险合同为依据的原则

保险合同是保障性合同，保险事故发生后，保险人对损失履行赔偿责任是保险人的合同义务。保险理赔必须以保险合同条款的规定为依据。保险合同是保险人与被保险人双方权利与义务的基础。保险标的发生损失后，是否属于保险责任范围、是否在保险责任期限内、保险赔偿金额的计算、免赔额的确定、被保险人的自负责任多少等等，均以保险合同的规定为准。保险人既不能无理拒赔，也不能无视保险合同的规定多赔、滥赔。被保险人也不能要求保险人承担不属于保险责任范围内的损失赔偿，或要求保险人多付保险赔偿。

2. 遵守我国法律法规和国际惯例、国际公约的原则

保险理赔工作应遵守我国的《保险法》及《民法通则》、《经济合同法》、《海商法》中有关保险赔偿的具体规定。由于海上保险合同具有国际性，海上保险的理赔往往涉及国际公约以及有关的国际惯例，因此保险人对于海上保险的理赔不仅要遵守国内的有关法律法规，还要遵守国际公约和国际惯例，如关于共同海损理算的国际公约《1974 年约克-安特卫普规则》，关于海上救助的《1910 年布鲁塞尔救助公约》，等等。

3. 合理原则

保险人在处理赔偿时一方面要以保险合同为依据，另一方面要注意合理原则。因为保险合同或保险条款的规定不能概括所有的情况，每一个理赔案件，都有具体的情况，不能一概而论；另外，保险合同的当事人还可能是国外的企业或公司，而国外对同一保险赔偿的处理与我国的规定可能有差异，这就要求保险人依据合理原则，灵活处理保

险理赔。

4. 及时原则

保险的主要职能是提供经济补偿,保险事故发生后,保险人应迅速查勘、检验、定损,将保险赔款及时送到被保险人手中以解决保险人对损失赔款的紧急需求。

10.5.2 理赔的程序

保险理赔主要按下列程序进行。

1. 接损失通知

保险公司在接到保单项下的保险标的出险的损失通知后,应立刻查出有关保单的副本或批单进行核对,并要求被保险人填写正式的"出险通知书"。对重大的损失赔偿,应及时通知上级公司,并按照理赔金额权限上报上级公司或总公司。

2. 现场查勘、检验、核损

保险人或其代理人获悉损失后,应立即组织对受损保险标的进行现场查勘检验工作。现场查勘检验工作是保险理赔的一大关键步骤,专业性很强,对于一些较复杂的损失较大的货物损失,保险公司经常聘请公证行或有关专业机构以第三者的身份对损失的程度、损失的原因进行检验和鉴定,并出具检验报告。现场查勘做得好与坏直接关系到保险人的经济利益,主要包括下列几个要点。

1) 勘查原因和经过

勘查保险事故的发生原因和经过,主要是了解保险事故发生的时间、地点、气候条件等各方面的情况,事故发生的过程及后果,为确定保险赔偿的处理提供现场材料。

2) 组织施救或救助工作

保险标的发生损失后,被保险人或其代理人根据合同规定有义务采取措施进行抢险,保险人或其代理人、委托人到达事故现场后,如能确定该项事故属保险责任范围,应立即组织进一步的施救或救助工作,以减少保险标的的损失,防止损失扩大。

3) 如涉及第三方责任

如果保险标的的损失涉及第三方责任,应取得有关证据,并采取相应的措施。如若货运保险中的货物损失是由船方责任造成的,保险人或其代理人在查勘检验时,应设法收集船舶是否适航、适货的证据,或要求船方提供担保,对重大损失可申请扣船等。

4) 编制勘查检验报告

根据现场查勘检验的情况,编制勘查检验报告。

3. 核实案情

保险人或其代理人、委托人对损失进行了实地查勘检验后,还应向有关方面收集情况,对赔案的材料进行核实、补充和修改,如保险事故发生后,被保险人或其代理人采取的处理措施、责任方资信的调查等。有关利益方对赔案的态度,通过核实案情,有利于保险人全面掌握赔偿的情况。

4. 分析案情,确定责任

保险人在做好上述工作的基础上,对下列情况进行分析:

(1) 核查索赔人是否有可保利益;

(2) 核实保险事故是否发生在保险有效期内;

(3) 确定保险标的发生损失的原因,明确保险标的损失是否属于保险责任范围;

(4) 判断被保险人是否已按合同规定履行了合同义务;

(5) 对保险人应承担责任的损失,保险人审查有关索赔单证和文件是否齐全、有效。

5. 计算赔偿金额,支付保险赔款

保险人的赔偿责任一经确定,应计算出赔偿金额,尽快支付保险赔款。保险赔偿金额的计算可由保险人计算也可以委托海损理算人理算。赔款计算出来后,由财务部门赔付给索赔人。

6. 损失处理

对受损财产的残余部分应根据其可用程度,实事求是地作价折旧归被保险人,从赔款中扣除。如双方达不成协议,可报经公司领导批准收回处理。收回的损余物资要严格按规定手续办理,由被保险人开列详细清单,保险公司再签收,损余处理的收入必须按规定冲减赔款,不得转移和挪用。

7. 追偿

保险标的发生的保险责任范围内的损失,如根据国家法律或有关约定,应由第三者负责时,保险人可先行赔付,然后由被保险人填具权益转让书,将向责任方索赔的权利转移给保险人。应注意要求被保险人在索赔有效期间内向保险人进行权益转让,以避免因索赔期失效,而导致保险人丧失追偿权。

8. 赔付后要注意的问题

赔付部分损失后,对保单正本应做出相应批注,根据情况分别出具注销,减少保额或恢复保额的批单,并将其贴在保单正面并加盖骑缝章。赔付全损后务必要收回保单正本。

9. 拒赔

订立保险合同是法律行为,对客户的索赔要求一旦拒赔,就意味着保险人可能在以后诉讼案中充当被告角色。因此,保险公司处理拒赔案应相当慎重,只有在拒赔理由充足,又在法律上有所依据的情况下,才能考虑拒赔。

10. 归档

赔案处理完毕后,应将保险单、损失清单、检验报告、损失证明、赔款计算书、损余处理报告、追偿文件等一切有关赔案的单证、文件,按险种、编号、年份一并归档,并按规定期限予以保存,以便查阅。

本章小结

1. 内容要点

本章介绍了海洋货物运输保险的投保和承保环节,投保与承保应考虑的因素,货运保险与国际贸易术语之间的关系;货物损失的申报与损失检验环节,货物发生损失的原因;对受损货物进行索赔和理赔的步骤,索赔过程中被保险人应注意的事项;各种保险单据的特点及使用范围;货物运输保险实务的保险原则。

2. 内容结构图

```
         保险条款                              核保      取得保险单据
 投保方式       选择保险                                    保险金额的确定
                                                          和保险费的
 投保手续     投保              承保                         计算
 注意事项

    确定责任    报告                              提出索赔    时效
 作用    损失检验      海运进出口                    索赔    索赔条件
                      货物保险实务                          注意事项
 申请时间   申请地点                              通知损失,申请检验

              原则    理赔    程序
```

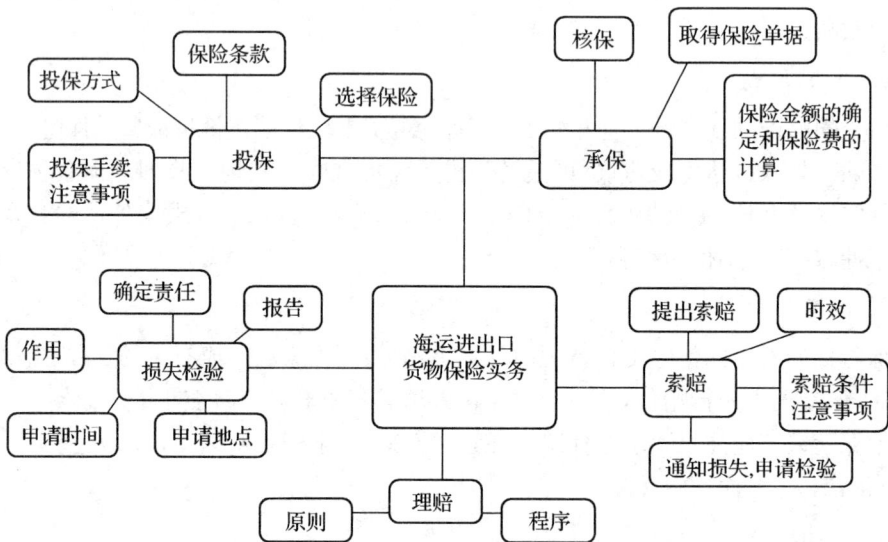

主要概念和重点实务

一、主要概念

1. 国际货物运输保险的投保

2. 承保

3. 保险索赔

4. 保险理赔

二、重点实务

1. 进出口货物的投保方式和承保

2. 保险金额的确定和保险费的计算

3. 海运货物保险的损失检验

4. 海运货物保险的索赔和理赔

5. 计算赔偿金额，支付保险赔款

习题与训练

一、名词解释

1. 绝对免赔率

2. 相对免赔率

3. 核保

4. 保险单据

5. 保险凭证

二、单选题

1. 国际货运代理协会联合会的标识是(　　)。

    A. FIATA　　　　B. CIFA　　　　C. BIMCO　　　　D. CMI

2. 我国设立国际海运代理企业的注册资金一般不低于(　　)。

    A. 500 万元　　B. 300 万元　　C. 200 万元　　　D. 100 万美元

3. 按我国规定,外商投资国际货运代理企业的经营期限一般不超过(　　)。

    A. 30 年　　　　B. 20 年　　　　C. 15 年　　　　D. 10 年

4. 国际货运代理企业以自己的名义与其他人签订合同,或者在安排储运时使用自己的仓库或运输工具,或者在安排运输、拼箱、集运时收取差价,则该企业承担的责任在分类中属于(　　)。

    A. 当事人身份的责任　　　　　　　B. 纯粹代理人的责任

    C. "混合"身份的责任　　　　　　　D. 合同责任

5. 集装箱的使用超过了免费使用期时,承运人应向集装箱使用者收取(　　)。

    A. 滞期费　　　B. 储存费　　　C. 保管费　　　D. 无须收费

三、多选题

1. 国际货运代理人是指接受进出口货物(　　)的委托,以委托人的名义或者以自己的名义,为委托人办理国际货物运输及相关业务并收取服务报酬的企业。

    A. 收货人　　　B. 发货人　　　C. 承运人　　　　D. 货运代理人

2. 国际货运代理企业必须合法,同时还须包含(　　)等相关字样。

    A. 货运代理　　B. 运输服务　　C. 集运　　　　D. 物流

3. 在我国,内资国际海运货代企业须具备的条件包括(　　)。

    A. 有从事货代业务的专业人员　　　B. 有固定场所

    C. 有营业设施　　　　　　　　　　D. 有稳定的货源市场

    E. 有 500 万元以上的注册资金

4. 下列属于国际货运代理作用的是(　　)。

    A. 组织协调　　B. 咨询顾问　　C. 降低成本　　D. 资金融通

E. 争议裁决

5. 选择海上货物承运人时应考虑的因素包括（   ）。

A. 承运人的经营状况和所承担责任的能力

B. 运输的可靠性

C. 运输费用

D. 运输速度

E. 运输服务的定期性

6. 准确计量货物对货物运输有着非常重要的意义，下列说法中错误的有（   ）。

A. 货物的量尺体积取决于外形平均长、宽、高的乘积

B. 货物的准确计量直接决定集装箱的运价和运费的计算

C. 货物的重量一般以净重计算

D. 货物的体积和重量可以通过测量货物的积载因数方法计算

7. 下列货物运输适合租船运输的是（   ）。

A. 谷物　　　　　B. 矿石　　　　　C. 煤炭　　　　　D. 电视机

四、简答题

1. 损失检验的作用有哪些？

2. 简述"船残"损失的内容。

3. 简述海运货物保险索赔的程序。

4. 简述保险人在进行保险理赔的工作中，应遵循的基本原则。

5. 选择保险险种时需考虑的因素有哪些？

五、计算题

1. 某公司出口货物共 200 箱，对外报价为每箱 438 美元 CFR 马尼拉，菲律宾商人要求将价格改报为 FOB 价，试求每箱货物应付的运费及应改报的 FOB 价为多少？（已知该批货物每箱的体积为 45 cm×35 cm×25 cm，毛重为 30 千克，商品计费标准为 W/M，每运费吨基本运费为 100 美元，到马尼拉港需加收燃油附加费 20%，货币贬值附加费 10%，港口拥挤费 20%）

2. Routing：BEIJING，CHINA（BJS）TO NAGOVA，JAPAN（NGO）；Commodity：FRESH OR ORANGES；GROSS WEIGHT：EACH 65.4 KGS，TOTAL 4 PIECES；DIMENSIONS：128 CM×42 CM×36 CM×4，计算航空运费。

公布运价如下：最低运费为 M：230 元/KGS；45 公斤以下：37.51 元/KGS；45～300 公斤：28.13 元/KGS；300～500 公斤：18.8 元/KGS。

3. 某站发送 5 车整车货物，经阿拉山口口岸，过境俄罗斯到西欧某国。货物实际重量为 16.5 吨，发送路所拨车辆的载重量为 15 吨，查货物品名等级表知，该批货物的计费重量标准为 18 吨，若过境段运价率为 8 美元/吨，计算过境段运费。

六、实训题

实训名称：海运货物进出口保险实训。

实训目标：掌握海运进出口保险范围、保险费用计算、索赔理赔的程序及原则。

实训内容：我国 A 公司与某国 B 公司于某年 8 月 20 日签订进口 52 500 吨化肥的 CFR 合同。假设你是 A 公司选定的保险公司，请根据情况给 A 公司提供相应的保险方案，方案内容包括保险险别、保险金额及保险费、索赔程序、理赔程序及原则、应注意的问题等。

实训方式：以小组为单位制定海运货物进出口保险方案。

实训步骤：(1) 6～8 人为一组，选出组长一名；

(2) 准备资料，货运单样本，报关、报检和商检单样本；

(3) 实地考察(或通过网络、图书等)收集国际海运货物进出口背景资料和数据；

(4) 各组根据给定资料，进行国际海运货物进出口保险模拟操作，填好相关单证；

(5) 遵守规章制度，不要泄漏货主商业秘密；

(6) 制定保险方案书并制作 ppt 进行汇报。

评分标准：(1) 操作流程完整；

(2) 单据填写规范；

(3) 保费计算正确；

(4) 保险合同相关内容；

(5) 国际公约相关内容；

(6) 保险索赔与理赔的操作程序。

成果形式：以保险方案书及 PPT 汇报展现。指导老师对小组各成员的表现分别进行打分，分数由保险方案书(60%)、PPT 制作(20%)、PPT 汇报(20%)组成，总分 100 分。

七、案例分析题

1. 某国际经济贸易发展公司(简称经发公司)与哈斯曼贸易有限公司成交一笔交易，来证中保险条款规定："Insurance policy covering W. P. A. and War Risk as per Ocean Marin Cargo Clause of P. I. C. C. dated 1/1/1981."(根据中国人民保险公司 1981 年 1 月 1 日海洋运输货物保险条款投保水渍险和战争险)经发公司按时装运，并取得 8 月 19 日签发的提单，于 8 月 20 日交单办理议付手续。

但 8 月 30 日开证行提出："第××号信用证项下的单据存在单证不符情况：提单签发日期是 8 月 19 日，保险单的签发日期却为 8 月 20 日，说明你方先装运货物后办理海运险保险手续，保险晚于装运日期。我行无法接受，联系开证申请人亦不同意接受。单据暂在我行留存，速告处理的意见。"

经发公司经办人员经查留底单据，并联系保险公司后于 9 月 2 日作如下答复："你 30 日电悉。关于保险单日期问题，我保险单的签发日期虽晚于提单的签发日期，但保险单上已由保险公司声明：'This cover is effective at the date of loading on board.'(本保险责任于装船日起生效)说明保险已在装船前办妥，其保险责任在货物装船日已经生效，不影响索赔工作。所以你行应接受单据。"

但 9 月 4 日又接到开证行复电："你 2 日电悉。关于保险单的签发日期问题，根据 UCP 500 惯例规定，我行不管保险手续的实际办理日期是否在装运日之前，也不管将来是否影响索赔工作,我行只根据单据表面上所表示保险单的签发日期晚于提单的装运日期,就是不符信用证要求。"经发公司接到上述开证行电后,直接与哈斯曼贸易有限公司交涉均无效果,最终以降价而结案。

2. 某货轮从天津新港驶往新加坡,在航行中航船货物起火,大火蔓延到机舱,船长为了船货的安全决定采取紧急措施,往舱中灌水灭火,火遂被扑灭,但由于主机受损,无法继续航行,于是船长决定雇用拖轮,将货船拖回新港修理,检修后,重新驶往新加坡。事后调查,这次事件造成的损失有:① 1 000 箱货物被烧毁;② 600 箱货由于灌水灭火受到损失;③ 主机和部分甲板被烧坏;④ 拖船费用;⑤ 额外增加的燃料和船长、船员的工资。从上述情况和各项损失的性质来看,哪些为单独海损?哪些为共同海损?为什么?

3. 某载货船舶在航行过程中突然触礁,致使部分货物遭到损失,船体个别船板产生裂缝,急需补漏。为了船货的共同安全,船长决定修船,为此将部分货物卸到岸上并存舱,卸货过程中部分货物受损。事后统计,这次事件造成的损失有:① 部分货物因船触礁而损失;② 卸货费、存舱费及货物损失。从以上各项损失的性质来看,属于什么海损?

4. 某外贸公司按 CIF 术语出口一批货物,装运前已向保险公司按发票总额的110%投保平安险,6月初货物装妥顺利开航。载货船舶于 6 月 13 日在海上遭遇暴雨,致使一部分货物受到水渍,损失价值 2 100 美元。数日后,该轮又突然触礁,致使该批货物又遭到部分损失,价值达 8 000 美元,试问:保险公司对该批货物的损失是否赔偿,为什么?

5. 我国某外贸公司与荷兰进口商签订一份皮手套合同,价格条件为 CIF 鹿特丹,向中国人民保险公司投保了一切险,生产厂家用牛皮纸包好装入双层瓦楞纸箱,再装入20 英尺的集装箱,货物到达鹿特丹后检验结果表明,全部货物湿、霉、变色、沾污,损失价值达 80 000 美元。据分析:该批货物的出口地不异常热,进口地鹿特丹不异常冷,运输途中无异常,完全属于正常运输。试问:① 保险公司对该项损失是否赔偿,为什么?② 进口商对受损货物是否支付货款,为什么? ③ 你认为出口商应如何处理此事?

6. 我国某公司以 CIF 术语出口一批化肥,装运前按合同规定已向保险公司投保水渍险,货物装妥后顺利开航。载货船舶起航后不久在海上遭遇暴风雨,海水涌入舱内,致使部分化肥遭到水渍,损失价值达 1 000 美元,数日后,又发现部分化肥袋包装破裂,估计损失达 1 500 美元。试问:该损失应由谁承担?

微信扫码查看

第11章 其他运输方式的货运保险

【知识目标】

1. 掌握常见的陆上货物运输保险；

2. 了解伦敦保险人协会空运货物保险条款；

3. 了解我国的邮政包裹保险条款；

4. 掌握伦敦保险人协会集装箱定期保险条款和中国集装箱保险条款。

【能力目标】

1. 了解陆运险和陆运一切险的责任范围和责任起讫；

2. 了解伦敦空运货物保险条款的内容,掌握航空运输险和航空运输一切险的条款；

3. 了解国际集装箱多式联运保险的特征；

4. 熟悉承保单据的填写,掌握国际货物运输保险合同订立的相关内容。

【引导案例】

某托运人通过邮局托运一包药品至新加坡,邮局在收到药品后给发件人签发了邮政收据。当收件人收到该包药品时,发现药品的包装破裂,部分药品丢失。经查该包药品系在飞机上被重压所致。

案例思考:

根据该案例,托运人该向谁索赔? 为什么?

11.1 国际陆上货物运输保险

国际陆上货物运输保险始于 19 世纪末期,第一次世界大战爆发后得到较快发展。在欧洲、非洲及拉丁美洲内陆国家,经由陆上运输的国际贸易货物比重相当大。陆上货物运输保险主要承保以火车、汽车等陆上运输工具进行货物运输的风险。目前,我国与周边国家的进出口货物,以及通过"新亚欧大陆桥"运输的货物大都采用陆运方式进行,其业务量正在不断增加,与之相适应的陆运保险业务也有明显增长。

与海上货物运输可能遭受的风险不同,路上货物运输的风险有其自身的特点。常见的陆上货物运输的风险主要有:运输工具碰撞、倾覆、出轨,公路、铁路坍塌,桥梁折断、道路损坏及失火、爆炸等意外事故；暴雨、雷电、洪水、地震、泥石流、山体滑坡等自然灾害。此外,海上运输中可能产生的偷窃、短量、破损、渗漏、战争、罢工等外来原因所造成的风险,陆上运输时也同样存在。但是,陆上运输一般不涉及海上运输中可能产生的共同海损问题,而且,陆上货物运输保险对承保风险所致损失一般都予赔偿,不再区分全部损失和部分损失。这就决定了陆上货物运输保险的基本险别与海上货物保险的险别是不同的。

陆上运输主要包括铁路运输和公路运输两种,其运输工具主要是火车和汽车。国际上保险公司对于采用人力车和牲口驮运等落后工具运输货物的风险一般不予承保。我国现行的陆上运输货物保险条款也明确规定以火车、汽车为限。

根据1981年1月1日修订的中国人民保险公司陆上运输货物保险条款的规定,我国陆上运输货物保险的基本险有"陆运险"和"陆运一切险"两种。此外,适用于陆运冷藏货物的专门保险,即"陆上运输冷藏货物险",也具有基本险的性质。在附加险方面,除仅适用于火车运输的"陆上运输货物战争险(火车)"外,海运货物保险中的附加险在陆运货物保险中也均适用。

11.1.1　陆运险和陆运一切险

1. 责任范围

陆运险的承保责任范围与海洋运输货物保险条款中的"水渍险"相似。保险人负责赔偿被保险货物在运输途中遭受暴风、雷电、洪水、地震等自然灾害,或由于运输工具遭受碰撞、倾覆、出轨,或在驳运过程中因驳运工具遭受搁浅、触礁、沉没、碰撞,或由于遭受隧道坍塌、崖崩、失火、爆炸等意外事故所造成的全部或部分损失。此外,被保险人对遭受承保内危险的货物采取抢救、防止或减少货损的措施而支付的合理费用,保险人也负责赔偿,但以不超过该批被救货物的保险金额为限。

陆运一切险的承保责任范围与海洋运输货物保险条款中的"一切险"相似。保险人除承担上述陆运险的赔偿责任外,还负责被保险货物在运输途中由于一般外来原因所造成的全部或部分损失,即在陆运险的责任范围基础上增加承保海运货物保险中的11种一般附加险的责任。

以上责任范围均适用于火车和汽车运输,并以此为限。

陆运险和陆运一切险的除外责任与海洋运输货物险的除外责任基本相同。

2. 责任起讫

陆上运输货物险的责任起讫也采用"仓至仓"责任条款。保险人责任自被保险货物运离保险单所载明的起运地仓库或储存处所开始运输时生效,包括正常运输过程中的陆上和与其有关的水上驳运在内,直至该项货物运达保险单所载目的地收货人的最后仓库或储存处所或被保险人用作分配、分派的其他储存处所为止。如未运抵上述仓库或储存处所,则以被保险货物运抵最后卸载的车站满60天为止。

陆上运输货物险的索赔时效为:从被保险货物在最后目的地车站全部卸离车辆后起算,最多不超过2年。

11.1.2　陆上运输货物战争险

陆上运输货物战争险(火车)是陆上运输货物险的一种附加险,只有在投保了陆运险或陆运一切险的基础上经过投保人和保险人协商方可加保。这种陆运战争险,国外私营保险公司大都是不保的,我国为适应外贸业务的需要,保险公司接受加保,但目前仅限于火车运输,若使用汽车运输则不能加保。加保陆上运输货物战争险须另缴付一定保险费。

加保陆上运输货物战争险后,保险人负责赔偿在火车运输途中由于战争、类似战争行为或敌对行为、武装冲突所致的损失,以及各种常规武器包括地雷、炸弹所致的损失。但是,由于敌对行为使用原子弹或热核武器所致的损失或费用,以及由于执政者、当权者或其他武装集团的扣押、拘留引起的承保运程的丧失和挫折而造成的损失除外。

陆上运输货物战争险的责任起讫与海运战争险相似,以货物置于运输工具时为限。即保险责任自被保险货物装上保险单所载起运地的火车时开始到卸离保险单所载目的地火车时为止;如果被保险货物不卸离火车,则以火车到达目的地的当日午夜起计算满48 小时为止。如在运输中途转车,则不论货物在当地卸载与否,保险责任以火车到达该中途站的当日午夜起计算满 10 天为止;如货物在此期限内重新装车续运,保险仍恢复有效。如运输契约在保险单所载目的地以外的地点终止时,该地即视作本保险单所载目的地,保险责任到货物卸离该地火车时为止;如被保险货物不卸离火车,则保险责任以火车到达该地当日午夜起计算满 48 小时为止。

陆上运输货物保险的特殊附加险,除战争险外,还可加保罢工险。陆上运输货物罢工险的承保责任范围与海洋运输货物罢工险的责任范围相同。在投保战争险的前提下,加保罢工险不另收费。如仅要求加保罢工险,则按战争险费率收费。

11.1.3　陆上运输冷藏货物险

1. 责任范围

陆上运输冷藏货物险是陆上运输货物险中的一种专门保险。它除负责赔偿陆运险所列举的自然灾害和意外事故所造成的全部或部分损失外,还负责赔偿由于冷藏机器或隔温设备在运输途中损坏所造成的被保险货物解冻融化而腐败的损失。但因战争、罢工或运输延迟而造成的被保险冷藏货物的腐败或损失,以及被保险冷藏货物在保险责任开始时未能保持良好状况、整理或包扎不妥、冷冻不合规定及骨头变质所造成的损失,为除外责任。一般的除外责任条款也适用本险别。

2. 责任起讫

陆上运输冷藏货物险的责任自被保险货物运离保险单所载起运地点的冷藏仓库装入运输工具开始运输时生效,包括正常陆运和与其有关的水上驳运在内,直至该项货物到达保险单所载明的目的地收货人仓库为止。但是最长保险责任的有效期限以被保险货物到达目的地车站后 10 天为限。

陆上运输冷藏货物险的索赔时效为:从被保险货物在最后目的地全部卸离车辆后起计算,最多不超过 2 年。

11.2　国际航空运输货物保险

航空运输货物保险是以飞机为运输工具的货物运输保险。近年来,航空运输货物保险业务发展迅速,但由于其历史不长,迄今尚未能像海上运输货物保险那样成为一个完整、独立的体系。在英国,伦敦保险人协会在 1965 年才开始制定有关航空运输货物的保险条款。经 1982 年重新修订后,现行协会空运货物保险条款只有 3 种,即《协会空运货物险条款(不包括邮递)》《协会空运货物战争险条款(不包括邮递)》《协会空运货物罢工险条款》。目前,国际保险市场较多采用上述条款进行航空运输货物保险。

根据 1981 年 1 月 1 日修订的中国人民保险公司航空运输货物保险条款的规定,我国航空运输货物保险的基本险有"航空运输险"和"航空运输一切险"两种。另外还有一种特殊附加险,即"航空运输货物战争险"。此外,海运货物保险中的附加险也可在航空运输货物保险中有选择地使用。

11.2.1　航空运输险和航空运输一切险

1. 责任范围

1) 航空运输险的责任范围

航空运输险的承保责任范围与海洋运输货物保险条款中的"水渍险"大致相同。保险人负责赔偿被保险货物在运输途中遭受雷电、火灾、爆炸或由于飞机遭受恶劣气候或其他危难事故而被抛弃,或者由于飞机遭受碰撞、倾覆、坠落、失踪意外事故所造成的全部或部分损失。此外,被保险人对遭受承保责任内危险的货物采取抢救、防止或减少货损的措施而支付的合理费用,保险人也负责赔偿,但以不超过该批被救货物的保险金额为限。

2) 航空运输一切险的责任范围

航空运输一切险的承保责任范围与海洋运输货物保险条款中的"一切险"相似,除承保上述航空运输险的全部责任外,保险人还负责赔偿被保险货物由于一般外来原因所造成的全部或部分损失,即在航空运输险的责任范围基础上增加承保海运货物保险中的 11 种一般附加险的责任。

2. 责任起讫

航空运输货物险的两种基本险的责任起讫也采用"仓至仓"责任条款。保险责任自被保险货物运离保险单所载明的起运地仓库或储存处所开始运输时生效,包括正常运输过程中的运输工具在内,直至该项货物运达保险单所载明目的地收货人的最后仓库或储存处所或被保险人用作分配、分派或非正常运输的其他储存处所为止。如未运抵上述仓库或储存处所,则以被保险货物在最后卸载地卸离飞机后满 30 天为止。如在上述 30 天内被保险货物须转送到非保险单所载明目的地时,则以该项货物开始转运时终止保险责任。

由于被保险人无法控制的运输延迟、绕道、被迫卸货、重新装载、转载或承运人运用运输契约赋予的权限所做的任何航行上的变更或终止运输契约,致使被保险货物运到非保险单所载目的地时,在被保险人及时将获知的情况通知保险人,并在必要时加缴保险费的情况下,航空运输货物保险合同继续有效,保险责任按下述规定终止。

（1）被保险货物如在非保险单所载目的地出售,保险责任至交货时终止。但不论任何情况,均以被保险货物在卸载地卸离飞机后满 30 天为止。

（2）被保险货物在上述 30 天期限内继续运往保险单所载原目的地或其他目的地时,保险责任仍按前述"仓至仓"条款的规定终止。

11.2.2　航空运输货物战争险

航空运输货物战争险是航空运输货物险的一种附加险,只有在投保了航空运输险或航空运输一切险的基础上,经过投保人与保险人协商方可加保,加保时须另付一定的保险费。

加保航空运输货物战争险后,保险人负责赔偿在航空运输中由于战争、类似战争行为、敌对行为或武装冲突以及各种常规武器和炸弹所造成的货物的损失,但不包括因使用原子弹或热核武器所造成的损失。

航空运输货物战争险的保险责任期限是自被保险货物装上保险单所载明的启运地的飞机时开始,直到卸离保险单所载目的地飞机时为止。如果被保险货物不卸离飞机,则以飞机到达目的地当日午夜起计算满 15 天为止。如被保险货物须在中途转运时,则保险责任以飞机到达转运地的当日午夜起计算满 15 天为止,一旦装上续运的飞机,保险责任再恢复有效。

航空运输货物保险的特殊附加险,除战争险外,还可加保罢工险。航空运输货物罢工险的责任范围与海洋运输货物罢工险的责任范围相同。与海运、陆运保险相同,在投保战争险的前提下,加保罢工险不另收费。如仅要求加保罢工险,则按战争险费率收费。

11.3　国际邮包运输货物保险

邮政包裹运输是一种比较简便的运输方式。近年来,国际上采用邮包递送货样或少量质轻价高的货品的情况逐渐增多。但是邮包运输一般须经由海、陆、空辗转运送,在运送过程中遭受自然灾害和意外事故而导致损失的可能性很大。邮政包裹保险主要承保邮包在运输途中因自然灾害、意外事故或外来风险所造成包裹内物件的损失。由于邮包递运可能同时涉及海、陆、空三种运输方式,因此保险人在确定承保责任范围时,必须同时考虑这三种运输方式可能出险的因素。

各国保险公司针对邮包运输而使用的险别和条款不尽相同,比较常见的是沿袭海运货物保险的"平安险"、"水渍险"与"一切险"的险别名称,但具体条款与海运货物保险的同名险别不完全相同。英国伦敦保险人协会至今只对邮政包裹战争险专门制定了

《协会邮包战争险条款》,而未制定成套的邮递货物保险的标准条款。

在我国,中国人民保险公司参照国际上的通行做法,结合我国邮政包裹业务的实际情况,于 1981 年 1 月 1 日修订并公布了一套较为完备的邮政包裹保险条款,具体包括"邮包险"、"邮包一切险"及"邮包战争险"三种。前两者为基本险,后者为附加险。

11.3.1　邮包险和邮包一切险

1. 责任范围

邮包险的承保责任范围是负责赔偿被保险邮包在运输途中由于恶劣气候、雷电、海啸、地震、洪水、自然灾害,或由于运输工具搁浅、触礁、倾覆、坠落、失踪,或由于失火和爆炸等意外事故所造成的全部或部分损失。另外,还负责被保险人对遭受承保责任内风险的货物采取抢救、防止或减少货损的措施而支付的合理费用,但以不超过该批被救货物的保险金额为限。

邮包一切险的承保责任范围除包括上述邮包险的全部责任外,还负责被保险邮包在运输途中由于一般外来原因所致的全部或部分损失。

但是,在这两种险别下,保险人对因战争、敌对行为、类似战争行为、武装冲突、海盗行为、工人罢工所造成的损失,直接由于运输延迟或被保险货物本身的缺点或自然损耗所造成的损失,属于寄件人责任和被保险邮包在保险责任开始前已存在的品质不良或数量短差所造成的损失,以及被保险人的故意行为或过失所造成的损失,不负赔偿责任。

2. 责任起讫

邮包险和邮包一切险的保险责任是自被保险邮包离开保险单所载起运地点从寄件人的处所运往邮局时开始生效,直至被保险邮包运达保险单所载明的目的地邮局且从邮局发出通知书给收件人的当日午夜起算满 15 天为止,但在些期限内邮包一经递交至收件人的处所,保险责任即行终止。

11.3.2　邮包战争险

邮包战争险是邮政包裹保险的一种附加险,只有在投保了邮包险或邮包一切险的基础上,经过投保人与保险人协商方可加保。加保邮包战争险须另付保险费。

加保邮包战争险后,保险人负责赔偿邮包在运输过程中由于战争、类似战争行为、敌对行为、武装冲突、海盗行为以及各种常规武器包括水雷、鱼雷、炸弹所造成的损失。此外,保险人还负责被保险人对遭受以上承保责任内危险的物品采取抢救、防止或减少损失的措施而支付的合理费用。但保险人不承担因使用原子弹或热核武器所造成的损失。

邮包战争险的保险责任期限是自被保险邮包经邮政机构收讫后由储存处所开始运送时生效,直至该项邮包运达保险单所载明的目的地邮政机构送交收货人为止。

邮包附加险,除战争险外,还有罢工险。在投保战争险的前提下,加保罢工险不另收费。如仅要求加保罢工险,则按战争险费率收费。邮包罢工险的责任范围与海洋运输货物罢工险的责任范围相同。

11.4　集装箱运输与国际多式联运货物保险

集装箱运输的出现给海上保险带来了新的课题。首先,因集装箱本身具备很高的价值,其丢失或损坏必然会给其所有人带来巨大损失。为分散风险、弥补损失,就必然有一个集装箱本身的保险即箱体保险的问题。而且由于集装箱主要是为运输使用,不同于一般的贸易货物,所以其保险不同于一般的海上货物运输保险。其次,在使用集装箱过程中,因各种事故的发生,同样会带来其他财产,甚至有可能对第三方,包括对第三方的人身和财产的损害。于是就出现了集装箱运输责任保险的问题。

11.4.1　中国集装箱保险条款

1. 责任范围

中国集装箱保险险别分为全损险和综合险。

1）全损险

全损险赔偿集装箱的全部损失。

2）综合险

综合险赔偿集装箱全部损失或由于运输船舶的沉没、触礁、搁浅、碰撞引起的(包括同冰碰撞);陆上或空中运输工具的碰撞、倾覆及其他意外事故引起的;外来的火灾、爆炸引起的集装箱的机器部分损失。

不论是否承保全损险或综合险,保险人对共同海损分摊、救助和集装箱受损后,被保险人立即采用的有效抢救措施和防止损失扩大而支付的合理费用也负责赔偿,但对上述抢救和防损费用的补偿金额以不超过被救集装箱的保险金额为限。

每一个集装箱作为一个单独保险单位,各有明确的唛头标记。被保险人对投保的集装箱应定期做好维修和保养工作。

2. 除外责任

在中国集装箱保险各险别下,保险人对下列损失、费用不负责赔偿:

（1）由于集装箱不符合国际标准,或由于其内在缺陷和特性,或工人罢工,或延迟所引起的损失和费用;

（2）正常磨损及其修理费用;

（3）战争险条款规定的承保责任和除外责任;

（4）与投保集装箱经营有关的或由其引起的第三者责任和费用。

3. 责任起讫

中国集装箱保险属于定期保险,起止时间以保险单规定为准。

4. 退保

本保险双方均可用三十天事先通知的方式取消。如由被保险人提出在保险期限内退保,应按保险人短期费率计算退费(不满一个月的按一个月计)。

5. 损失处理

被保险集装箱发生损失时,被保险人应立即通知保险人或就近的保险人检验代理人并采取一切可能措施,以减少损失。属于保险责任范围以内的修理应事先取得保险人的同意。如损失应由船方、其他受托人或任何第三者负责时,应办好向这些责任方追偿的一切手续。

6. 赔款

集装箱全损时,按保额全部赔付;集装箱发生部分损失时,按合理的修理费用扣除免赔额后赔付,如果后者超过保险金额,可作为推定全损处理;被保险人在收取赔款时,必须将向船方、其他受托人或任何第三者责任方的追偿权利转给保险人。

11.4.2 英国伦敦保险协会集装箱定期保险条款

本保险条款专指 1987 年 1 月 1 日协会集装箱定期保险条款,本保险受英国法律和惯例的制约。

1. 风险条款

本保险承保保险标的的灭失或损害的一切风险,但下述第 4~第 8 条规定者除外。

2. 共同海损条款

本保险承保为避免或与避免除了那些第 5~第 8 条除外规定或本保险其他规定之外的损失而发生的共同海损、救助、救助费用,按货运合同及/或管辖法律和惯例进行的理算或测算。

为了下述可获赔偿的共同海损分摊、救助和救助费用索赔之目的,本保险标的应视为系按其全额分摊价值投保。

3. 互有过失碰撞条款

本保险扩展承保被保险人根据海上货运合同互有过失碰撞条款,按其过失责任分摊赔偿的下述有关可获赔偿的损失。万一船东根据该互有过失碰撞条款提出任何索赔,被保险人同意通知保险人,保险人有权自付费用和开支,为被保险人抗辩此种索赔。

4. 机器条款

保险人仅对根据上述第 1 条、第 2 条集装箱的机器的灭失或损害负责赔偿:

(1) 当集装箱全损时(实际或推定全损)。

(2) 当此种损害是由下述原因造成时:① 源于该机器外部原因引起的火灾或爆炸;② 船舶或驳船搁浅、擦浅、沉没或倾覆;③ 翻倒、脱轨或陆上运输工具或航空器的其他意外事故;④ 船舶或驳船与除了水体以外的任何外部物体的碰撞或触碰;⑤ 共同海损牺牲。

5. 一般除外条款

本保险不承保：

(1) 可归因于被保险人故意渎职的灭失或损害；

(2) 通常磨损，通常锈蚀，或逐渐变质；

(3) 秘密丢失，在还箱时发现的无法解释的损坏或损害；

(4) 因保险标的的固有缺陷和性质引起的灭失或损害；

(5) 由于延迟直接造成的灭失或损害，即便该延迟是由承保风险之一造成的；

(6) 由于破产或财务困境引起的灭失或损害；

(7) 由于下述原因引起的灭失或损害：① 船舶或驳船不适航；② 船舶、驳船或运输工具不适合安全运载保险标的；③ 若被保险人或其代理人对此种不适航或不适运有私谋。

6. 战争除外条款

在任何情况下，本保险不承保由于下列原因造成的灭失、损害、责任或费用：

(1) 战争、内战、革命、造反、叛乱或由此引起的内乱，或任何交战团体之间的敌对行为；

(2) 捕获、扣押、扣留、管制或拘押（欺诈恶行和海盗除外），及这些行为引起的后果或进行这些行为的企图；

(3) 被遗弃的水雷、鱼雷、炸弹或其他被遗弃的战争武器；

(4) 没收、国有化、征用或先占。

7. 罢工除外条款

在任何情况下，本保险决不承保下列灭失、损害或费用：

(1) 由罢工者、闭厂工人或参与劳资纠纷、暴乱或民事骚乱的人造成者；

(2) 由于罢工、闭厂、劳资纠纷、暴乱或民事骚乱引起者；

(3) 由任何恐怖分子或出于政治动机的人员造成者。

8. 核除外条款

在任何情况下，本保险决不承保由于应用原子或核裂变和/或核聚变或其他类似反应或放射性力量或物质的任何战争武器引起的灭失、损害、责任或费用。

9. 限制条款

每个集装箱，包括装载于甲板上的集装箱，均按规定的海域或领域承保。若违反这些限制，要迅速通知保险人，并按约定的保险费交费，本保险得以续保。

10. 出售或出租条款

如果某个保险集装箱被售与/或出租给某个未被载明为被保险人的其他人，除非保险人书面同意继续承保，否则本保险将自动终止。

11. 取消条款

本保险可以由保险人或被保险人提前 30 日发出通知而取消（此种取消在保险人签

发或收到取消通知 30 日之午夜届满之时生效)。

如果由保险人取消,允许按日比例向被保险人退还净保险费。假如被保险人提出取消,保险人将按约定退还保险费。

11.4.3 集装箱货物运输保险

进口集装箱货物运输保险责任按原运输保险单责任范围负责,但保险责任至原保险单载明的目的港收货人仓库终止。

集装箱货物运抵目的地港,原箱未经起封而转运内地的,其保险责任至转运目的地收货人仓库终止。

如集装箱货物运抵目的港或目的港集装箱转运站,一经启封开箱,全部或部分箱内货物仍需继续转运内地时,被保险人或其代理人必须征得目的港保险公司同意,按原保险条件和保险金额办理加批加费手续后,保险责任可至转运单上标明的目的地收货人仓库为止。

集装箱在目的港转运站,收货人仓库或经转运至目的地收货人仓库,被发现箱体有明显损坏或铅封被损坏或灭失,或铅封号码与提单、发票所列的号码不符时,被保险人或其代理人或收货人应保留现场,保存原铅封,并立即通知当地保险公司进行联合检验。

凡集装箱箱体无明显损坏,铅封完整,经启封开箱后,发现内装货物数量规格等与合同规定不符,或因积载或配载不当所致的残损不属保险责任。

进口集装箱货物残损或短缺涉及承运人或第三者责任的,被保险人有义务先向有关承运人或第三者取证,进行索偿和保留追索权。

装运货物的集装箱必须具有合格的检验证书,如因集装箱不适货而造成的货物残损或短少不属保险责任。

11.4.4 国际集装箱多式联运保险

国际多式联运的发展,在为货主提供门到门服务,减少部分集装箱货物运输风险的同时,也增加了一些新的风险,从而给运输保险提出了一些新的问题,如保险人责任期限的延长、承保责任范围的扩大、保险费率的调整以及集装箱运输责任保险等。

1. 国际集装箱多式联运保险的特征

国际集装箱多式联运保险承保的是运输货物从一国(地区)到另一国(地区)之间的"位移"风险。由于所承保的保险标的在整个运输过程中,无论是地理位置,还是运输工具以及操作人员等均频繁变更,使得承保标的时刻暴露在众多的自然或人为的风险之中,因此与其他财产保险相比,多式联运保险有着下列不同的特征。

1) 事故发生的频度高,造成损失的数量大

国际集装箱多式联运以其安全、简便、优质、高效和经济的特点已广为国内外贸易界和运输业所接受,业务量迅猛增加。与此同时,由于其覆盖面广、涉及环节多,因而不可避免地使得货物在运输过程中发生事故的概率增加,造成的损失也大。

2) 集装箱多式联运保险具有国际性

国际集装箱多式联运保险的国际性主要表现在它涉及的地理范围超越了国家的界限。多式联运所涉及有保险关系方不仅包括供箱人、运箱人、用箱人和收箱人，而且包括不同国家和地区的贸易承运人和货主等。因此，运输保险的预防与处理，必须依赖于国际公认的制度、规则和方法。这是国际集装箱多式联运保险的一个显著特征。

3) 运输保险人责任确定的复杂性

国际集装箱多式联运保险涉及多种运输方式。一般以海运为主体，铁路运输、公路运输以及内河运输等为辅助。在承运过程中，保险人对被保险货物所遭受的损失是否负赔偿责任，首先应以导致损失的危险事故是否属于保险合同上所约定的承保事项为依据。也就是说，只有因保险合同上所约定的危险事故造成的损失，保险人才负赔偿责任。其次是货物受损的程度限制。当损失尚未达到保险合同约定的程度时，保险人也不负赔偿责任。由此可见，多式联运下货物损失赔偿的确定是一个非常复杂的问题。它不仅涉及保险合同本身的承保范围，同时也涉及与运输有关的货物承运人的责任问题。因此，为了划清损失的责任范围，必须深入了解各国以及国际上公认的法律和惯例。

2. 国际多式联运经营人的责任限制与保险

在保险实务中，货物的损坏与灭失首先是由货物保险人予以赔偿的。根据国际保险法有关代位追偿权的规定，与支付保险金相对应，保险人可以代位继承被保险人对第三者享有的权利。多式联运经营人责任制的主要作用就是确定保险人对经营人行使代位追偿的权利。

对于多式联运经营人的责任制，国际多式联运公约采用了"修正的统一赔偿责任制"。也就是说，在责任原则方面，遵循由债务人（经营人）承担举证责任的严格责任主义，采用统一责任制。而在责任限额方面，则采用网状责任制。关于责任限额，多式联运公约规定了三种赔偿标准。其中，该公约规定的第一赔偿标准，即包括水运的赔偿标准，比《海牙规则》相应的责任限额提高了 4.7 倍。同时该公约的第三赔偿标准规定，如果货物的灭失或损坏已确定发生在多式联运的某一地区段，而该区段适用的国际公约或强制性国家法律规定的赔偿限额高于多式联运公约的标准，则经营人的赔偿应以该国际公约或强制性国家法律予以确定。

在上述情况下，多式联运经营人的赔偿责任将会超过其分承运人，而且难以从其分承运人那里得到与其支付给索赔人（货主）数额相同的赔偿金额。因为多式联运经营人对其分承运人的追偿请求不能适用多式联运公约，只能适用多式联运某运输区段所对应的单一运输国际公约，而有些单一运输方式所适用的国际公约规定的赔偿责任却低于多式联运公约的规定。为弥补此差额，多式联运经营人除提高运费外，只得向保险公司进行责任保险，以避免此类损失。

本章小结

1. 内容要点

本章介绍了陆上货物运输保险的险别和条款,伦敦保险人协会的空运货物保险条款、协会邮包战争险条款和集装箱定期保险条款,中国人民保险公司陆上运输货物保险条款的规定、邮政包裹保险条款和中国集装箱保险条款。

2. 内容结构图

```
                    其他运输方式的货运保险
        ┌──────────────┬──────────────┬──────────────┐
   国际陆上运输      国际航空运输      国际邮包运输      集装箱运输与国际
   货物保险          货物保险          货物保险          多式联运货物保险
        │                │                │                │
   陆运险和陆       航空运输险        邮包险和邮       中国集装箱
   运一切险         和航空运输        包一切险         保险条款
                   一切险
                                                      英国伦敦保
   陆上运输货       航空运输货        邮包战争险       险协会集装
   物战争险(火      物战争险                          箱定期保险
   车)                                               条款

   陆上运输冷                                         集装箱货物
   藏货物险                                           运输保险

                                                      国际集装箱
                                                      多式联运保
                                                      险
```

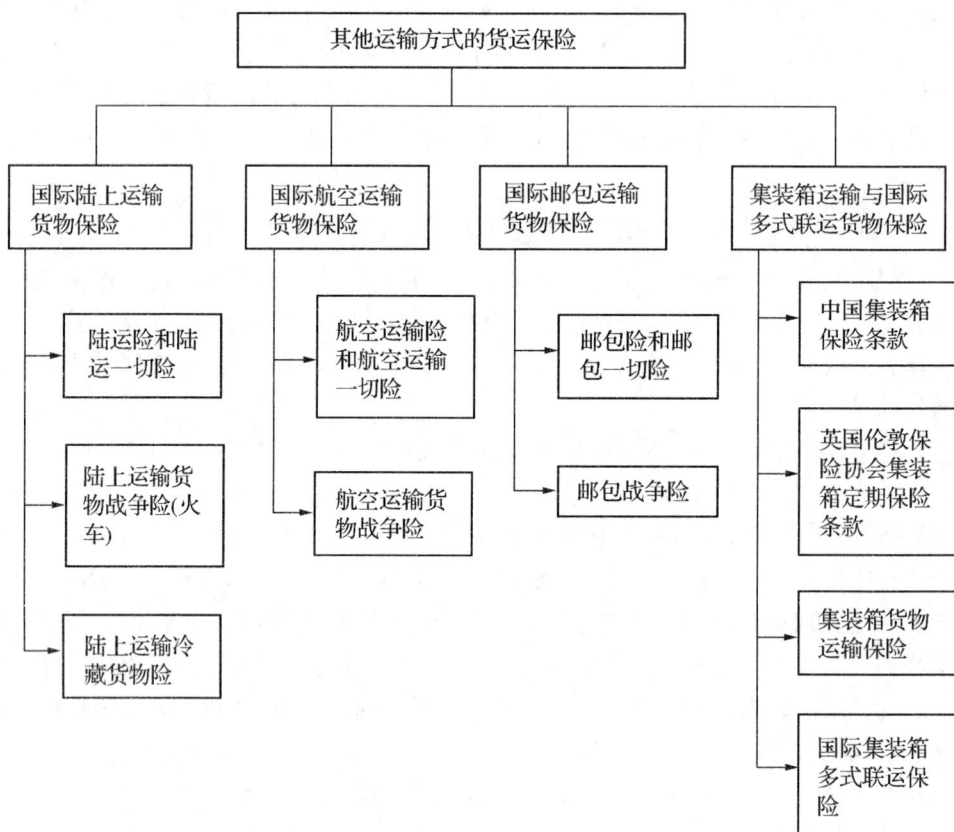

主要概念和重点实务

一、主要概念

1. 国际陆上运输货物保险

2. 国际航空运输货物保险

3. 国际邮包运输货物保险

4. 集装箱多式联运保险

二、重点实务

1. 各类货运保险的责任范围

2. 中国集装箱保险的条款

3. 国际多式联运经营人的责任限制

习题与训练

一、名词解释

1. 国际多式联运

2. 共同海损

3. 仓至仓

4. 集装箱运输

5. 多式联运经营人

二、单选题

1. 下列有关国际货运代理人的表述不正确的是( )。

    A. 委托合同的当事人

    B. 进出口货物收、发货人的代理人

    C. 进出口货物收、发货人的委托人

    D. 进出口货物收、发货人的受托人

2. 陆上运输货物险的索赔时效为( )。

    A. 从被保险货物在最后目的地车站全部卸离车辆后起算,最多不超过 2 年

    B. 从被保险货物装卸之日起算,最多不超过 2 年

    C. 从被保险货物在最后目的地车站全部卸离车辆后起算,最多不超过 1 年

    D. 从被保险货物装卸之日起算,最多不超过 3 年

3. 邮包的保险责任终止时间( )。

    A. 邮包发出时间   B. 邮包递交至收件人的处所

    C. 邮包被签收时间   D. 邮包打完包裹时间

4. ( )是三种基本险别中保险人责任最小的一种。

    A. 平安险   B. 水渍险   C. 一切险   D. 战争险

5. 被保险人把残存被保险货物的全部权利和义务转让给保险公司,并请求保险公司赔付全额保险的前提是被保险货物发生了( )。

    A. 实际全损   B. 部分损失   C. 推定全损   D. 共同海损

三、多选题

1. 我国航空运输货物保险的基本险包括( )。

    A. 航空运输险   B. 航空运输货物罢工险

C. 航空运输一切险　　　　　　　　D. 航空运输货物战争险

2. 共同海损属于部分损失,保险公司应对下列(　　)给予赔偿。

A. 共同海损牺牲　　　　　　　　　B. 损失引起的商业利益的减损

C. 共同海损分摊　　　　　　　　　D. 共同海损费用

3. 特殊附加险包括(　　)。

A. 战争险　　　　　　　　　　　　B. 战争险的附加费用

C. 罢工险　　　　　　　　　　　　D. 偷窃提货不着险

4. 保险货物发生推定全损时,保险人接受委付的法律后果是(　　)。

A. 保险人取得残存货物的所有权

B. 保险人取得向有过失的第三人代位追偿的权利

C. 保险人一旦接受委付就不得撤回委付

D. 如果保险人向第三人追偿所得超过其赔付额,应当将超出部分返还被保险人

5. 在海上货物运输保险中,关于保险委付,依据《中华人民共和国海商法》的规定,下列选项正确的是(　　)。

A. 保险委付发生于推定全损的情况下

B. 被保险人委付,保险人必须接受

C. 被保险人委付,保险人可以接受,也可以不接受

D. 保险委付发生于推定全损时,被保险人选择以部分损失向保险人求偿的情况

四、简答题

1. 简述邮包险的承保责任范围。

2. 简述国际多式联运经营人的责任限制与保险。

3. 简述陆上运输货物险的责任起讫。

4. 简述陆上运输冷藏货物险的责任范围。

5. 简述邮包战争险的责任范围。

五、案例分析题

1. 一艘载货船从青岛港出发驶往日本,在航行途中货船起火,大火蔓延到机舱。船长为了船货的共同安全,命令采取紧急措施,往舱中灌水灭火。火扑灭后,由于主机受损,无法继续航行。船长雇用拖轮将货船拖回青岛港修理,检修后重新将货物运往日本。事后经调查,此次事件造成损失有如下几项:① 500 箱货物被火烧毁;② 1 500 箱货物因灌水灭火受到损失;③ 主机和部分甲板被烧坏;④ 雇用拖船费用;⑤ 额外增加的燃料和船长、船员工资。

问题:以上各项损失,哪些属共同海损,哪些属单独海损。

2. 案情介绍:中国 A 公司与欧洲 B 公司签订了一份从中国出口玉米的合同,价格条件为 CIF,由 A 公司负责货物运输和保险事宜。由 C 公司所属的"玛丽"号轮将货物

从张家港运至德国汉堡。7 月 26 日,A 公司将货物在张家港装船,并向 D 保险公司投保了海上货物运输保险条款中的一切险。"玛丽"号轮按时到达汉堡港,但由于码头工人罢工,船上玉米不能卸下达 1 个月之久,致使船上所载玉米变质,收货人向保险公司提出保险索赔,保险公司拒赔。

问题:本案保险公司拒赔有无道理? 为什么?

3. 我国万利嘉有限责任公司,从加拿大进口一批新闻纸 300 箱。在海运运输途中,由于船内油管破裂部分燃油漏出,污染了新闻纸。7 月 18 日青岛港卸货,发现损失 100 箱。货物投保了水渍险。9 月 25 日万利嘉有限责任公司请求保险公司赔偿,保险公司拒绝赔偿。

问题:保险公司是否有道理? 为什么?

4. 上海 A 公司与 C 公司签订一份买卖合同,约定由 A 公司向 B 公司购买一套冷冻机组。4 月 19 日,原告(中国某保险公司)就该批货物向 B 公司签发了保险单,载明被保险人为 B 公司,险别为海洋货物运输一切险加战争险,货损检验代理为华泰公司。4 月 20 日,承运人上海某船务公司签发了指示提单,载明托运人为美国特灵公司,通知方为 A 公司,装货港为美国西雅图港,卸货港为中国上海港。后涉案货物运至上海集装箱码头有限公司张华浜码头,卸入该码头堆场。5 月 14 日,被告(上海集装箱运输公司)的驾驶员许某驾驶集装箱卡车将承载该货物的一只集装箱撞坏,箱内合同价值为 300 150 美元的冷冻机严重受损。C 公司和中华人民共和国吴淞出入境检验检疫局的鉴定均认为该货物可推定为全损。原告与 A 公司协商确定受损设备残值为 20 000 美元。原告向 A 公司赔付 289 375 美元后取得代位求偿权。

次年 4 月 1 日,船务公司依据提单背面的责任限制条款向原告协商赔付 39 662.64 美元,并取得原告出具的责任解除书。7 月 2 日,船务公司在上海市宝山区人民法院对本案被告提起另案诉讼,本案被告向船务公司协商赔付人民币 300 000 元。

问题:上海某船务公司对该次事故是否负全部责任?

六、计算题

1. 某公司出口商品一批,原报 CFR 总价为 25 000 美元,若投保险别为一切险加战争险,按发票金额加两成投保,一切险的保险费率为 1.5%,战争险费率为 0.5%,试求按 CIF 条件的报价。

2. 已知:CIF 纽约价为 1 250 美元/公吨,平安险费率为 2.4‰,淡水雨淋险费率为 0.1‰,按 CIF 加一成投保。计算 CFR 纽约价。

3. 某批出口商品由我国某港口到美国某港口 CIF 价为 50 000 美元,投保一切险及战争险,保险费率分别为 0.4% 和 0.04%,客户要求加两成投保,求应交纳的保险费。

七、实训题

实训名称:集装箱运输保险实训。

实训目标:(1) 集装箱运输保险承保范围;

(2) 海上损失包括的内容;

（3）我国海运保险险别；

（4）海上施救费用和救助费用；

（5）海洋运输保险的除外责任及保险索赔期限。

实训内容：集装箱运输保险

实训场所：某港口货运站或某学院模拟实验室

训练步骤：（1）6～8人为一组，选出组长一名；

（2）准备资料，集装箱运输背景资料和数据；

（3）各组根据给定资料，进行国际集装箱运输保险的模拟操作，填好相关单证。

评分标准：（1）操作流程完整；

（2）单据填写规范；

（3）保费计算正确；

（4）保险合同相关内容；

（5）集装箱运输保险的索赔与理赔操作程序。

微信扫码查看

第 12 章　出口信用保险

【知识目标】

1. 了解出口信用保险的特点和种类；
2. 熟悉常见的商业风险和政治风险；
3. 了解出口信用保险的除外责任；
4. 掌握出口信用保险的承保基本要求，保险费率的确定和计算。

【能力目标】

1. 了解短期出口信用保险适用范围；
2. 掌握赔偿比例与保险费率的关系；
3. 熟悉统保保险的适保范围；
4. 了解信用证支付方式面临的收汇风险和信用证保险的承保范围；
5. 掌握保险费率的厘定与保险费的计算方法。

【引导案例】

　　江苏某出口企业(下称 A 公司)2014 年 9 月至 2015 年 1 月期间,按照销售合同向巴西某公司(下称 B 公司)出口化学药品,同时向某保险公司(下称 C 公司)投保出口信用保险,并获得信用限额 D/P150 天 40 万美元和 OA150 天 30 万美元。B 公司是巴西国内医药行业较大的分销商,与 A 公司合作五年期间年均订单量在 150 万美元左右,双方一直采取 D/P90 天的付款方式,付款比较正常,亦未出现过质量争议。但从 2014 年年底开始,B 公司以种种原因累计拖欠货款达 USD 695 117.50。A 公司曾多次通过函电催讨欠款,并聘请巴西律师与 B 公司进行协商,但最终因无法接受 B 公司提出的还款协议而未能取得实质性进展。2015 年 4 月 10 日,A 公司向 C 公司通报了可能损失情况,并将全部贸易单证和往来函电提交 C 公司,于 4 月 26 日正式委托 C 公司进行追讨。

　　C 公司在巴西的合作律师接到该案后,立即与 B 公司取得联系,B 公司对拖欠事实和金额无任何异议,但提出因内部人员工作失职,超额订货导致库存过量、资金周转困难,要求在全部货款扣减 12% 后分 10 期逐月还款,进而又以质量缺陷为由(提供了当地实验室的检验报告)要求扣款 USD 18 215。为尽快收回欠款,有效控制汇率及债务人信用风险,A 公司和 C 公司同意接受此还款协议。于是,按照保单条款规定,C 公司于 2015 年 7 月 16 日向 A 公司支付赔款,A 公司书面同意将赔款相应的权益转让 C 公司。在律师安排签署具有法律效力的还款协议过程中,因巴西中央银行对进口付款给非贸易合同当事人有烦琐的法律程序要求,为加快还款协议的实施进度,C 公司同意 B 公司直接还款给 A 公司。在律师的监督下,还款协议如期顺利执行,最终于 2015 年 10 月偿清全部欠款 USD 595 450.00。同时,A 公司也能够恪尽被保险人义务,在收到每期追回款后及时通告 C 公司,并与 C 公司分摊追回款和追讨佣金。

案例思考:

本案是巴西 B 公司出口信用保险案例,江苏 A 公司与 B 公司多年一直合作很好,突然出现拖欠 A 公司货款,说明国际贸易极其复杂,具有各种不确定因素,存在出口信用风险,在当前风云多变的经济形势下,应考虑如何规避出口信用风险。

(案例来源:http://www.bxqw.com/userlist/hbpd/newshow - 30835.html)

12.1　出口信用保险概述

12.1.1　信用风险与信用保险

没有风险就没有保险,认识保险必须首先从认识风险开始。风险有很多种类,按风险损害的对象可分为财产风险、人身风险、责任风险和信用风险。本章所述的风险是指信用风险。

1. 信用风险

1)信用风险的含义

信用风险是信用关系规定的交易过程中,交易的一方不能履行给付承诺而给另一方造成损失的可能性。例如,在赊销过程中,信用风险是指买方到期不付款(还款)或到期没有能力付款,造成货款拖欠或无法收回的可能性。可谓企业最大、最长远的财产是客户,然而企业最大的风险也来自客户。

2)信用风险产生的原因

信用风险的来源主要有两种:一种是借款人的履约能力出现了问题;另一种是借款人的履约意愿出现了问题。就一家企业而言,信用风险产生的原因不外乎以下两大类:

(1)信用风险的外部原因。信用风险产生的外部原因主要有:① 交易双方产生的贸易纠纷;② 交易伙伴客户经营管理不善,无力偿还到期债务;③ 交易对象有意占用企业资金;④ 交易对象蓄意欺诈。

(2)信用风险的内部原因。信用风险产生的内部原因主要有:① 所掌握的交易对象的信息不全面、不真实;② 对交易对象的信用状况没有准确判断;③ 对交易对象信用状况的变化缺乏了解;④ 财务部门与销售部门缺少有效的沟通;⑤ 企业内部人员与交易对象相互勾结;⑥ 没有正确地选择结算方式和结算条件;⑦ 企业内部资金和项目审批不严格;⑧ 对应收账款监控不严;⑨ 对拖欠账款缺少有效的追讨手段;⑩ 企业缺少科学的信用管理制度。

3)信用风险的特征

(1)客观性。在经济社会中,信用风险是客观存在的,是不以人的意志为转移的。

(2)传染性。信用风险具有传染性。一个或少数信用主体经营困难或破产就会导致信用链条的中断和整个信用秩序的紊乱。

(3)可控性。尽管信用风险的存在不以人的意志为转移,但其风险的大小可以通过控制降到最低,也就是所谓的信用风险的防范与管理。

(4) 周期性。如同经济的发展具有周期性一样,信用风险也具有周期性,信用扩张与收缩将交替出现。

2. 信用保险

信用风险转移是指通过一定的方式将信用风险从一方转移到另一方。而保险转移法就是通常采用的信用风险转移方法之一。保险转移法是指企业或个人作为被保险人,以支付保险费的方法将自己面临的可保信用风险转移给保险公司,通过保险进行损失补偿。所以,信用保险是信用风险管理的一种方法。

1) 信用保险的含义

信用保险有广义和狭义之分。广义的信用保险泛指承保信用风险的保险,包括狭义的信用保险和保证保险。狭义的信用保险仅指保险人根据权利人的要求担保被保证人信用的保险。如果保险人根据被保险人的要求向权利人担保被保证人的信用,则属于保证保险。换句话说,凡权利人要求保险人担保他人的信用,就是信用保险;凡被保证人根据权利人的要求请保险人担保自己的信用,就是保证保险。本章所述的信用保险,是指狭义的信用保险。

2) 信用保险的发展

1850 年,法国的一些保险公司开始经营商业信用保险业务,但不久失败。1893 年成立的专门经营商业信用保险的美国信用保险公司获得了成功。1893 年,全英地方受托资产公司开始承保澳大利亚的贸易风险。1911 年,英国海上事故保险公司办理了顾客定期信托保险。1919 年,英国政府专门成立了出口信用担保局,创立了一套完整的信用保险制度。1934 年,英国、法国、意大利和西班牙的私营和国营信用保险机构成立了“国际信用和投资保险人联合会”,简称“伯尔尼联盟”,其目的是交流出口信用保险承保技术、支付情况和信息,并在追偿方面开展国际合作。这标志着出口信用保险已为世界所公认。至今,在世界许多国家均形成了完善的信用保险制度和固定的信用保险机构。

3) 信用保险的分类

信用保险从其业务内容看,一般分为国内信用保险、出口信用保险和投资保险,各类又可进一步细分为若干具体险种。

12.1.2 出口信用保险

1. 出口信用保险的含义

出口信用保险是承保出口商在经营出口业务中因进口方的商业信用风险或进口国的政治风险而遭受的损失的一种特殊的保险。实际上,出口信用保险保障的是本国出口商的收汇风险,或者说是国外进口方不守信用的风险。当然,国外进口方不守信用既可能是其主观上的原因,也可能是客观上的原因。

2. 出口信用保险的特点

出口信用保险必须在政府支持下开办。因为出口信用保险承保的是国外买方的信用风险,这种风险要比其他风险大得多,而且这种保险所承担的政治风险涉及许多问题,这些问题是商业保险机构解决不了的,加之出口信用保险难以使用统计方法测算损失概率,所以,一般的保险公司都不愿意,也无力经营这种业务。因此,各国均由政府部门通过不同方式建立专门机构办理,或委托本国的国营商业保险公司代理而由政府承担经济责任。

出口信用保险不以营利为目的,而是以鼓励本国出口为宗旨。该保险的经营侧重于社会效益,本身的经济效益则往往不佳。例如,日本在 1983 年至 1988 年的 6 年中,出口信用保险业务连连亏损,其中 1988 年亏损 8.25 亿美元,但这种风险促进了对外贸易,保证了其"贸易立国"政策的顺利实施。为了达到鼓励出口的目的,出口信用保险主要是承保本国生产的产品的收汇风险,并且,各国政府还采取了一些支持性的措施。

3. 出口信用保险的种类

出口信用保险可按不同的标准进行分类。

(1)根据保险的期限不同,出口信用保险可分为短期出口信用保险和中长期出口信用保险。这是最基本的分类办法。

(2)根据保险责任起讫时间不同,出口信用保险可分为出运前的保险和出运后的保险。

(3)根据承保方式不同,出口信用保险可以分为综合承保和选择承保。

(4)根据承保的风险不同,出口信用保险分为商业风险保险和政治风险保险。

4. 出口信用保险的保险责任和除外责任

1)保险责任

出口信用保险承保的风险有商业风险和政治风险两种。

(1)商业风险。商业风险是指买方付款信用方面的风险,又称买方风险。它包括:① 买方破产或实际已资不抵债而无力偿还货款;② 买方逾期不付款;③ 买方违约拒收货物,致使货物被运回、降价转卖或放弃。这里需要强调的是,买方拒收货物与拒付货款行为不是因被保险人的过错所致,而是因为买方不守信用或有其他不道德的意图所致。例如,货物运抵目的地后,买方所在国的市场发生了变化,货物不再适销,买方担心货物滞销而违约拒收。如果是由于被保险人不按时发货,或者虽按时发货但货物质量不符合要求或者数量短缺,导致买方拒收货或者拒付款,则属于被保险人未履行合同行为,不属出口信用保险的责任范围。

(2)政治风险。政治风险是指与被保险人进行贸易的买方所在国或第三国发生内部政治、经济状况的变化而导致买卖双方都无法控制的收汇风险。它包括:① 买方所在国实行外汇管制,限制汇兑;② 买方所在国实行进口管制,禁止贸易;③ 买方的进口许可证被撤销;④ 买方所在国颁布延期付款令;⑤ 买方所在国发生战争、动乱、骚乱、暴动等;⑥ 买方所在国或第三国发生非常事件。

2) 除外责任

出口信用保险的除外责任有以下几个方面：

（1）被保险人违约或违法导致买方拒付货款所致损失；

（2）汇率变动的损失；

（3）在货物交付时，已经或通常能够由货物运输保险或其他保险承保的损失；

（4）发货前，买方未能获得进口许可证或其他有关的许可而导致不能收货与付款的损失；

（5）买方违约在先情况下被保险人坚持发货所致的损失；

（6）买卖合同规定的付款币制违反国家外汇规定所致的损失。

5. 出口信用保险的承保基本要求

出口公司在投保短期出口信用保险前，需向保险公司提供一份其出口及收汇情况和投保要求的申请书，保险机构根据其提供的资料及通过调查掌握的情况，决定是否承保。中长期出口信用保险的保险人则应对每一出口合同进行严格的审查。

短期出口信用保险一般实行全部投保的原则，即出口企业必须将所有以商业信用方式的出口（不包括预收货款和不可撤销信用证方式出口的货物）按其销售额全部投保，不能只选择风险大的国家和买方及单个合同投保。这项原则对保险公司分散风险和保持业务经营的稳定性至关重要。长期信用保险按单个合同投保。

责任限额是出口信用保单中的一项重要规定。一般的保单中都规定了两种限额。一种限额是买方信用限额，即对每一买方造成的卖方的损失，保险人所承担的最高赔偿限额。另一种是对出口方保单的累计责任限额，即保险人对被保险人（出口方）在每 12 个月内保单累计的最高赔偿限额。被保险人向保险人申请买方信用限额时，要向保险人提供买方有关的信用资料，以供保险人确定一个适当的买方信用额度。买方信用限额应按每个买方申请。

在保单上规定"定损核赔等待期"。其目的是使保险人有时间核实损失，并督促出口方采取一切必要的措施挽救或减少损失。根据不同的损失原因，等待期长短不一。例如，对于买方破产所致损失，在证实买方已被宣告破产后即可核赔；对于买方拖欠货款所致的损失，要等付款期满 6 个月后方可核赔；对于各种政治原因引起的损失，需等造成损失的事件发生 4 个月后方予以核赔。

6. 出口信用保险费率的确定

出口信用保险的费率，因可能发生的收汇风险程度不同而有所不同。在确定费率时一般应考虑以下因素：买方所在国的政治、经济及外汇收支状况；出口商的资信、经营规模和出口贸易的历史记录；出口商以往的赔付记录；贸易合同规定的付款条件；投保的出口贸易额大小及货物的种类；信用期限（期限长则费率高）；国际市场的经济发展趋势等。

通常，出口信用保险机构将世界各国或地区按其经济情况、外汇储备情况及外汇政策、政治形势等的不同而划分为五类。第一类国家或地区的经济形势、国际支付能力、政治形势等均较好,因而收汇风险小;第五类国家或地区的收汇风险较大,大部分保险人不承保此类国家或地区的出口信用保险业务。对第一类至第四类的国家或地区的出口,按风险大小和信用期的长短确定不同的保险费率。为了使保险费率更符合实际情况,除了在费率表中列出保险费率外,还根据出口方经营管理情况的好坏和对该出口方赔付率的高低确定不同的调整系数。

7. 出口信用保险的索赔与理赔

当发生保险责任范围的损失时,被保险人应立即通知保险公司,并采取一切可能的措施减少损失。被保险人在索赔时应填写索赔申请书,并提供出口贸易合同、发票、银行证明和其他必要的单证。对于被保险人的索赔,除了买方破产或无力偿付货款原因以外,对于其他原因的损失,要等到等待期满后再定损核赔。保险公司在进行赔付时,按照国际惯例,要扣除一个免赔额,即免赔额部分的损失由被保险人自己承担,保险公司负责赔偿实际损失的其余部分,目的是促进投保企业在贸易中慎重选择,注重买方的资信审查。另外,当全部损失赔偿累计超过保险单规定的最高责任限额时,保险公司对超出部分也不承担赔偿责任。

被保险人获得赔偿后,应与保险公司通力合作,继续向债务人追偿。在追偿中发生的各种费用,保险公司按照实际赔偿的比例承担绝大部分。如果以后从国外进口商那里追回了欠款,则保险公司也会按照免赔额的比例退还被保险人。

12.2　中国出口信用保险

中国出口信用保险公司(简称"中国信保")是我国唯一承办政策性信用保险业务的金融机构,2001 年 12 月 18 日成立,资金来源为出口信用保险风险基金,由国家财政预算安排。目前,中国信保已形成由 14 个分公司、8 个营业管理部和 22 个办事处组成的覆盖全国的服务网络,并在英国伦敦设有代表处。

中国信保的主要任务是积极配合国家外交、外贸、产业、财政和金融等政策,通过政策性出口信用保险手段,支持货物、技术和服务等出口,特别是高科技、高附加值的机电产品等资本性货物出口,支持中国企业向海外投资,为企业开拓海外市场提供收汇风险保障,并在出口融资、信息咨询和应收账款管理等方面为企业提供快捷、便利的服务。

中国信保的主要产品包括短期出口信用保险、国内贸易信用保险、中长期出口信用保险、投资保险、担保业务;新产品包括中小企业综合保险、外派劳务信用保险、出口票据保险、农产品出口特别保险、义乌中国小商品城贸易信用保险和进口预付款保险;主要服务有融资便利、国际商账追收、资信评估服务以及国家风险、买家风险和行业风险评估分析等。

中国信保推出了《国家风险分析报告》,这一为广大出口企业提供的世界各国贸易、国家政治和经济风险评估报告,是中国信保推出的系列研究成果之一。中国信保还向市场推出了具有多重服务功能的电子商务平台——"信保通",使广大客户享受到更加快捷高效的网上服务。

出口信用保险对我国外经贸事业的支持作用日益显现。中国信保为数千家出口企业提供了出口信用保险服务,为数百个中长期项目提供了保险支持,包括高科技出口项目、大型机电产品和成套设备出口项目、大型对外工程承包项目等。

12.2.1　中国出口信用保险的特征和作用

1. 中国出口信用保险的特征

国际上,出口信用保险已经有百年的历史,但它在中国不过近二十年的历史。中国唯一承办出口信用保险业务的政策性保险公司——中国出口信用保险公司——于2001 年 12 月 18 日才正式揭牌运营。由于历史背景不同,经济发展阶段不同,中外出口信用保险在具体使用上体现出了很大的差异。

1) 在使用广度上的差异

目前中国 95% 的出口是在没有出口信用保险支持的情况下进行的,这不仅严重制约了中国产品在全球的行销和中国资本在全球的扩张,也造成中国企业的海外坏账率一直居高不下。

据统计,全球贸易额的 12% 至 15% 是在出口信用保险的支持下实现的,发达国家的出口信用保险涵盖率在 20% 至 30% 之间甚至更高,如法国全部出口企业的 37% 都投保了出口信用保险。我国近邻日本和韩国的产品得以行销全球,与其政府和企业高度重视出口信用保险有关,这两个国家的信用保险覆盖程度曾经高达 30%。日本目前的出口信用保险覆盖率达 25% 左右。

2) 在使用深度上的差异

虽然很多国内的企业家对信用风险并不陌生,但是我国企业对于出口信用保险的认识严重不足,对信用风险的防范以及有关工具的使用和重视还远远不够。很多人还单一地认为出口信用保险仅仅是出险赔付而已。而国外的出口企业则在非常透彻地使用着出口信用保险:

(1) 由出口信用保险公司对相关客户进行资信评估。他们充分地利用出口信用保险公司的庞大而正规的信息资源,为本企业提供海外企业资信调查与评估,以使自己在从事商业贸易时规避和防范各种商业风险,提高企业的营销能力,扩大销售范围,全面提升企业的竞争力和赢利能力。

(2) 商账追收。由于国际贸易的双方当事人地处两个不同的国家,当由于对方恶意或非恶意的拖欠,而应收账款难以追回时,出口商往往举步维艰。但作为专业的出口信用保险公司,他们与世界各地众多律师及债务追讨公司经常保持紧密联系,在解决付款困难方面经验丰富,可以协助出口企业解决买家拖欠款项的问题并提供建议和措施以防止及减轻损失。

(3) 保单融资。投保短期出口信用保险,出口企业可以凭借保险单,限额审批单到银行办理押汇和人民币贷款。它是解决出口企业资金需求、加速企业资金周转的有效途径。

2. 中国出口信用保险的作用

1）提高竞争地位，开拓新兴市场

出口信用保险有助于出口企业提高自身在国际市场中的竞争地位，以实施"出口多元化"战略，开拓新市场。为能安全收汇，出口企业希望尽可能选择风险较小的信用证（L/C）的结算方式，而对付款交单（D/P）希望少用，对承兑交单（D/A）和赊账交易（O/A）更是避之不及。而对于国外的进口商而言，由于办理信用证手续繁杂，还须支付一定比例的保证金，往往并不十分愿意使用 L/C。面对现在的买方市场，出口企业如不能很好地运用合适的国际结算方式，就有可能丢失客户。

利用出口信用保险，使用更灵活的支付方式，开拓新市场；转变单一的 L/C 收汇方式，可使出口企业获得更多的贸易机会；采用商业信用支付方式，可使出口企业提高商品价格，获得更大利益；更多的成交机会和安全地收汇。

2）把握国外客户资信，提升风险管理水平

出口信用保险有助于出口企业把握国外客户的资信情况，提升出口企业的风险管理水平。国际贸易较国内贸易风险更大，最主要的原因是其面对的贸易环境更为复杂，而且从事贸易活动的双方地理位置相隔甚远，客户的资信很难把握。对国外客户进行资信调查是企业风险管理的第一步。出口信用保险就能为使用当事人提供此项专业服务：买方资信调查服务、买方国家风险报告、提供出险"黑名单"服务、制定合理的风险规避措施等。

3）承担多项风险，确保收汇安全

出口信用保险能承担多项风险，以确保收汇安全。此项功能是出口信用保险的基本职能，其既能承保商业风险，也能承保政治风险（除除外责任）。商业风险包括买方无力偿付债务或破产、买方拒收货物并拒付货款、买方拖欠货款等。政治风险包括买方国家禁止或限制汇兑、买方国家进口管制、买方国家进口许可证可能要调整变化、买方所在国或贷款须经过的第三国颁布延期付款令、买方国家发生战争、暴乱和革命、被保险人和买方无法控制的非常事件等。

4）适度投保，资金融通

目前很多商业银行对已投保中国出口信用保险公司短期出口信用险的企业可提供融资授信额度，并在额度内办理押汇或人民币贷款业务。出口企业根据自身的情况，适当的投保出口信用保险，将获得更便利的融资、更便捷的贷款、更多可回收资金和更多周转资金。

12.2.2　中国出口信用保险的种类

出口信用保险通常分短期和中长期保险两种。短期保险适用于持续性出口的消费性货物。短期保险需要量大，适用范围广，一般均占信用保险机构承保的极大比重，并有固定的保险单及条款。中长期保险适用于资本性货物，如成套设备、船舶、飞机等的出口以及工程承包、技术服务项目的合同。中长期保险金额大，信用期限长，收汇风险也较大，保险机构通常要介入合同谈判和可行性研究分析工作，逐笔审查，并按每个合同的具体情况设计保单和费率,不采用固定格式的保单。我国保险机构承保的出口信用保险,除短期出口信用保险外,也可接受承保中长期出口信用保险。

1. 短期出口信用保险

短期出口信用保险一般情况下保障信用期限在一年以内的出口收汇风险,适用于出口企业从事以信用证(L/C)、付款交单(D/P)、承兑交单(D/A)、赊销(O/A)结算方式自中国出口或转口的贸易。

短期出口信用保险的承保责任包括商业风险和政治风险。商业风险是指买方破产或无力偿付债务;买方拖欠货款;买方拒绝接收货物;开证行破产、停业或被接管;单证相符、单单相符时开证行拖欠或在远期信用项下拒绝承兑。政治风险是指买方或开证行所在国家、地区禁止或限制买方或开证行向被保险人支付货款或信用证款项;禁止买方购买的货物进口或撤销已颁布发给买方的进口许可证;发生战争、内战或者暴动,导致买方无法履行合同或开证行不能履行信用证项下的付款义务;买方支付货款须经过的第三国颁布延期付款令。

短期出口信用保险的损失赔偿比例分别为:由政治风险造成损失的最高赔偿比例为 90%;由破产、无力偿付债务、拖欠等其他商业风险造成损失的最高赔偿比例为 90%;由买方拒收货物所造成损失的最高赔偿比例为 80%。

运用短期出口信用保险能把握贸易机会,扩大业务规模;提升信用等级,增加融资渠道;强化信用管理,减少呆坏账款;利用补偿功能,确保持续发展。

1) 综合保险

综合保险承保出口企业所有以信用证和非信用证为支付方式出口的收汇风险。它补偿出口企业按合同规定出口货物后,或作为信用证受益人按照信用证条款规定提交单据后,因政治风险或商业风险发生而直接导致的出口收汇损失。

(1) 适保范围。货物、技术或服务从中国出口或转口;支付方式为不可撤销跟单信用证、付款交单(D/P)、承兑交单(D/A)或赊销(O/A)等;付款期限一般在 180 天以内,亦可扩展至 360 天;有明确、规范的出口贸易合同。

(2) 承保风险。承保风险包括政治风险和商业风险。① 政治风险是指买方所在国家(地区)相关的国家风险。在信用证支付方式下,政治风险包括开证银行被其所在国家或地区禁止或限制汇兑货款;开证银行所在国家或地区颁布延期付款令,造成货款迟付;开证银行所在国家或地区发生战争等不可抗力因素,使开证银行无法履行付款义务。在非信用证支付方式下,政治风险包括禁止或限制汇兑;禁止进口;撤销进口许可证;颁布延期付款令;发生战争等。② 商业风险是指买家信用风险。在信用证支付方式下,商业风险包括开证银行因破产、停业或被接管等无力偿还债务;开证银行拒付货款;开证银行拖欠货款等。在非信用证支付方式下,商业风险包括买方破产或无力偿还债务;买方拒绝受领货物并拒付货款;买方拖欠货款等。

(3) 理赔追偿。通报可损是被保险人义务,索赔是被保险人权利;被保险人可在一定限度内选择赔偿比例,赔偿比例的选择与保险费率的高低相关联;对符合条件和单证齐全的赔案,实行快速赔付;被保险人如逾期提交"可能损失通知书",赔偿比例会降低。

（4）保险费率的厘定与保险费的收取。出口企业将信用证、非信用证出口业务全部投保，风险相对分散，保险费率较低；保险费率的厘定主要取决于进口国国家风险类别、支付方式和信用期限等。一般来说，进口国风险越低、支付方式的风险度越低、信用期限越短，保险费率就越低；反之，则越高；出口企业按约定方式向中国信保申报符合保险单承保范围的全部出口；中国信保每月按约定时间根据出口企业申报的发票金额和"保险单明细表"列明的具体费率计收保险费。

（5）保密原则。对于客户所提供的资料，中国信保为客户严格保密。

2）统保保险

统保保险承保出口企业所有以非信用证为支付方式出口的收汇风险。它补偿出口企业按合同规定出口货物后，因政治风险或商业风险发生而导致的出口收汇应收账款经济损失。

（1）适保范围。货物、技术或服务从中国出口或转口；支付方式为付款交单（D/P）、承兑交单（D/A）或赊销（O/A）等；付款期限一般在180天以内，亦可扩展至360天；有明确、规范的出口贸易合同。

（2）承保风险，包括政治风险和商业风险。① 政治风险是指买方所在国家（地区）相关的国家风险，包括禁止或限制汇兑；禁止进口；撤销进口许可证；颁布延期付款令；发生战争等。② 商业风险是指买家信用风险，包括买方破产或无力偿还债务；买方拒绝受领货物并拒付货款；买方拖欠货款。

（3）理赔追偿。与综合保险的理赔追偿规定相同。

（4）保险费率的厘定与保险费的收取。与综合保险的"保险费率的厘定与保险费的收取"规定相同。

（5）保密原则。对于客户所提供的资料，中国信保为客户严格保密。

3）信用证保险

信用证承保出口企业以信用证支付方式出口时面临的收汇风险，付款期限在360天以内。在此保险项下，出口企业作为信用证受益人，按照信用证条款要求，在规定时间内提交了单证相符、单单相符的单据后，由于商业风险、政治风险的发生，不能如期收到款项的损失由中国信保补偿。

（1）多重利益。灵活方便，出口企业可选择将其全部信用证业务统一投保，亦可选择某一或某几笔信用证业务单独投保；融资更便利，扩大企业经营能力；赔偿比例高，商业风险和政治风险的赔偿比例均达90%；保险费率低；最高分担90%的追讨欠款费用。

（2）承保范围。货物从中国出口；支付方式为：不可撤销的跟单信用证（L/C）；付款期限一般在180天以内，亦可扩展到360天；有明确的出口贸易合同。

（3）承保风险类别。① 商业风险：开证银行因破产、停业或被接管等无力偿还债务；开证银行拒付货款；开证银行拖欠货款。② 政治风险：开证银行被其所在国家或地区禁止或限制汇兑货款；开证银行所在国家或地区颁布延期付款令，造成货款迟付；开证银行所在国家或地区发生战争等不可抗力因素，使开证银行无法履行付款义务。

（4）理赔追偿。对所有的客户实行"48小时以内理赔受理应答制"；对符合条件的客户和单证齐全的赔案申请,简化程序,实行"简易赔付";采取有效措施加快理赔速度;保户如逾期通报"可能损失通知书",赔偿比例则会被减低。

(5) 保险费率的厘定与保险费的收取。保险费率的厘定以基础费率为依据,保险费率较低;保险费率的厘定主要取决于进口国状况、进口商情况和付款方式等。一般来说,进口国风险越高、放账期越长,保险费率就越高。

在符合保单承保范围内,被保险人须在每票出口单据提交 3 个工作日内向中国信保申报出口;对投保多个信用证的保险保单,中国信保按月收取保费;对于单个信用证的保险保单,在申报后即收取保费。

中国信保根据被保险人申报的发票金额和"保单明细表"列明的费率,计算应缴保险费并寄送"保费通知单",被保险人须于"保费通知单"送达之日起 10 个工作日内支付保费。

(6) 保密原则。对于客户所提供的资料,中国信保严格遵守为客户保密原则。

4) 特定买方保险

特定买方保险专为中国出口企业而设。它承保企业对某个或某几个特定买方以各种非信用证支付方式出口时面临的收汇风险,其中,付款期限 180 天以内(可扩展至360 天)。

(1) 多重利益。灵活方便,出口企业可选择投保一个买方,也可选择投保几个买方;支付条件可以是付款交单(D/P)、承兑交单(D/A)或赊销(O/A)等;融资更便利,扩大企业经营能力;赔偿比例由客户自由选择。

(2) 承保范围。货物从中国出口;支付方式为付款交单(D/P)、承兑交单(D/A)、赊销(O/A)等;付款期限一般在 180 天以内,亦可扩展到 360 天;有明确的出口贸易合同。

(3) 承保风险类别。承保风险包括商业风险和政治风险。① 商业风险来自于买家,包括买方破产或无力偿还债务;买方拒绝收货;买方拖欠货款。② 政治风险即国家风险,包括买方所在国家或地区禁止或限制汇兑货款;买方所在国家或地区颁布法令或采取行政措施,禁止货物进口或撤销进口许可证;买方所在国家或地区颁布延期付款令,影响货款支付;买方所在国家或地区发生战争等不可抗力因素,导致买方无法履行合同。

(4) 理赔追偿。赔偿比例由客户自由选择;对所有的客户实行"48 小时以内理赔受理应答制";对符合条件的客户和单证齐全的赔案申请,简化程序,实行"简易赔付";采取有效措施加快理赔速度;保户如逾期通报"可能损失通知书",赔偿比例则会被减低。

(5) 保险费率的厘定与保险费的收取。由于风险相对集中,保险费率较高。保险费率的厘定主要取决于进口国状况、进口商情况和付款方式等。一般来说,进口国风险越高、放账期越长,保险费率就越高。在符合保单承保范围内,被保险人须于每月 10 日前向中国信保申报全部出口。中国信保根据被保险人申报的发票金额和《保单明细表》列明的费率,计算应缴保险费并寄送"保费通知单",被保险人须于《保费通知单》送达之日起 10 个工作日内足额支付保费。

(6) 其他费用的收取。其他费用包括保险费、买方资信调查费及保单服务费。买方资信调查费是投保企业在对每一买方进行信用限额申请时需缴纳的资信调查费用，此为调查服务基础成本，非为盈利，因而根据服务内容，所需费用低至每买家 500～2 000 元不等。保单服务费是投保企业在保单出具前，需按"保单明细表"规定标准缴纳一定的保单服务费。

(7) 保密原则。对于客户所提供的资料，中国信保严格遵守为客户保密原则。

5) 买方违约保险

买方违约保险专为中国出口企业而设。它承保出口企业以分期付款方式出口因发生买方违约而遭受损失的风险，其中，最长分期付款间隔不超过 360 天。它不仅适用于机电产品、成套设备出口，而且适用于对外工程承包和劳务合作。其特点是：出口以分期付款为支付方式，分期付款间隔不超过 360 天。

在中国境内注册的、有进出口经营权和对外工程承包和劳务合作经营权的企业，其机电成套设备出口、对外工程承包、对外劳务合作业务适用于买方违约保险。

(1) 多重利益。针对机电产品和成套设备出口提供有力的风险保障，特别有利于企业拓展对外工程承包和劳务合作市场；合同执行期长，可长达 3 年；融资更便利，扩大企业经营能力；赔偿比例由客户自行选择；量身定做承保方案，根据具体商务合同，设定相应的风险控制措施和承保条件。

(2) 承保范围。货物或服务从中国出口；出口产品属于机电产品、成套设备、高新技术，或带有机电设备出口的对外劳务合作。产品价值中的中国成分不低于 70%，船舶不低于 50%；合同金额在 100 万美元以上，其中预付定金不低于 15%；支付方式为：按工程或服务进度分期付款，最长付款间隔不超过 1 年；付款期限一般在 180 天以内，亦可扩展到 360 天；有明确的出口贸易合同，合同执行期不超过 3 年。

(3) 承保风险类别。承保风险包括商业风险和政治风险。① 商业风险来自于买家，包括买方破产或无力偿还债务；买方单方面解除合同；买方恶意变更合同；买方拒绝付款。② 政治风险即国家风险，包括买方所在国家或地区颁布法令或采取行政措施，禁止或限制汇兑货款；买方所在国家或地区颁布法令或采取行政措施，禁止货物进口或撤销进口许可证；买方所在国家或地区颁布延期付款令，影响货款支付；买方所在国家或地区被禁运或制裁；买方所在国家或地区发生战争等不可抗力因素，导致买方无法履行合同。

(4) 理赔追偿。赔偿比例由客户自由选择；对所有的客户实行"48 小时以内理赔受理应答制"；采取有效措施加快理赔速度；保户如逾期通报"可能损失通知书"，赔偿比例则会被减低。

(5) 保险费率的厘定与保险费的收取。费率按"买方违约保险费率表"执行，保险费率的厘定主要取决于进口国状况、进口商情况和付款方式等。一般来说，进口国风险越高、放账期越长，保险费率就越高。如果客户选择的赔偿比例较低，则费率相应得到下调。被保险人须依照"保单明细表"列明的保险金额和保险费率一次性缴纳保险费，交费须按通知在保单签发起 10 个工作日内完成。中国信保根据被保险人申报的保险金额和"保单明细表"列明的费率,计算应缴保险费并寄送"保费通知单",被保险人须于"保费通知单"送达之日起 10 个工作日内足额支付保费。

(6) 其他费用的收取。其他费用包括保险承担费和保单费。保险承担费是基于保险人所进行的相应资金准备而征收的费用。保险承担费计收原则是保险金额的 0.25%。保单费是保险人向被保险人收取的出具保单的人工成本。保单费为固定金额。

(7) 保密原则。对于客户所提供的资料,中国信保严格遵守为客户保密原则。

6) 特定合同保险

特定合同保险专为支持中国出口企业而设。它承保企业某一特定出口合同的收汇风险,适用于较大金额(200 万美元以上)的机电产品和成套设备出口。其中,以各种非信用证为支付方式,付款期限在 180 天以内(可扩展至 360 天)。其特点为:投保针对特定出口合同,支付方式为非信用证支付。其收取的费用包括:保险费、资信调查费、保单费。

(1) 多重利益。便于更具针对性地锁定风险,特别方便出口企业开发新市场。支付条件灵活,可以是付款交单(D/P)、承兑交单(D/A)或赊销(O/A)等。融资更便利,扩大企业经营能力。赔偿比例由客户自由选择,量身定做承保方案。根据具体出口合同,设定相应的风险控制措施。

(2) 承保范围。货物从中国出口;出口产品属于机电产品或成套设备;合同金额在 200 万美元以上;支付方式为付款交单(D/P)、承兑交单(D/A)、赊销(O/A)等;付款期限一般 180 天以内,亦可扩展到 360 天;有明确的出口贸易合同。

(3) 承保风险类别。① 商业风险来自于买家,包括买方破产或无力偿还债务;买方拒绝收货;买方拖欠货款。② 政治风险即国家风险,包括买方所在国家或地区颁布法令或采取行政措施,禁止或限制汇兑货款;买方所在国家或地区颁布法令或采取行政措施,禁止货物进口或撤销进口许可证;买方所在国家或地区颁布延期付款令,影响货款支付;买方所在国家或地区发生战争等不可抗力因素,导致买方无法履行合同。

(4) 理赔追偿。赔偿比例由客户自由选择。对所有的客户实行"48 小时以内理赔受理应答制"。采取有效措施加快理赔速度。保户如逾期通报"可能损失通知书",赔偿比例则会被减低。

(5) 保险费率的厘定与保险费的收取。已参加非证统保的,保险费率低;未参加非证统保的,由于风险相对集中,保险费率也按标准相应较高。保险费率的厘定主要取决于进口国状况、进口商情况和付款方式等。一般来说,进口国风险越高、放账期越长,保险费率就越高。如果客户选择的赔偿比例较低,则费率相应得到下调。被保险人须依照"保单明细表"列明的保险金额和保险费率一次性交纳保险费,交费须按通知在保单签发起 10 个工作日内完成。中国信保根据被保险人申报的发票金额和"保单明细表"列明的费率,计算应缴保险费并寄送"保费通知单",被保险人须于"保费通知单"送达之日起 10 个工作日内足额支付保费。

（6）其他费用的收取。其他费用包括买方资信调查费及保单服务费。买方资信调查费是投保企业在对每一买方进行信用限额申请时需缴纳的资信调查费用,此为调查服务基础成本,非为盈利,因而根据服务内容,所需费用低至每买家 500～2 000 元不等。投保企业在保单出具前,需按"保单明细表"规定标准缴纳一定的保单服务费。

（7）保密原则。对于客户所提供的资料,中国信保严格遵守为客户保密原则。

2. 中长期出口信用保险

中长期出口信用保险旨在鼓励我国出口企业积极参与国际竞争,特别是高科技、高附加值的机电产品和成套设备等资本性货物的出口以及海外工程承包项目,支持银行等金融机构为出口贸易提供信贷融资;中长期出口信用保险通过承担保单列明的商业风险和政治风险,使被保险人得以有效规避以下风险:出口企业收回延期付款的风险;融资机构收回贷款本金和利息的风险。

中长期出口信用保险的特点是:保本经营为原则,不以营利为目的;政策性业务,受国家财政支持。

中长期出口信用保险的作用是:转移收汇风险,避免巨额损失;提升信用等级,为出口商或进口商提供融资便利;灵活贸易支付方式,增加成交机会;拓宽信用调查和风险鉴别渠道,增强抗风险能力。

1）买方信贷保险

出口买方信贷保险是指在买方信贷融资方式下,出口信用机构（ECA）向贷款银行提供还款风险保障的一种政策性保险产品。在买方信贷保险中,贷款银行是被保险人。投保人可以是出口商或贷款银行。买方信贷保险对被保险人按贷款协议的规定履行了义务后,由于下列商业或政治事件导致借款人未履行其在贷款协议项下的还本付息义务且担保人未履行其在担保合同项下的担保义务而引起的直接损失,保险人根据保单的规定,承担赔偿责任。

（1）政治事件。借款人所在国家（或地区）政府或其在贷款协议项下还款必须经过的第三国（或地区）政府颁布法律、法令、命令、条例或采取行政措施,禁止或限制借款人以贷款协议约定的货币或其他可自由兑换的货币向被保险人偿还贷款;借款人所在国家（或地区）政府或其在贷款协议项下还款必须经过的第三国（或地区）政府颁布延期付款令;借款人所在国家（或地区）发生战争、革命、暴乱;借款人所在国家（或地区）发生恐怖主义行动和与之相关的破坏活动;保险人认定的其他政治事件。

（2）商业事件。借款人被宣告破产、倒闭或解散;借款人拖欠贷款协议项下应付的本金或利息。

（3）买方信贷保险除外责任:被保险人违反保险单或贷款协议的规定,或因被保险人的过错致使保险单或贷款协议部分或全部无效。

2）卖方信贷保险

出口卖方信贷保险是在卖方信贷融资方式下,出口信用机构（ECA）向出口方提供的用于保障出口商收汇风险的一种政策性保险产品,对因政治风险或商业风险引起的出口商在商务合同项下应收的延期付款损失承担赔偿责任。

（1）对于被保险人在"保险单明细表"中列明的商务合同项下由下列事件引起的直接损失，保险人按本保险单规定承担赔偿责任：进口商及其担保人破产、倒闭、解散；进口商违反商务合同项下对被保险人的付款义务，且进口商的担保人（如有）也未履行担保合同项下的担保义务；进口商违反商务合同的规定，致使商务合同提前终止或无法履行；进口商所在国政府颁布法律、法令、命令或采取行政措施，禁止或限制进口商以商务合同约定的货币或其他可自由兑换的货币履行商务合同项下对被保险人的付款义务；进口商所在国、项目所在国或进口商付款须经过的第三国颁布延期付款令；进口商所在国或项目所在国颁布法律、法令、命令或采取行政措施（包括撤销或不予展延进口许可证），致使商务合同部分或全部无法履行；进口商所在国或项目所在国发生战争、敌对行动、内战、叛乱、革命或暴动，致使商务合同部分或全部无法履行。

（2）卖方信贷保险的除外责任。被保险人违反商务合同规定或违反有关法律、法规引起的损失；由于进口商拒绝支付或推迟支付商务合同下的应付款所引起的间接损失；被保险人在其出具的履约保函或其他保函项下发生的损失；汇率变更引起的损失；除进口商及其担保人外的任何与商务合同付款相关的机构和人员违约、欺诈、破产、违反法律或其他行为引起的损失；因进口商违约，被保险人按商务合同规定应向进口商收取的罚款或惩罚性赔偿；在商务合同履行过程中，属于货物运输保险或其他财产以及责任保险范围内的损失；商务合同生效后，被保险人得知第二款列明的损失事件已经发生，仍继续履行合同引起的损失；被保险人无权直接从进口商收取的款项的损失。

3）再融资保险

再融资保险主要适用于银行或其他金融机构无追索权地买断出口商务合同项下的中长期应收款。从实际操作来说，无论出口商是否已投保过卖方信贷保险，原则上只要出口商在商务合同项下的履约义务已经履行完毕，并且其债权体现于一套可转让的中长期应收款凭证，就可以投保再融资保险。被保险人包括提供融资便利的本国金融机构和符合条件的外国金融机构。

（1）承保范围：对被保险人买断商务合同项下的中长期应收款后，由于下列政治或商业事件引起的损失，保险人承担赔偿责任。

① 政治事件：债务人或担保人所在国家（或地区）政府或还款必须经过的第三国（或地区）政府，颁布法律、法令、命令、条例或采取行政措施，禁止或限制债务人以中长期应收款凭证约定的货币或其他可自由兑换的货币向被保险人偿还中长期应收款；债务人或担保人所在国家（或地区）政府或还款必须经过的第三国（或地区）政府颁布延期付款令，致使债务人无法履行其在中长期应收款项下的还款义务，且担保人（如有）也未履行其担保义务；债务人所在国（或地区）发生战争、革命、暴乱；债务人所在国（或地区）发生恐怖主义行动和与之相关的破坏活动；保险人认定的其他政治事件。

② 商业事件：债务人被宣告破产、倒闭或解散，且担保人也未履行担保合同项下的担保义务；债务人拖欠中长期应收款项下应付的本金或利息，且担保人也未履行担保合同项下的担保义务。

（2）除外责任。被保险人未能合法有效地取得中长期应收款项下的所有权和收益权;因被保险人的过失导致损害或丧失中长期应收款项下的权利。

12.2.3　中国出口信用保险在外贸实践中的运用

随着出口信用保险业务的发展,出口信用保险公司已在部分地区允许就某一买家进行保险业务的操作。出口信用保险能为出口企业带来种种好处与便利,但并不是每票出口业务都有必要进行出口信用保险。确定企业风险业务,运用出口信用保险,降低企业出口风险。根据我国的外贸实践,企业应适时采用出口信用保险的有以下几种情形。

1. 新买家的业务

出口企业对新买家的前三笔业务宜采用出口信用保险,调查买方资信,降低企业出口风险。一个出口企业与一个新的海外买家开始贸易往来,对于新买家的业务一定要格外引起重视。由于对新客户的资信情况不了解,通常导致两种不好结果:一是出口企业为加强收汇的安全性,拒绝使用任何商业信用的结算方式,而使交易磋商难以推进;二是出口企业采取赌一把的心理,大胆地接受商业信用的结算方式,而使货款全部或部分无法追回。对于这种情形,出口信用保险将使出口企业如虎添翼。首先保险公司将对新买家进行专业的资信调查,出口信用保险公司会依据其所在国家的不同,其个体经营状况的不同,会针对该买家给出一个合适的信用额度,出口企业与其的买卖金额应在该信用额度之内。其次,在此基础上,假如最后确实造成账款无法追回,保险公司将根据不同的情况给予80%～90%的经济补偿。按照目前的外贸操作实践,假如与新买家之间达成了三笔业务的完整操作,买卖双方之间的信任将会进一步地提高。

2. 新产品的业务

企业新产品出口采用出口信用保险,将减少国际贸易摩擦,降低企业出口风险。企业新产品的出口应进行出口信用保险。当新产品投入到市场中时,往往容易遇到一些意想不到的情形,特别是近几年在国际贸易中频频发生的贸易壁垒,如绿色壁垒、技术壁垒等。这些情况的发生将最终使进口商无法顺利完成货物的进口清关手续或使其进口成本大大增加。在利益的驱动下,新产品的买家可能会放弃进口货物,而使出口企业蒙受损失。

3. 与政治风险大的国家之间的业务

与政治风险大的国家贸易,出口信用保险可规避政治风险,降低企业出口风险。对政治局势不稳定的国家出口商品一定要投保出口信用保险,否则宁可放弃该贸易往来。在黎巴嫩与以色列战争期间,几乎让所有与中东客商做生意的外贸人牵肠挂肚。某进出口公司办公室主任介绍说:"黎以冲突虽然很远,但已影响到我们的业务了。我们月初一票5万多美元的套装出口以色列,然而去投保国际货物运输保险时,却被告之发往该地的货物已经停保。"无独有偶,宁波某进出口有限公司有一票运往黎巴嫩的货,在战争冲突发生前就已装船出运,当战争爆发时,正是班轮停靠目的港的时候。战争使当地的通信设施遭受摧毁，出口公司与客户无法取得联系。在经过漫长的两个月的等待之后，客户终于来电，告知当地民不聊生，货物不能如期销售，要求给予 50% 的折扣，否则他将无力支付货款。最终由于该出口企业未投保出口信用保险，无奈接受客户的降价要求。

4. 新业务员处理的业务

对新业务员处理的对外业务采用出口信用保险，将有效规避操作失误，降低企业出口风险。当新业务员处理出口业务时，应适时使用出口信用保险。新业务员一般要么对产品和客户不熟悉，要么除对产品和客户不熟悉外，还对业务操作流程未能熟练掌握。当其独立操作业务时，往往会有较多的漏洞存在，使出口企业防不胜防，最终承受损失。

5. 产品原材料波动大的业务

产品原材料波动大的业务使用出口信用保险，将出口企业与客户因价格原因而产生的拒收拒付风险相隔离。如果出口商品的价格在很大程度上受某一类或某几类原材料的波动而波动，那就要考虑出口信用保险。比如，国际市场上的金属原材料价格波动非常厉害，如果出口的商品大部分原材料就是该金属，商品的成本与售价势必将大幅度跳跃。当在出口操作阶段，原材料价格走势坚挺的话，一般来说客户都会欣然收取货物，但如果在此阶段原材料价格疲软甚至出现大幅度下跌时，客户往往会拒绝提货或要求降价，这时出口信用保险将会助企业一臂之力。

6. 单笔成交量突然放大的业务

单笔成交量突然放大的业务采用出口信用保险，可防止因买家经营不善而导致货款拖欠，从而降低企业出口风险。所谓平稳，是指一定时期内的成交金额基本持平或稳定增长。如果某一单业务的成交金额突然放出巨量，那么作为出口企业不应沾沾自喜，而应立马采取相应措施防范收汇风险。此时出口信用保险就是一个很好的方法。因为成交量的突然放大，有可能使进口商一下子无力对该批产品进行很顺利的销售与处理。当进口商无法汇拢资金时，也往往无力完成这笔大额的国际结算。这时进口商往往会挑剔单据的正确性，或是无奈地拖欠应付账款，最终使出口企业的坏账率上升。

7. 国外付款条件差的业务

对国外付款条件差的业务，出口信用保险将有效避免收汇风险，并提供融资渠道。付款条件差是指未能使用银行信用的货款结算方式，特别是指采取 D/A 或 O/A 的付款方式。对于应用此类付款条件的出口业务，由于收汇风险巨大，应采用出口信用保险。这样既能使国外客户乐于接受，利于贸易的达成，又能使出口企业大大降低收汇风险。从另一方面来说，对于少于 180 天的远期付款方式，出口企业还可通过相关银行进行融资，提高资金的周转率。

本章小结

1. 内容要点

本章从出口信用保险的特点和种类入手,阐述了出口信用保险承保的风险有商业风险和政治风险,出口信用保险的除外责任。介绍了短期出口信用保险的承保风险、赔偿比例的选择、保险费率厘定的主要影响因素。重点介绍了统保保险和信用证保险的承保范围、保险费率确定、保险费和保单费的计算方法,并对中长期出口信用保险实务进行了阐述。

2. 内容结构图

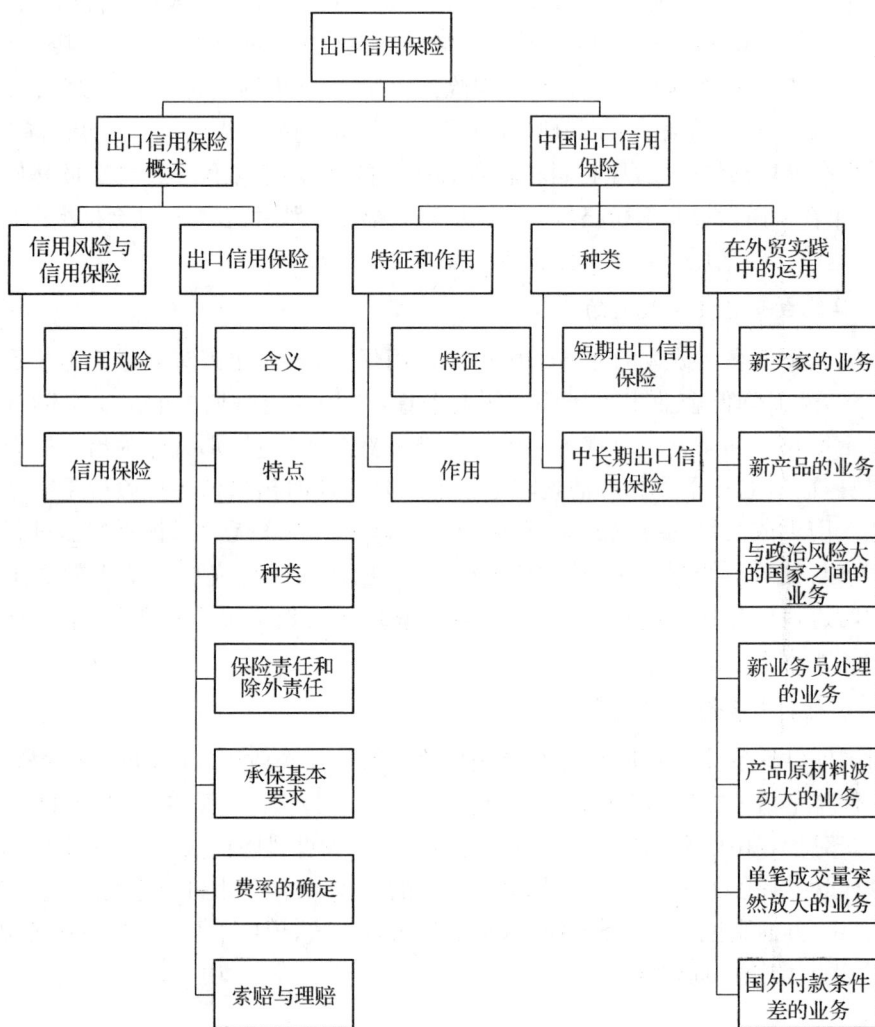

主要概念和重点实务

一、主要概念

1. 中国出口信用保险

2. 短期、中长期出口信用保险

3. 买方、卖方信贷保险

4. 再融资保险

二、重点实务

1. 出口信用保险的保险责任和除外责任

2. 出口信用保险的承保基本要求

3. 出口信用保险的索赔与理赔

4. 中国出口信用保险在外贸实践中的运用

习题与训练

一、名词解释

1. 信用风险

2. 信用保险

3. 信用风险转移

4. 出口信用保险

5. 买方信用限额

二、单选题

1. 关于中长期出口信用保险的作用叙述,不正确的是( )。

   A. 转移收汇风险,避免巨额损失

   B. 贸易支付方式烦琐,减小成交机会

   C. 提升信用等级,为出口商或进口商提供融资便利

   D. 拓宽信用调查和风险鉴别渠道,增强抗风险能力

2. 统保保险的付款期限是( )。

   A. 一般在 30 天以内,亦可扩展至 90 天

   B. 一般在 60 天以内,亦可扩展至 120 天

   C. 一般在 90 天以内,亦可扩展至 240 天

   D. 一般在 180 天以内,亦可扩展至 360 天

3. 中国信保根据被保险人申报的保险金额和"保单明细表"列明的费率,计算应缴保险费并寄送"保费通知单",被保险人须于"保费通知单"送达之日起( )个工作日内足额支付保费。

   A. 5   B. 10   C. 15   D. 20

4. 买方违约保险专为中国出口企业而设。它承保出口企业以分期付款方式出口因发生买方违约而遭受损失的风险,其中,最长分期付款间隔不超过( )天。

    A. 120   B. 240   C. 360   D. 480

5. 再融资保险中对被保险人买断商务合同项下的中长期应收款后,由于下列政治或商业事件引起的损失,哪项不由保险人承担赔偿责任( )。

    A. 债务人拖欠中长期应收款项下应付的本金或利息,但担保人履行担保合同项下的担保义务

    B. 债务人所在国(或地区)发生战争、革命、暴乱

    C. 债务人所在国(或地区)发生恐怖主义行动和与之相关的破坏活动

    D. 债务人被宣告破产、倒闭或解散,且担保人也未履行担保合同项下的担保义务

三、多选题

1. 信用风险有( )等特征。

    A. 客观性   B. 传染性   C. 可控性   D. 周期性

2. 下列哪些不属于出口信用险的商业风险( )。

    A. 买方破产或实际已资不抵债而无力偿还货款

    B. 买方所在国实行外汇管制,限制汇兑

    C. 买方所在国或第三国发生非常事件

    D. 买方逾期不付款

3. 下列选项哪些属于综合保险的适保范围( )。

    A. 货物、技术或服务从中国出口或转口

    B. 支付方式为不可撤销跟单信用证、付款交单、承兑交单或赊销等

    C. 付款期限一般在180天以内,亦可扩展至360天

    D. 有明确、规范的出口贸易合同

4. 在非信用证支付方式下,政治风险包括( )。

    A. 禁止或限制汇兑   B. 禁止进口

    C. 撤销进口许可证   D. 颁布延期付款令

5. 在信用证支付方式下,商业风险包括( )。

    A. 开证银行因破产、停业或被接管等无力偿还债务

    B. 开证银行拒付货款

    C. 开证银行拖欠货款

    D. 买方拖欠货款

四、简答题

1. 简述信用风险产生的外部原因。

2. 简述信用风险的特征。

3. 简述出口信用保险的种类。

4. 什么是政治风险?政治风险包括哪些内容?

5. 简述中国出口信用保险的作用。

五、计算题

1. 出口一批货物,保险金额为 60 000 美元,投保综合信用保险,费率为 1‰,那么这批货物的信用保险费应是多少?

2. 一批正准备从宁波港出口的货物,保险金额是 35 000 元人民币,投保信用证保险,费率为 0.8‰,那么这批货物的信用保险费应是多少?

3. 某公司有一批出口货物要运往新加坡,其保险金额为 95 000 港币,投保统保保险,费率为 0.5‰,那么这批货物的承信用保险费应是多少?

六、实训题

实训项目:出口信用保险市场调研。

实训目标:(1)了解国内外出口信用保险发展的趋势;

(2)了解我国信用保险现状、问题和对策;

(3)信用保险费率确定的原则;

(4)承保范围及成功经验。

实训步骤:(1)以小组为单位进行调研,6~8 人为一组,选出组长一名;

(2)到外贸企业、保险公司收集第一手资料和成功案例;

(3)选择项目,出口信用保险承保的商业风险、政治风险及除外责任;同发达国家相比存在的差异;适保范围、承保风险、理赔追偿等问题;我国出口信用保险的现状、问题及对策。

评分标准:(1)出口信用保险承保的风险和除外责任;

(2)与发达国家比较,出口信用保险在使用广度和深度上的差异;

(3)短期出口信用保险的适用范围、承保风险、理赔追偿;

(4)保险费率的厘定与保险费的收取;

(5)索赔与理赔操作程序。

成果形式:写一篇 3 000 字左右的出口信用保险市场调研报告。

微信扫码查看

参考文献

[1] 张苗. 国际货物运输与保险. 北京:清华大学出版社,北京交通大学出版社,2010.

[2] 栗丽. 国际货物运输与保险. 第4版. 北京:中国人民大学出版社,2015.

[3] 李莉,余雪峰. 国际货物运输与保险. 北京:中国人民大学出版社,2012.

[4] 胡骥. 国际货物运输与保险. 成都:西南交通大学出版社,2015.

[5] 孟恬. 国际货物运输与保险. 北京:对外经济贸易大学出版社,2008.

[6] 蔡蕊. 国际货运与保险. 北京:北京大学出版社,2013.

[7] 李贺. 国际货物运输与保险. 上海:上海财经大学出版社,2013.

[8] 姚新超. 国际贸易运输与保险. 北京:对外经济贸易大学出版社,2010.

[9] 张良卫. 国际物流. 北京:高等教育出版社,2011.

[10] 蒋长兵,王姗姗. 国际物流学教程. 北京:中国物资出版社,2008.

[11] 刘文歌,刘丽艳. 国际物流与货运代理. 北京:清华大学出版社,2012.

[12] 曹祖平. 新编国际商法. 北京:中国人民大学出版社,2010.

[13] David P,Stavart R. 国际物流——国际贸易中的运作管理. 第2版.(影印本). 北京:清华大学出版社,2007.

[14] 张清,栾坤. 国际物流实务. 北京:北京交通大学出版社,2012.

[15] 王任祥. 国际物流. 第2版. 杭州:浙江大学出版社,2013.

[16] 杨长春. 顾永才. 国际物流. 第5版. 北京:首都经济贸易大学出版社,2015.

[17] 张思颖,胡西华. 国际物流. 武汉:华中科技大学出版社,2015.

[18] 尹应凯. 保险学教程. 上海:格致出版社,上海人民出版社,2011.

[19] 魏华林,林宝清. 保险学. 第3版. 北京:高等教育出版社,2011.

[20] 刘连生,申河. 保险学教程. 第2版. 北京:中国金融出版社,2010.